# LE LIVRE

## DES

# CHEMINS DE FER

Imprimerie de GUSTAVE GRATIOT, 11, rue de la Monnaie.

# LE LIVRE

DES

# CHEMINS DE FER

CONSTRUITS, EN CONSTRUCTION ET PROJETÉS

OU

## STATISTIQUE GÉNÉRALE

DE CES VOIES DE COMMUNICATION EN FRANCE ET A L'ÉTRANGER

o—o

Législation — Construction — Produit

o—o

### Par M.-A. LEGOYT

S.-Chef du Bureau de Statistique au Ministère de l'Intérieur
Auteur de la France statistique, ouvrage couronné par l'Académie
des sciences

## PARIS

JACQUES LEDOYEN, LIBRAIRE

Galerie d'Orléans, 16 (Palais-Royal)
ET BOULEVARD MONTMARTRE, 3

—

1845

# AVANT-PROPOS.

Les nombreuses publications dont les chemins de fer ont été l'objet en France peuvent se diviser en trois catégories : 1° les ouvrages de principes consacrés à la discussion des avantages comparés du système de l'exécution par l'État ou les compagnies ; 2° les ouvrages spéciaux sur le mérite des divers tracés ; 3° les ouvrages scientifiques destinés aux ingénieurs.

L'écrit que l'on va lire ne rentre dans aucune de ces catégories. C'est un résumé succinct, sous une forme pratique, et s'adressant à toutes les classes de lecteurs, des données les plus importantes, fournies par l'expérience, pour la solution des questions relatives à la construction et à l'exploitation des chemins de fer.

Ce résumé aura, nous le croyons, le mérite de l'opportunité. Dans un moment, en effet, où, en outre du réseau voté en 1842, et à l'exécution duquel l'État et l'industrie particulière concourent avec une remarquable ardeur, des projets de chemins de fer s'élaborent de toutes parts, soit pour compléter, soit pour étendre ce réseau, il est utile d'enregistrer, pour l'enseignement du public auquel on fait appel, et des auteurs de ces projets eux-mêmes, les faits constatés jusqu'à ce jour, en étudiant un certain nombre de lignes placées dans les conditions de succès les plus diverses.

Notre travail se compose de deux parties : 1° les chemins de fer à l'étranger, construits, en construction et projetés; 2° les chemins de fer en France, avec les mêmes subdivisions.

Dans la première partie, nous faisons connaître sommairement, et cependant avec plus de détails, et surtout avec des détails plus dignes de foi qu'on ne l'a fait jusqu'à ce jour, la législation générale, les frais de construction, et les résultats de l'exploitation des lignes ouvertes à la circulation, ainsi que le tracé général des chemins projetés. — Les chemins français devaient nous occuper plus particulièrement; nous avons donc donné la législation spéciale de chaque ligne, et, autant qu'il nous a été possible, l'historique de son exploitation jusqu'en 1845. Sous la rubrique de *Chemins concédés et en construction*, nous avons réuni tous les documents propres à faire connaître leur produit probable. Pour les *chemins projetés*, nous avons dû nous borner à analyser avec soin les études faites par l'administration ou par les compagnies.

# PREMIÈRE PARTIE.

## CHEMINS DE FER A L'ÉTRANGER.

---

## CHAPITRE PREMIER.

### ÉTATS-UNIS.

LONGUEUR DES CHEMINS. Les chemins de fer en exploitation ou projetés, aux États-Unis, se partagent en six groupes, savoir :

|  | Longueur projetée. | Longueur exécutée à la fin de 1842. |
|---|---|---|
| Lignes de l'est à l'ouest, au travers des Alleghanys. . . . . . | 5,990 kil. | 3,644 kil. |
| Jonction du bassin du Mississipi et du bassin du Saint-Laurent. . | 5,297 | 364 |
| Du nord au midi, le long de l'Atlantique. . . . . . . . | 2,425 | 1,943 |
| Lignes autour des métropoles. . | 98 | 98 |
| Lignes autour des houillières. . . | 778 | 744 |
| Lignes isolées. . . . . . . | 21 | 21 |
|  | 14,609 kil. | 6,814 kil. |

Les 14,609 kil. de chemin projetés se partagent entre 178 chemins, appartenant, dans les proportions suivantes, aux divers États de l'Union.

| | | | |
|---|---|---|---|
| New-York | 27 | Delaware | 1 |
| Newhampshire | 1 | Maryland | 7 |
| Massachusetts | 15 | Virginie | 10 |
| Maine | 1 | Caroline du Sud | 2 |
| Rhode-Island | 1 | Caroline du Nord | 3 |
| Connecticut | 3 | Géorgie | 6 |
| Ohio | 6 | Albama | 7 |
| Indiana | 1 | Floride | 4 |
| Michigan | 9 | Louisiane | 10 |
| Illinois | 11 | Mississipi | 5 |
| New-Jersey | 7 | Tennessée | 2 |
| Pensylvanie | 37 | Kentucky | 2 |

A la fin de 1842, il restait à construire aux États-Unis, pour achever le réseau projeté, 7,795 kil., dont la dépense, au prix moyen de 153,243 fr. par kil., matériel compris, peut être évaluée à 1,194,529,185 fr.

Cout du kilomètre. Voici le prix de construction, par kil., de quelques-uns des principaux chemins américains :

| CHEMINS. | Nombre des voies. | Longueur en kil. | Coût par kil. en fr. |
|---|---|---|---|
| De New-York à Harlem | à 2 voies. | 12 1/2 | 469,333 |
| De Mountcarbon à Philadelphie. | à 1 voie. | 150 | 186,275 |
| De Boston à Worcester. | à 2 voies. | 72 | 178,094 |
| Chemin du Portage. | id. | 59 | 177,966 |
| De Philadelphie à Columbia. | id. | 131 | 169,460 |
| De Jersey à New-Brunswick. | à 1 voie. | 54 | 162,000 |
| D'Albany à Weststockbridge. | à 2 voies. | 61 | 156,572 |
| De Philadelphie à Baltimore. | à 1 voie. | 153 | 152,653 |
| De Boston à la frontière de Massachusetts. | id. | 85 | 150,710 |
| De Boston à Providence. | id. | 70 | 135,774 |
| De Boston à Lowell. | à 2 voies. | 44 1/2 | 131,604 |
| De Shenectady à Troy. | à 1 voie. | 33 | 104,850 |
| D'Auburn à Syracuse. | id. | 42 | 85,609 |
| D'Auburn à Rochester. | id. | 125 | 77,602 |
| Chemin du Tonawanda. | id. | 69 | 56,922 |
| Chemin de Long-Island. | id. | 154 | 56,462 |

*Observations*. *De New-York à Harlem*. Le haut prix relatif de construction de ce chemin s'explique par ce fait, qu'il pénètre dans les rues des deux villes qu'il dessert. De *Mountcarbon à Philadelphie*, terrassements exécutés pour 2 voies ; terrains ayant coûté 16,339 fr. par kil. ; ponts en bois ; le bois à vil prix ; peu de matériel. De *Boston à Worcester*, mêmes remarques quant à l'économie de la construction et le bas prix des matériaux ; rails de 20 kilog. par mètre. *Chemin du Portage*, terrains cédés gratuitement. De *Philadelphie à Columbia*, rails de 18 kilog. 1/2 ; vitesse moyenne de 20 kilom. De *Jersey à New-Brunswick*, construit avec des rails en bois recouverts d'une bande de fer. De *Philadelphie à Baltimore*, même observation ; vitesse de 19 à 22 kil. De *Boston à la frontière de Massachusetts*, ponts en bois ; rails légers ; peu de matériel ; sans stations ni bâtiments. De *Boston à Providence*, mêmes observations.

Les autres chemins qui figurent au tableau ci-dessus ont été construits, pour la plupart, avec des rails en bois recouverts en fer, sont sans stations, ni bâtiments, et n'ont qu'un faible matériel. Presque tous sont ou en reconstruction ou en réparation.

EXPLOITATION. En 1842, on évaluait à 54 p. 0/0, la moyenne des frais d'exploitation. Ce haut prix s'explique par les observations qui précèdent. Voici quelques documents sur les conditions d'exploitation d'un

certain nombre de lignes prises dans diverses parties
de l'Union, pour 1844 :

| | Longueur exploitée. | Recette brute. | Dépenses. | Recette nette. | Produit industriel. |
|---|---|---|---|---|---|
| | k. | f | | f. | |
| État de New-York. . . | 1,028 | 9,018,832 | 45 p. % | 4,940,092 | 5 p. % |
| État de Massachusetts. | 840 | 5,289,375 | 49 » | 2,646,787 | 2,06 » |
| Lignes construites à bas prix. | 322 | 3,764,589 | 76 » | 893,878 | 3,20 » |

TARIFS. Les tarifs, quoique généralement inférieurs
aux *maxima* fixés par les actes de concession, sont
cependant fort élevés. Le tableau suivant indique le
tarif des droits de péage (transport non compris)
pour un certain nombre de chemins, par voyageur et
tonne de marchandises et par kil.

| | Voyag. | Marchandises. |
|---|---|---|
| Boston à Worcester. . . . . . . . | 0,113 | » |
| Philadelphie. . . . . . . . | 0,150 | » |
| Albany à Schenectady. . . . . . | 0,110 | » |
| Schenectady à Utica. . . . . . . | 0,130 | » |
| Buffalo à Blackrock. . . . . . . | 0,130 | » |
| Saratoga à Whitehall. . . . . . | 0,130 | » |
| Boston à Lowel. . . . . . . . | 0,129 | » |
| Lowel à Nashua. . . . . . . | 0,121 | 0,131 |
| Portsmouth à Boston. . . . . | 0,111 | » |
| Boston à Providence. . . . . . | 0,121 | 0,239 |
| Newcastle à Frenchtown. . . . . | 0,139 | » |
| Pétersbourg à Roanoke. . . . . . | 0,167 | 0,273 |
| Moyennes. . . | 0,129 | 0,214 |

PÉAGES MAXIMA.

| | f. |
|---|---|
| État de New-York. . . . . . . . . . | 0,133 |
| État de New-Jersey. . . . . . . . . | 0,112 |

|                                            | f.    |
|--------------------------------------------|-------|
| État de Pensylvanie. . . . . . . . . .     | 0,133 |
| État de la Caroline du Sud. . . . . . .    | 0,163 |
| État de Delaware. . . . . . . . . .        | 0,166 |
| État de Maryland. . . . . . . . . .        | 0,144 |
| État de Virginie. . . . . . . . . . .      | 0,174 |
| État de Tenuessée et Kentucky. . . . . .   | 0,163 |

Sur un assez grand nombre de chemins, le droit total *maximum*, péage et transport compris, varie, pour les marchandises, de 0,130 à 0,489.

A un très petit nombre d'exceptions près, les convois de voyageurs ne se composent que d'une seule classe de voiture. Il est remarquable que là où les compagnies en ont établi deux, le transport par la première a été plus considérable que par la seconde. On explique cette circonstance par l'aisance générale, ou plutôt par l'amour de l'égalité qui règne aux États-Unis.

LÉGISLATION. Les concessions, en ce qui concerne le droit de péage et de transport, présentent, aux États-Unis, la plus grande diversité. Dans chaque État, le gouvernement suit des errements particuliers, non seulement à l'égard du tarif, mais encore pour l'ensemble des dispositions du bill. Cependant, au milieu d'une foule de clauses dissemblables, on distingue un certain nombre de stipulations générales que nous allons analyser :

La base de la perception est, à peu près sans exception, le poids des marchandises, et il est rare que le tarif les divise en plusieurs catégories.

Dans l'état de Massachusetts, et généralement dans toute la Nouvelle Angleterre, la formation du tàrif est laissée aux compagnies. Mais leurs chartes contiennent cette réserve expresse qu'après un délai de dix ans, à partir de l'ouverture du chemin, la législature, si le dividende dépasse 10 p. 0[0, aura le droit de réduire le tarif, de manière que ce produit ne soit pas dépassé, mais aussi qu'il ne soit pas diminué. Dans quelques États, la période de l'exercice du droit de révision est plus rapprochée ; ainsi, pour le chemin de Boston à Providence, elle est de 4 ans. Même liberté accordée aux compagnies, dans l'État de New-York. En ce qui concerne le tarif, dans l'État de Pensylvanie, où l'esprit d'association s'est développé de très bonne heure, les chartes fixent tantôt des maxima absolus, tantôt des maxima moyens, et les chiffres de ces maxima varient d'un chemin à l'autre. A la fixation d'un maximum ou d'une moyenne, soit pour le péage seul, soit pour le péage et le transport réunis, il arrive quelquefois, en Pensylvanie, que l'on joint une clause qui limite les dividendes tantôt à 12, tantôt à 15 p. °[o, et qui admet l'État au partage du surplus. Quelquefois enfin un impôt frappe les dividendes qui dépassent un certain chiffre.

Nous avons dit que les compagnies n'appliquent que rarement leur tarif maximum ; elles n'hésitent pas à le faire cependant quand ce maximum ne dépasse pas, pour le droit total, 15 à 20 cent. par tonne et par kil. Au dessous du maximum, elles tiennent leurs tarifs élevés, quand elles n'ont à redouter la concurrence d'aucune voie fluviale ou d'aucun canal (1).

A. l'exception de la taxe sur les dividendes, qu'on ne trouve que dans l'État de Pensylvanie, les compagnies de chemin de fer et de canaux n'ont à supporter aucun impôt spécial. Tantôt elles sont soumises au droit commun, en ce qui concerne l'impôt foncier sur leurs enclos et bâtiments ; tantôt elles sont expressément affranchies de toute taxe. Dans quelques-uns des principaux États (New-York, Pensylvanie et Virginie), les chartes de concession terminent par une clause qui investit la législature du droit absolu de les modifier ; mais jusqu'à présent il n'a été fait aucune application de ce droit extrême, et cette clause doit en conséquence être considérée comme une simple formule destinée à constater la souveraineté politique des États.

Quelques chemins sont à libre parcours, c'est-à-dire

(1) Cependant les directeurs du chemin de Baltimore à l'Ohio ont pris, en 1842, l'initiative de la réduction des tarifs, et une élévation sensible des produits a été la conséquence de cette mesure. Ainsi, sur la ligne principale, le tarif des voyageurs ayant été réduit de 25 p. 100, et celui des marchandises de 30, le nombre des voyageurs a plus que doublé, et la quantité des marchandises a presque doublé.

1.

que l'État, quand il est propriétaire de la voie, ou les compagnies, fournissent la force motrice, et que les particuliers font leurs transports eux-mêmes avec leurs voitures; mais les difficultés que les compagnies opposent à l'exercice du droit de parcours par les particuliers sont telles, que ceux-ci y renoncent généralement et qu'elles ont ainsi le monopole des transports.

Dans la plupart des États, les concessions sont illimitées. Dans ceux du Nord, leur durée est fixée de 50 à 100 ans. Plusieurs des dernières concessions accordent aux compagnies le monopole de l'exploitation sur une zone déterminée, pendant un certain nombre d'années.

L'instruction des demandes de concession est dégagée de toutes les formalités usitées en Europe; à la suite d'un meeting où le projet du chemin a été discuté et adopté, un membre est chargé de saisir la législature qui accorde la concession sans frais, sans délais, et sans aucune difficulté administrative. Le principe de l'adjudication des chemins de fer n'est point admis. L'on n'exige pas de cautionnements des compagnies. Les garanties consistent dans le versement par le souscripteur d'une partie du montant de l'action. Dans quelques États, en cas de non payement des termes échus, les versements antérieurs sont confisqués; dans d'autres, une amende est imposée à l'actionnaire; dans d'autres enfin, son action est vendue, et si le prix de la vente est inférieur au prix d'émission, le surplus est recouvré par la voie civile. Toutes les concessions fixent un délai pour le commencement et l'achèvement des travaux, sous peine de déchéance. L'agiotage sur les actions, avant la constitution définitive des compagnies, est prohibé.

Les États interviennent souvent dans la confection des chemins, quelquefois par une prise d'actions, le plus souvent par un prêt qui consiste en un titre de rente à 5 p. °|₀, au capital convenu, que la compagnie est chargée de négocier à ses risques et périls; le prêt se convertit généralement en subvention. Plusieurs États ont stipulé la déchéance ou une amende contre les compagnies qui se mêleraient d'opérations étrangères à leur entreprise. L'expropriation des terrains n'a lieu qu'après payement d'une indemnité évaluée par un jury.

_____

# CHAPITRE II.

## ALLEMAGNE.

Le tableau suivant fait connaître pour les principales lignes allemandes et pour l'année 1844, 1° leur longueur; 2° le capital social des compagnies; 3° la

| LIGNES. | Longueur en kilom. | Voyageurs en 1844. | Recettes en francs. | Tonneaux de marchand. | Recettes. | Recettes totales et diverses. | Capital social, non compris les emprunts. |
|---|---|---|---|---|---|---|---|
| **AUTRICHE.** | | | | | | | |
| Linz à Budweis. . . . . | 133 | 15,458 | » | 33,466 | » | 744,703 | 4,342,380 |
| Linz à Gmünden. . . . | 70 | 133,977 | » | 44,238 | » | 602,680 | 1,457,625 |
| Chemin du Nord. . . . . | 321 | 664,730 | 2,265,578 | 114,243 | 2,060,006 | 4,325,584 | 41,223,800 |
| Vienne à Gloggnitz. . . | 77 | 1,057,636 | 1,667,344 | 59,232 | 564,338 | 2,231,682 | 25,644,000 |
| Turzuschlag à Gratz. . . | 99 | » | » | » | » | 1 » | 6 » |
| Prague à Lahua. . . . . . | 48 | » | » | » | » | » | 308,824 |
| **BAVIÈRE.** | | | | | | | |
| Munich à Augsbourg. . . | 62 | 185,373 | 407,984 | 4,410 | 105,214 | 513,198 | 7 » |
| Nuremberg à Furth. . . . | 6 | 479,416 | 116,096 | 25 | 248 | 116,344 | 374,700 |
| Nuremberg à Bamberg. . | 61 | 70,387 | » | » | » | 2 76,961 | 8 » |
| Augsbourg à Donauworth. | 39 | » | 8,314 | 8,270 | » | 3 8,270 | 9 » |
| Manheim à Sarrebruck. . . | 105 | » | » | » | » | » | » |
| **BADE.** | | | | | | | |
| Chemin de Taunus (ou de Francfort-sur-le-Mein à Viesbaden). . . . . . | 44 | 742,332 | 905,667 | » | » | 905,667 | 7,413,000 |
| **HAMBOURG.** | | | | | | | |
| Hambourg et Bergedorf. . | 17 | 193,435 | 140,341 | » | 12,714 | 153,055 | 3,381,000 |
| **HANOVRE, BRUNSWICK, DANEMARCK, etc.** | | | | | | | |
| Kiel à Altona. . . . . . | 108 | 95,008 | 130,218 | » | 76,999 | 4 207,217 | 10,080,000 |
| Chemin de Brunswick. . . | 99 | 462,502 | 525,975 | » | 293,014 | 848,989 | 10 » |
| Chemin de Hanovre. . . . | 62 | 435,554 | 226,864 | 9,594 | 66,146 | 5 293,010 | 11 » |

1 Ouvert le 11 octobre 1844. — 2 Le service n'a été organisé sur ce chemin que le 1er octobre 1844. — 3 Organisé le 0 novembre. — 4 Ouvert le 18 novembre. — 5 Ouvert entre Hanovre et Brunswick le 20 mai. — 6 A l'État. — 7 Racheté par l'État. — 8 A l'État. — 9 A l'État. — 10 A l'État. — 11 A l'État.

| LIGNES. | Longueur en kilom. | Voyageurs en 1844. | Recettes en francs. | Tonneaux de marchand. | Recettes. | Recettes totales et diverses. | Capital social, non compris les emprunts. |
|---|---|---|---|---|---|---|---|
| **PRUSSE.** | | | | | | | |
| Berlin à Cœthen (ou chemin d'Anhalt. | 155 | 357,346 | 1,825,747 | 32,685 | 704,381 | 2,530,128 | 17,262,743 |
| Berlin à Francfort-s.-l'Oder | 82 | 232,557 | 807,007 | 15,112 | 239,767 | 1,046,774 | » |
| Berlin à Potsdam. | 27 | 435,619 | 613,702 | 7,350 | 66,846 | 680,548 | 5,171,294 |
| Berlin à Stettin. | 138 | 273,131 | 1,030,777 | 37,409 | 487,556 | 1,718,333 | 13,573,625 |
| Chemin de la Haute-Silésie. | 82 | 249,019 | 448,912 | » | 121,181 | 570,093 | 6,615,000 |
| Breslau à Scweidnitz et Freiburg. | 67 | 249,896 | 114,685 | 14,841 | 111,472 | 226,157 | 6,982,500 |
| Breslau à Liegnitz. | 69 | 24,476 | 55,815 | » | » | 1 55,815 | » |
| Magdebourg à Halberstadt. | 59 | 220,618 | » | 20,000 | » | 499,582 | 5,735,940 |
| **SAXE.** | | | | | | | |
| Leipsick à Dresde. | 119 | 430,197 | 1,326,904 | 47,289 | 590,304 | 1,917,208 | 21,756,000 |
| Leipsick à Magdebourg. | 122 | 685,953 | » | 68,774 | » | 2,591,066 | 15,067,500 |
| Leipsick à Altembourg. | 44 | 217,489 | » | » | » | 808,095 | 9,900,000 |
| **SAXE ET BAVIÈRE.** | | | | | | | |
| Chemin saxon-bavarois. | 69 | 217,479 | 122,467 | 21,629 | 228,634 | 354,101 | 9,628,500 |
| **PROVINCES RHÉNANES.** | | | | | | | |
| Dusseldorf à Elberfeld. | 27 | 284,495 | 343,500 | 46,585 | 245,344 | 588,844 | 9,357,440 |
| Chemin du Rhin (ou à la frontière belge). | 88 | 374,564 | 1,136,452 | 137,753 | 887,644 | 2,023,796 | 34,912,500 |
| Cologne à Bonn. | 30 | 537,610 | » | » | » | 407,386 | 3,554,334 |
| | 2429 ² | 9,025,357 | | 722,899 | | 26,979,286 | 253,436,705 |

¹ Ouvert le 19 octobre. — ² Ou environ 330 milles allemands. Le mille géographique allemand est de 15 au degré; il équivaut donc à 7 kilom. 66.

nombre des voyageurs qui ont parcouru chaque ligne; 5° le produit (sauf quelques lacunes) du transport des voyageurs; 5° le chiffre en tonneaux français (1000 k.) des marchandises transportées; 6° le produit (sauf lacunes) de leur transport; 7° les recettes totales (y compris les recettes diverses) pour chaque ligne.

Ce tableau est la traduction d'un document ayant un caractère officiel inséré dans le n° de la Gazette d'Augsbourg (*Allgemeine Zeitung*) du 13 avril 1845.

Il résulte de ce tableau : 1° qu'à la fin de 1844, l'Allemagne possédait 2,429 kil. de chemins de fer en circulation, et 2,457 en comptant 28 kil. de chemins d'usine; 2° qu'à la même époque, 6 lignes ou chemins formant 422 kil., avaient été construits ou rachetés par l'État; 3° que le capital social, non compris les emprunts et les subventions en bois, matériaux et travaux fournis par les gouvernements, s'élevait à 268,016,126 fr. En évaluant à 300 millions le chiffre réel dépensé (évaluation un peu au dessous de la vérité) le kil., généralement à simple voie, mais avec terrassements pour deux, a coûté environ 134,800 fr. (2),

(2) D'après M. Bourgoing, le chemin de Leipsick à Dresde (à 2 voies) a coûté 200,000 fr. par kil. La dépense s'est ainsi répartie pour une lieue de 4 kilom. *Terrains*, 44,000 fr. *Terrassements et ouvrages d'art*, 340,000 fr. *Ballast, rails et pose*, 280,000 fr. *Constructions*, 31,000 fr. *Matériel*, 85,000 francs. *Autres dépenses*, 10,000 fr. On lit dans le même auteur que le chemin de Budweiss

bon marché qui s'explique par le bas prix des matériaux et de la main d'œuvre, et la moindre valeur des terrains par comparaison avec la France et l'Angleterre; 4º qu'il a été transporté, en 1844, 722,899 tonnes de marchandises, et 9,025,357 voyageurs, soit environ 3,715 voyageurs par kilom., mouvement peu considérable, qui s'explique par ce fait que les lignes allemandes ne traversent qu'un très petit nombre de centres de population et d'industrie; 5º que la recette brute a été de 26,979,285, soit en moyenne de 11,107 f. par kil.

*Détails sur les principaux chemins allemands.*

AUTRICHE. De *Budweiss à Linz et Gmünden*, commencé en 1825, ouvert en 1836; à une voie et desservi par des chevaux ; destiné primitivement à unir l'Elbe au Danube ; sert à écouler vers la Bohême les produits des salines de la basse Autriche et approvisionne la

---

à Linz (1 voie) a coûté 53,361 par kil. Mais il faut remarquer que construit dans l'enfance de l'art, avec des plans inclinés qui ne peuvent être desservis que par des chevaux, ce chemin fait exception aux conditions de dépense ordinaire. La ligne de Munich à Augsbourg a coûté 158,158 fr. le kil., non compris une partie du matériel. Le coût des deux chemins de Manheim à Bâle et de Stuttgard à Ulm, était évalué, en 1841, d'après les travaux déjà faits, le premier à 253,563 le kil., le second à 182,505. M. Bourgoing considère ces prix comme exceptionnels et estime le coût ordinaire d'un kil. allemand à 114,000 fr., M. de Reden l'évalue de 150 à 185,000 fr.; un autre auteur à 147,000 fr.

navigation à vapeur du Danube des houilles de la Bohême ; doit être continué jusqu'à Pilsen. 2° De *Prague à Lahna,* ouvert depuis 1830 ; à une voie et desservi par des chevaux ; doit être continué jusqu'à Pilsen, où il rejoindra le chemin de Budweiss et opérera la jonction de l'Elbe et du Danube. 3° *Vienne à Gloggnitz et à Gratz,* l'un des plus fréquentés de l'Europe ; doit être continué jusqu'à Trieste. 4° *Chemin du Nord,* doit être continué jusqu'à Prague, par Olmütz, d'une part, et jusqu'à Oppeln, par Leipnick et Ratibor, sur les bords de l'Oder. A Oppeln, il se joindra au chemin qui, de cette ville, se rend à Breslau et doit aller plus tard jusqu'à Berlin.

BAVIÈRE. *Munich à Augsbourg,* commencé en 1840 ; ouvert en 1841 ; à une voie, avec terrassements pour deux ; racheté par l'État à la compagnie concessionnaire. *Manheim à Sarrebruck,* l'État a garanti à la compagnie un intérêt de 4 p. 0|0 ; unit le Rhin à la Moselle et opère un transport de houille considérable. *Nuremberg à Furth,* commencé en mai 1835, ouvert en décembre de la même année ; ligne excellente, donnant un dividende de 16 à 19 p. 0|0. *Nuremberg à Bamberg,* destiné à rejoindre le chemin d'Altenbourg à Leipsick qui se continue sur Berlin par Cœthen.

SAXE. *Leipsick à Dresde,* commencé en 1836, ouvert le 7 avril 1839 ; à deux voies ; l'un des plus importants et des plus prospères de l'Allemagne ; doit être continué sur Prague, le long de l'Elbe, et sur Goritz, par Bautzen. *Leipsick à Magdebourg*, commencé en 1838, ouvert en 1840. La deuxième voie n'a été posée qu'en 1842. Le chemin d'Anhalt (Berlin à Cœthen) le rencontre à son centre. *Leipsick à Altenbourg*, tête du grand chemin saxon bavarois qui doit aboutir à Lindau sur le lac de Constance; à une voie, et avec terrassements pour deux.

PRUSSE. *Berlin à Postdam*, chemin de plaisance; à une voie. *Berlin à Cœthen*, à deux voies; fait communiquer, dès à présent, Berlin, d'un côté, avec Magdebourg, Brunswick; de l'autre, avec Leipsick et Dresde. *Berlin à Stettin*, commencé en 1840, ouvert en 1843; à une voie, avec terrassements pour deux; met Berlin en communication avec la Baltique; doit être continué jusqu'à Dantzick, par Stuttgard et Bromberg. De Dantzick, un embranchement ira rejoindre Kœnigsberg. Le chemin portera alors le nom de Grande Ligne du Nord. *Berlin à Francfort-sur-l'Oder*, construit en 15 mois; destiné à être continué sur Breslau. *Dusseldorf à Elberfeld* (1838—1841). *Breslau à Oppeln*, ouvert en 1843; portion de la grande ligne de Berlin à Breslau et à Vienne. *Breslau à Liegnitz*, autre portion de la ligne de Berlin à Vienne; doit être prolongé sur la Saxe. *Breslau à Freyberg et Schweidnitz*, ouvert en octobre 1843; embranchement de la ligne silésienne. *Cologne à Bonn*, à une voie, avec terrassement pour deux ; doit être continué jusqu'à Coblentz. *Chemin du Rhin* ou de Cologne à Aix-la-Chapelle, se joint à la Belgique par Liége. *De Magdebourg à Brunswick, avec embranchement sur Halberstadt et Hartzbourg* ; la ligne principale est à une voie, mais avec terrassements pour deux ; les embranchements sont à une seule voie ; pentes considérables. Sur la section de Wolfenbuttel, la traction s'opère avec des locomotives à six roues couplées.

HANOVRE, BRUNSWICK, BADE. *Hanovre à Brunswick,* construit aux frais des deux États intéressés ; ouvert en 1844 ; destiné à toucher au Rhin, à Disbourg, par Minden, Bilfeld, Lippstadt, Dortmund et Essen. *Altona à Kiel,* unit l'Elbe et la Baltique et passe par Hambourg ; destiné à être continué sur Brème. *Francfort-sur-le-Mein à Viesbaden* (chemin du Taunus), à une voie ; avec terrassements pour deux ; destiné à communiquer avec Manheim et à devenir une section importante de la grande ligne du Rhin.

Complétons les renseignements qui précèdent par le tableau des lignes en construction. 1° *Halle à Eisenach,* 195 kil., destiné à relier les lignes de Cassel et de Leipsick à Magdebourg ; exécuté par une compagnie. 2° *Hanovre à Hambourg,* 163 kil., construit aux frais du gouvernement hanovrien. 3° *Hanovre à Brème,* 130 kil., même observation. 4° *Cologne à Minden,* 307 kil., longeant le Rhin jusqu'à Disbourg ;

intérêt de 3 1/2 p. °/₀ garanti par le gouvernement prussien. 5° *Francfort-sur-le-Mein à Manheim*, 80 kil., exécuté par une compagnie. 6° *Francfort-sur-le-Mein à Cassel*, 170 kil., exécuté par le gouvernement prussien. 7° *Eisenach à Cassel*, jonction de la ligne de Halle à Eisenach avec celle de Cologne à Minden; exécuté par une compagnie. 8° *Augsbourg à Lindau*, 141 kil., exécuté par le gouvernement bavarois. 9° *Augbourg à Hof* (ouvert de Nuremberg à Bamberg), 355 kil., exécuté par le gouvernement bavarois. 10° *Francfort à Bamberg*, exécuté par le gouvernement bavarois. 11° *Gloggnitz à Trieste* (ouvert jusqu'à Gratz, avec une solution de continuité de Gloggnitz à Murzurschlag), 565 kil.; rencontre d'immenses difficultés; exécuté par le gouvernement autrichien. 12° *Prague à Dresde* (portion de la ligne de Vienne à Berlin), 186 kil., dont 58 en Saxe et 130 en Autriche; la portion autrichienne est exécutée par l'État, la portion saxonne par une compagnie. 13° *Dresde à Gorlitz* (par Bautzen). 14° *Francfort-sur-l'Oder à Breslau* 323 kil. 15° *Offeln à Crakau* (portion de la ligne de Vienne à Berlin), 146 kil. 16° *Oppeln à Oderberg* (idem). 17° *Ligne centrale hongroise* exécutée par l'État; commencée à la fois de Vienne à Pesth et de Pesth à Debroczyn.

D'après M. Wilhem de Reden, le réseau entier des chemins allemands devra former 1,600 milles allemands ou 12,256 kil. Sur ce chiffre, il estime que 7,660 kil. seront en activité à la fin de 1845. Quand le réseau sera terminé, les divers États auront construit environ 538 milles ( 4,121 kil. ) et les compagnies 1,062 milles (8,135 kil.) Le réseau entier, d'après les prix actuels, devra coûter 504 millions de thalers ou 1,869,840,000 fr., environ 152,569 fr. par kil.

EXPLOITATION. Le tableau suivant, où figurent 12 lignes choisies dans des conditions diverses, fait connaître le chiffre de leur dépense d'exploitation, leur revenu brut et net et le produit industriel du capital employé à leur construction.

| LIGNES. | Longueur en kil. | Revenu brut. | Dépenses. | Par rapport aux recettes. | Dépense par kil. | Dépense par kil. parcouru. | Produit net. | Intérêt |
|---|---|---|---|---|---|---|---|---|
| | | f. | f. | p. % | f. | f. | f. | |
| Berlin-Anhalt. . . . | 155 | 2,504,998 | 1,207,426 | 48,2 | 10,525,49 | 2,32 | 1,297,572 | 7,0 |
| Berlin-Potsdam. . . | 27 | 690,035 | 335,847 | 48,7 | 12,527 | 2,93 | 354,488 | 6,9 |
| Berlin-Stettin. . . | 138 | 1,524,269 | 740,453 | 46,7 | 5,240 | 2,» | 840,816 | 5,8 |
| Bonn-Cologne. . . . | 30 | 384,005 | 189,720 | 49,6 | 6,350 | 1,70 | 194,285 | 6,0 |
| Dusseldorf-Elberfeld. | 27 | 572,935 | 274,362 | 47,3 | 10,067 | 2,93 | 304,572 | 4,1 |
| Leipsick-Dresde. . . | 119 | 2,101,050 | 1,042,268 | 49,6 | 8,778 | 2,35 | 1,058,782 | 5,0 |
| Magdebourg-Leipsick | 122 | 2,400,298 | 1,080,500 | 48,9 | 8,943 | 1,96 | 1,319,798 | 2,3 |
| Chemin du Nord. . . | 324 | 4,261,030 | 2,062,658 | 43,2 | 6,444 | 1,47 | 2,198,372 | 5,0 |
| Nuremberg-Furth. . | 6 | 118,276 | 49,904 | 42,2 | 8,144 | » | 68,372 | 18,0 |
| Chemin du Rhin. . . | 88 | 1,994,514 | 859,249 | 43,0 | 9,840 | 2,52 | 1,132,265 | 3,5 |
| Chemin du Taunus. . | 44 | 914,283 | 464,730 | 50,8 | 10,551 | 3,04 | 449,553 | 6,00 |
| Vienne-Gloggnitz. . | 77 | 2,284,010 | 1,016,688 | 44,5 | 13,273 | 4,78 | 1,267,322 | 5,2 |

Il résulte de ce tableau, que, pour 12 lignes formant ensemble 1,044 kil. : 1° le *revenu brut* moyen, en 1844, a été de 19,000 fr. environ; la *dépense* de 8,900 fr.; soit 47 p. %, et le *bénéfice net* de 10,000 fr.; 2° que le *produit industriel* ou l'intérêt du capital a été, en moyenne, de 6, 8 p. %.

TARIFS. Voici le prix moyen du transport des voya-geurs par kil. sur les chemins allemands : 1<sup>re</sup> classe 0 fr. 10 c., 2<sup>e</sup> classe 0 fr. 072, 3<sup>e</sup> classe 0 fr. 0,412. Les tarifs les plus modérés sont ceux des chemins autrichiens et badois construits et exploités par l'État. Ils sont, en moyenne, pour la 1<sup>re</sup> classe, de 0 fr. 09 c.; pour la 2<sup>e</sup>, de 0 fr. 064; pour la 3<sup>e</sup>, de 0 fr. 034.

LÉGISLATION. La législation des chemins allemands se rapprochant beaucoup de la nôtre, nous n'allons indiquer que les dispositions qui en diffèrent.

*Autriche.* Les compagnies doivent se munir de deux autorisations, l'une provisoire, accordée après examen du projet par le gouvernement, et qui fixe le délai dans lequel la compagnie aura dû réunir son capital, achevé ses études, passé ses marchés, etc.; l'autre définitive, qui n'est accordée que lorsque toutes les justifications prescrites sont faites et que la chambre aulique a approuvé les statuts de la compagnie. — L'actionnaire qui n'a fait qu'un versement reste responsable de tous les autres, tant que la concession définitive n'a pas été accordée. Aucune action ne peut-être négociée publiquement avant cette concession. L'autorité n'in-tervient dans les transactions entre les compagnies des lignes de prolongement et d'embranchement que lorsque les parties l'y invitent. La compagnie fixe son tarif qui doit être rendu public; l'administration se réserve le droit de le modifier dès que les produits dépassent 15 p. %. L'État perçoit une taxe sur le transport des voyageurs, quand il a lieu entre des villes qui possèdent des établissements de poste. La durée des concessions dépasse rarement 50 ans. Aux termes des statuts des compagnies de presque tous les chemins, l'actionnaire, doit, en principe, payer 10 p. % du montant de l'action par semestre. La compagnie peut cependant fixer d'autres conditions de versement. L'action ne peut être vendue, avant son payement intégral, que du consentement de la direction. Le vote personnel dans l'assemblée générale des actionnaires et dans le conseil d'administration est de rigueur.

*Prusse.* Le souscripteur primitif est garant de 40 p. % du montant de l'action. En cas de cession de l'action, et du payement de 40 p. %, par le premier souscripteur, la compagnie garde encore son recours contre ce dernier, pour le reste. S'il n'est pas fait de payement ultérieur, le souscripteur peut être déclaré déchu par la compagnie. Toute émission d'action supplémentaire doit être autorisée par ordonnance royale. Les emprunts sont autorisés par le ministre spécial. Toute acquisition de terrain pour l'établissement des chemins de fer doit être ratifiée par le ministre. En cas d'expropriation, le propriétaire est obligé de se dessaisir sur le dépôt d'un prix fixé provisoirement par deux experts au choix du gouvernement ; mais il a le droit de réclamer une estimation judiciaire. Les actes de vente et d'expropriation sont francs de tout droit. La compagnie est responsable de droit des accidents et avaries, sauf le cas de force majeure, *mais indépendant de la nature dangereuse du chemin.* Pendant trois ans, la compagnie conserve, d'après un tarif fixé par elle, le monopole des transports sur sa voie; après cette époque, d'autres personnes peuvent être autorisées à s'en servir, sauf payement d'un droit de péage et de transport que fixe le ministre, la compagnie entendue. Le tarif de la compagnie est modifié tous les ans au moins, tous les dix ans au plus, par le ministre, d'après le chiffre des produits qui ne peuvent dépasser 10 p. %. La compagnie soumet annuellement son bilan au ministre. Elle paye une taxe prélevée sur la recette nette, pour indemniser la poste des recettes qu'elle lui fait perdre. *Lorsque le capital de la compagnie est amorti, son tarif est modifié de manière que le produit ne dépasse pas les frais d'exploitation.* — L'État, a le droit de racheter la voie et le matériel, trente ans après la mise en exploitation, en signifiant à la compagnie son intention à ce sujet, un an d'avance. L'indemnité est de vingt-cinq fois le montant du dividende moyen annuel pendant les cinq dernières années. — L'État prend à sa charge l'actif (y compris le fonds de réserve) et le passif de la compagnie. — Un chemin de fer rival ne peut être autorisé que trente ans après l'ouverture du premier.—En cas d'inexécution de l'une des stipulations du cahier des charges, la compagnie, après une sommation restée sans effet, pendant trois mois, pourra être déclarée déchue, et la voie ainsi que le matériel seront vendus, en son nom, aux enchères.

D'après une ordonnance du 30 novembre 1840, ceux qui endommagent les chemins de fer sont passibles des travaux forcés de un à dix ans. Si le dégât a entraîné des accidents qui ont causé la mort, la peine pourra être des travaux forcés à perpétuité, et en cas de préméditation, le coupable pourra être condamné à la peine capitale. Le cas de négligence de la part des employés ayant causé des accidents graves est puni de deux à quatre ans de travaux forcés; les employés sont en outre destitués et déclarés inhabiles à exercer un emploi dans les chemins de fer.

*Bavière.* Les compagnies concessionnaires sont considérées comme corporation et en exercent les droits. Le minimum du montant des actions est de 500 florins (1,075 fr.). Dès la concession, il doit être versé 10 p. % du montant de chaque action. En cas de non payement d'un terme échu, l'actionnaire est déclaré déchu et perd ses versements antérieurs. Tout emprunt ou toute émission supplémentaire d'actions sont autorisés par le gouvernement. Le choix des directeurs est soumis à l'approbation royale. — Les difficultés entre les membres des compagnies sont jugées par des arbitres. — Le tarif général de chaque compagnie est révisé annuellement, pendant les trois premières années, puis tous les trois ans. — La concession n'a lieu que lorsque le capital est réalisé et que la compagnie a traité avec l'administration des postes pour l'indemnité à lui payer. On trouve, en outre, dans les statuts des divers chemins de fer concédés postérieurement aux règlements que nous venons d'analyser, la disposition suivante : Le fonds de réserve est au moins de 10 p. % du capital des actions ; il se compose de l'excédant non employé du capital social et d'une portion du produit net, après payement d'un dividende de 5 p. % au moins.

Comme on le voit, la législation des chemins de fer allemands varie avec chaque État. Voici quelques autres différences : la durée de la concession est de trente ans pour la Prusse, de cinquante ans généralement pour l'Autriche ; pour le chemin du Taunus, elle est de quatre-vingt-dix-neuf ans ; elle n'est pas limitée pour celui de Hambourg à Bergedorf. En Autriche, l'administration militaire peut se servir du chemin de fer, d'après le tarif ordinaire ; rien n'est prévu à ce sujet, dans les autres concessions allemandes. Une exemption ou une diminution des droits de douane est accordée en Autriche pour le matériel de la voie ; rien de semblable en Prusse et en Bavière. Les terrains appartenant à l'État, en Autriche, sont cédés gratuitement; même stipulation dans la concession du chemin de Hambourg à Bergedorf.

Nous avons dit que tous les gouvernements allemands étaient intervenus, sous des formes diverses, dans la confection des chemins de fer. Les détails suivants, à ce sujet, ne sont pas sans intérêt.

En *Prusse*, pour le chemin de fer de Magdebourg à Brunswick, Hanovre et Minden, le gouvernement a fait niveler à ses frais le terrain. Sur d'autres lignes, l'État a fait les terrassements. En novembre 1843, il a accordé aux compagnies l'affranchissement de port pour toutes leurs correspondances, et les a exemptées de tout droit de timbre sur les actes à passer et les pièces à produire, tant judiciairement qu'extrajudiciairement. — En *Saxe*, le gouvernement a pris des actions dans plusieurs entreprises de chemin de fer, ou leur a garanti un *minimum* d'intérêt. Pour assurer l'exécution de la ligne saxo-bavaroise, les deux gouvernements se sont intéressés pour un quart dans l'entreprise et ont garanti aux actionnaires 4 p. % d'intérêt. La Saxe, *Saxe-Weimar*, *Meiningen* et *Cobourg-Gotha* ont fait une convention relative à la jonction des chemins de fer du nord avec le sud, et de l'est avec l'ouest de l'Allemagne. Un minimum de 3 p. % d'intérêt et d'importants avantages sont assurés à la compagnie qui s'est chargée de cette jonction. — En *Bavière*, le concours de l'État a lieu par prêts de fonds à un intérêt modique, par prises d'actions, garantie d'un minimum d'intérêt, cessions de terrains et fournitures de bois à bas prix. — Le *Hanovre* a garanti un intérêt aux compagnies des chemins de Hanovre à Brunswick et Celle, de Celle à Harbourg et de Hanovre à Brême par Werden. — En *Autriche*, le gouvernement a accordé à la compagnie de Budweis à Linz le monopole du transport du sel, ce qui a suffi pour déterminer la réunion des capitaux.

Les mesures prises pour prévenir les accidents en Autriche sont au nombre de cinq. 1o Prohibition des locomotives à quatre roues. 2o Défense d'atteler deux locomotives à six roues à un convoi, sauf mauvais temps, ou dispositions spéciales des lieux. 3o Défense d'atteler une locomotive à l'arrière du convoi. 4o Fixation de la vitesse du transport des voyageurs à 4 milles allemands (28 kil. environ), par heure. 5o Faculté pour les voyageurs d'ouvrir les portières, et interdiction de descendre avant que le convoi soit arrêté.

Une décision prussienne prohibe également l'emploi des locomotives à quatre roues pour le transport des voyageurs; elle ajoute aux dispositions précédentes celles qui suivent: 1o En cas de verglas et de brouillard, une locomotive part d'avance pour briser le verglas. 2o Les wagons employés au brisement du verglas doivent être d'une solidité particulière et très adhérents aux rails et garantis par un poids de quatre-vingts quintaux.

# CHAPITRE III.

## ANGLETERRE.

| LIGNES. | LONGUEUR en kil. | CAPITAL social. | COUT par kilom. | DIVID. en 1844 |
|---|---|---|---|---|
| **1re *Ligne principale*. — Ligne de l'est (eastern counties railway).** | | | | |
| De Londres à Norwich et à Yarmouth. . . . | 204 | 104,250,000 | » | 3 1/2 |
| Thomas Havendock. . | 26 | » | » | » |
| De Withstable à Canterbury. . . . . . . . | 10 | » | » | » |
| **2e *Ligne principale*. — Ligne du sud-est (south eastern railway).** | | | | |
| De Londres à Greenwich | 6 | 26,023,250 | 4,299,866 | 2 1/4 |
| De Londres à Croydon.. | 14 | 20,257,000 | 4,360,544 | 4 1/8 |
| De Londres à Douvres.. | 177 | 69,250,000 | 367,854 | 9 |
| **3e *Ligne principale*. — Ligne du sud (south railway).** | | | | |
| De Londres à Brighton. | 57 | 62,950,000 | 4,156,909 | 4 1/4 |
| De Brighton à Shoreham | 10 | » | » | » |
| **4e *Ligne principale*.** | | | | |
| De Londres à Southampton et à Portsmouth. | 149 | 69,250,000 | 436,580 | 9 |
| **5e *Ligne principale*.** | | | | |
| De Londres à Bristol ou Great-Western. . . . | 183 1/2 | 183,920,025 | 640,138 | 7 1/2 |
| De Bristol à Exeter. . . | 122 | 62,500,000 | » | » |
| De Bodmin à Wadebridge. . . . . . . | 19 | » | » | » |
| De Llanelly à Llandeile | 46 | » | » | » |
| Toffvale. . . . . . . . | 41 | » | » | 4 |
| Cheltenham et Great-Western. . . . . . | 56 | 10,000,000 | » | » |
| De Birmingham à Glocester. . . . . . . | 82 1/2 | 23,750,000 | » | » |
| De Great-Western à Oxford. . . . . . . . | 15 | » | » | » |

| LIGNES. | LONGUEUR en kil. | CAPITAL social. | COUT par kilom. | DIVID. en 1844 |
|---|---|---|---|---|
| **6e *Ligne principale*. — Ligne du nord-ouest.** | | | | |
| De Londres à Birmingham. . . . . . . . . | 180 | 175,225,000 | 968,094 | 10 |
| Grand junction railway | 133 | 62,594,775 | 470,645 | 10 |
| De Crewe à Birkenhead. | 57 | » | » | » |
| De Crewe à Stockport.. | 40 | » | » | » |
| Birmingham, Bristol et Tamise. . . . . . . | 4 1/2 | » | » | » |
| Du chemin de Londres et Birmingham à Aylesbury. . . . . . . . | 11 | » | » | » |
| North-Union. . . . . | 36 | 27,240,000 | 744,300 | 4 7/8 |
| Bolton et Preston.. . . | 23 | 3 | » | » |
| De Preston à Wyre. . . | 30 1/2 | 32,500,000 | » | » |
| De Preston à Landridge | 16 | » | » | » |
| Do Preston à Lancaster. | 32 | » | » | » |
| Bolton et Leigh. . . . . | 16 | » | » | » |
| De Manchester à Bolton | 16 | 15,000,000 | » | 5 3/4 |
| St-Helen et Runcorn-Gap | 13 | » | » | » |
| **7e *Ligne principale*. — Ligne du nord (north midland).** | | | | |
| De Rugby à Leicester et Nottingham. . . . . | 92 | » | » | » |
| Leicester et Swannington | 126 | » | » | » |
| De Derby à Leeds. . . . | 116 | 25,000,000 | 176,618 | » |
| De Metley à Yorck. . . | 44 | » | » | » |
| D'Yorck à Newcastle. . | 119 | 32,500,000 | 260,000 | 6 |
| De Birmingham à Derby | 77 | » | » | » |
| Cromfort et High-Peack | 53 | » | » | » |
| De Manchester à Sheffield | 65 | 17,500,000 | » | » |
| De Sheffield à Rotherham | 9 | » | » | » |
| De Wigby à Pickering. | 39 | » | » | « |
| De Stockton à Darlington | 71 | 5,000,000 | » | » |
| Chemin de Clarence.. . | 53 | » | » | » |
| Chemin d'Hartlepool. . | 32 | » | » | » |
| Durham et Sunderland. | 52 | 6,641,575 | 128,734 | » |
| Stanhope et Tyne.. . . | 55 | » | » | » |
| De Durham au précédent | 16 | » | » | » |

(5) Le capital social est compris dans celui indiqué en regard du chemin précédent. Ces deux lignes appartiennent à la même compagnie.

| LIGNES. | LONGUEUR en kil. | CAPITAL social. | COUT par kilom. | DIVID. en 1844 |
|---|---|---|---|---|
| **8e *Ligne principale*. — Ligne du nord-est.** | | | | |
| De Londres à Cambridge | 47 | 18,000,000 | » | 3 |
| **9e *Ligne principale*. — Ligne de l'est à l'ouest.** | | | | |
| De Liverpool à Manchester.. . . . . . . | 50 | 42,553,125 | 849,300 | 10 |
| De Manchester à Leeds. | 80 | » | » | » |
| De Selby à Hull. . . . | 49 | 55,746,875 | 609,000 | 7 |
| **10e *Ligne principale*. — Ligne de l'ouest à l'est.** | | | | |
| De Maryport à Carlisle. | 45 | 5,000,000 | » | 2/21 |
| De Carlisle à Newcastle. | 100 | 31,250,000 | 257,558 | 4 |
| De Newcastle à North Shields.. . . . . . . | 44 | 8,000,000 | 676,430 | 4 1/2 |
| Brandling junction. . . | 40 | » | » | » |
| ***Lignes dans l'intérieur de Londres.*** | | | | |
| De Londres à Greenwich[8] | » | » | » | » |
| De Londres à Blackwall | 5 | 30,000,000 | 5,394,255 | 4 |
| **CHEMINS D'ÉCOSSE. — *Grandes lignes.*** | | | | |
| D'Édimbourg à Glascow | 64 | 46,875,000 | 658,700 | 4 3/4 |
| De Glascow à Greenock | 36 | 21,666,650 | 554,000 | 2 1/4 |
| De Glascow à Ayr. . . | 82 | 27,341,250 | 326,603 | 5 |
| ***Petites lignes.*** | | | | |
| D'Édimbourg à Dalkeith | 44 | 4,500,000 | » | 3/4 |
| D'Édimbourg à Leith et à Newhaven.. . . . | 6 | 2,500,000 | » | » |
| De Monkland à Kickintilloch.. . . . . . . | 20 | » | » | » |
| De Glascow à Garnkirk. | 16 | » | » | » |
| Wishaw et Coltness.. . | 10 | » | » | » |
| De Paisley à Renfrew. | 5 | » | » | » |
| Autres chemins. . . . . | 10 1/2 | » | » | » |

(4) Pour ce chemin et le précédent.
(5) Voir plus haut.

| LIGNES. | LONGUEUR en kil. | CAPITAL social. | COUT par kilom. | DIVID. en 1844 |
|---|---|---|---|---|
| De Bollochney-Ardrosson et Johnstone-Kilmarnock au port de Troon........ | 14 | » | » | » |

CHEMINS D'IRLANDE (6).

| LIGNES. | LONGUEUR en kil. | CAPITAL social. | COUT par kilom. | DIVID. en 1844 |
|---|---|---|---|---|
| Ulster........... | 40 | 20,000,000 | 121,000 | 5 3/4 |
| Dundalk-Western railway......... | 35 | » | » | » |
| Dundalk et Enniskillen | 92 | 21,250,000 | » | » |
| Dundalk et Ballyboy. . | 35 | » | » | » |
| Kork et Passage.... | 10 | » | » | » |
| Kork et Bandon..... | 32 | 5,000,000 | » | » |
| Kork et Limerick..... | » | 25,000,000 | » | » |
| De Dublin à Kingstown........ | 9 | 8,425,000 | 985,370 | 9 |
| De Dublin à Belfort. . | » | 11,875,000 | » | » |
| Dublin et Drogheda. . | 51 | 11,250,000 | 245,521 | 4 |
| Dublin et Galloway. . | 193 | 26,250,000 | » | » |
| Dublin et Müllinger. . | 109 | 18,750,000 | » | » |
| | 2,942 | | | |

Les chemins qui précèdent comprennent tous ceux qui ont été votés jusqu'en 1843. Nous n'y avons pas compris les chemins desservant des exploitations particulières et dont on évalue la longueur à 100 kil. Dans la session de 1844, il a été voté par le parlement 31 nouveaux bills de chemins de fer, qui sont en ce moment en construction et dont

(6) Quelques-uns de ces chemins ne sont pas entièrement terminés.

quelques portions ont déjà été livrées à la circulation. La longueur totale de ces 31 chemins est de 1359 kil. et le capital social des compagnies, de 266,211,000 fr. Les projets de chemins de fer soumis au parlement dans la session de 1845, étaient au nombre de 248, et comprenaient une longueur totale de 8,080 milles (plus de 13,000 kil.), soit 24 fois la longueur de l'Angleterre. Ces 8,080 milles se répartissaient ainsi entre les trois royaumes : Angleterre, 6,086 m.; Écosse, 594; Irlande, 1400. Les chemins de fer votés dans cette même session ont une longueur totale de 4,265 kil. seulement, dont le coût est évalué à 1 milliard de francs environ.

COUT D'ÉTABLISSEMENT. Le prix de construction des chemins de fer anglais, quoiqu'ayant régulièrement diminué, comme on le verra par un tableau ci-après, peut encore être évalué de nos jours à 500,000 fr. le kil. au moins.

Une dépense aussi considérable s'explique par le grand nombre des travaux d'art, le haut prix des matériaux et de la main d'œuvre, le luxe des constructions, les frais exagérés d'administration, la rapidité de l'exécution, l'énormité des frais parlementaires, et enfin par la grande valeur des terrains. Voici quelques détails à ce sujet pour trois grandes lignes et par mille anglais (1609$^m$,314).

| LIGNES. | Dépenses parlementaires (7). | Taxes diverses, administration, etc. | Achat de terrains (8). | Établissement de la voie et construction (9). | Matériel (10). | Total. |
|---|---|---|---|---|---|---|
| | f. | f. | f. | f. | f. | f. |
| Londres et Birmingham. . . | 16,250 | 37,500 | 157,500 | 957,000 | 75,000 | 1,243,250 |
| Great-Western. . . | 25,000 | 62,000 | 157,500 | 1,000,000 | 120,000 | 1,365,000 |
| Londres et South-Western. | 16,250 | 22,500 | 100,000 | 461,250 | 58,750 | 658,750 |

(7) Les frais parlementaires se composent des frais d'étude préalable et de rédaction de projets, des frais d'instruction et d'enquête, enfin des honoraires alloués ordinairement, pour tous les bills d'intérêt particulier et suivant tarif, aux employés de tout grade des bureaux de la Chambre des Communes, depuis le président de la Chambre jusqu'au portier. La dépense relative à l'enquête est particulièrement élevée, car les parties font comparaître leurs témoins, leurs ingénieurs, leurs conseils judiciaires, et sont obligées d'allouer à ces diverses personnes un salaire pour leur travail ou une indemnité de présence. Le gouvernement n'intervient point dans les discussions parlementaires dont les bills de rails-ways sont l'objet, et ces discussions sont généralement dénuées d'intérêt. Il est d'ailleurs très rare que les projets présentés par les compagnies soient rejetés. En 1845, au contraire, l'opinion publique s'étant vivement préoccupée de la fièvre de spéculation provoquée par les chemins de fer et du chiffre énorme des capitaux qui se retiraient de l'industrie pour se porter sur ces entreprises, le parlement est sorti de son indifférence ordinaire en pareille matière, et plusieurs bills de rails-ways ont donné lieu à des débats très orageux. La Chambre des Lords notamment, à l'instigation de lord Brougham, en a rejeté un fort important, le chemin de Dublin

## EXPLOITATION.

| | 1845. | 1844. | 1843. | 1842. |
|---|---|---|---|---|
| Kilomètres en exploitation. . . | 3,360 | 2,865 | 2,552 | 2,446 |
| Coût par kilomètres, en francs | 498,075 | 529,162 | 550,000 | 574,900 |
| Recette totale brute dans l'année. . . . . | » | 139,624,550 | 120,694,375 | 108,544,525 |
| Recette par kil. | » | 48,734 | 47,293 | 44,376 |

Dans la recette totale, pour les trois exercices 1842—44, le transport des voyageurs figure pour 65 p. % ; celui des grosses marchandises pour 25 ; celui des bagages et articles de messagerie pour 6 ½ ; enfin, le

à Galway, dans lequel étaient intéressés deux membres irlandais de la Chambre des Communes.

(8) Voici d'autres documents sur le prix d'achat des terrains par kil. :

| | | | | |
|---|---|---|---|---|
| Londres à Croydon. . | 198,305f. | Great-junction. . . . | 45,400 f. |
| Manchester et Bolton. | 457,500 | Midland-counties. . . | 33,970 |
| Eastern counties. . . | 153,084 | North-Union. . . . . | 31,500 |
| Londres et Brighton. | 98,447 | New-Castle et Carlisle. | 49,429 |
| South-Western. . . . | 54,673 | Hebroath et Frorfar. . | 45,988 |

(9) Les terrassements par kil. se sont élevés en moyenne à 63,500 mètres cubes, au prix moyen de 1 fr. 84 c. le m. c. Le prix des rails a été en moyenne de 125 fr. la tonne.

(10) Les chemins anglais ont en moyenne un peu plus de 2 locomotives par kil. Ces locomotives sont toutes aujourd'hui à 6 roues et coûtent encore de 31,500 à 41,580 fr. Le nombre des voitures est de 17 à 20, et celui des wagons à marchandises de 33 par myriamètre. Les voitures de 1re classe, contenant 18 places, coûtent de 11,600 à 12,100 fr.; les voitures de 2e classe de 2,500 à 3,800 fr., et les wagons de marchandises de 1,200 à 1,400 fr.

transport des voitures, chevaux et bestiaux pour $3\frac{1}{2}$ p. %.

En 1842, le chiffre des *frais d'exploitation* s'est élevé à 47,880,000 fr. ou 44 p. % des recettes, le *produit net* a donc été de 60,664,525, ce qui, au prix de construction de 574,900 fr. par kil., donne un *intérêt industriel* de 4,31 p. %. Si on suppose que la dépense moyenne est descendue, en 1844, à 42 p. % (elle est de 40 sur les chemins bien administrés et placés dans des conditions de pente ordinaires). Le produit net, cette année, aura été de 80,982,239 fr. et le revenu industriel de 5,34.

Nous n'avons de documents sur la répartition de la dépense générale entre les divers services de l'exploitation, que pour le chemin de Londres à Birmingham, l'un des mieux administrés de l'Europe, qui sert à ses actionnaires un dividende de 10 p. % et encaisse une recette brute annuelle de plus de 20 millions de francs. Voici cette répartition, pour 1842, par voyageur transporté à 1 kil. en retranchant du chiffre de la dépense, la dépréciation du chemin dont on ne tient pas compte dans les frais d'exploitation des chemins belges et français, et l'impôt général et local (11) qui est nul en Belgique et presque nul en France :

(11) Les taxes qui frappent les chemins anglais sont : 1° le

| | |
|---|---|
| Pour entretien du chemin. . . . . . . . . | 0f, 00975 |
| Frais généraux. . . . . . . . . . . . . | 0, 01300 |
| Direction et exploitation générale. . . . | 0, 00260 |
| Force locomotive. . . . . . . . . . . | 0, 01605 |
| Total. . . . . . . . . . . | 0,f 04140 [12] |

En prenant le chiffre 100 pour unité de la dépense totale, les frais se répartissent encore ainsi :

| | |
|---|---|
| Frais de traction (y compris la réparation des locomotives). . . . . . . . . . | 36 p. % |
| Entretien du matériel. . . . . . . . . | 14 |
| Entretien et surveillance de la voie. . . . | 25 |
| Exploitation proprement dite pour les voyageurs et marchandises. . . . . . . | 19 |
| Administration générale, faux frais, etc.. . | 6 |
| Total. . . . . . . . | 100 p. % |

Pour apprécier les frais d'exploitation sur les chemins anglais, il est nécessaire de connaître la vitesse moyenne, et les conditions de construction relatives aux courbes et aux pentes. La vitesse moyenne, en 1839, était, pour toutes les lignes, de 33,502 mètres par heure. On s'accorde à penser qu'elle s'est accrue depuis. Voici quelques détails officiels sur la vitesse actuelle des con-

county-rate ou impôt au profit des paroisses et destiné aux dépenses locales ; 2° le mileage ou droit sur le prix des places, qui correspond à notre dixième ; 3° le property-tax ou impôt foncier. Nous ne parlons pas de l'income-tax qui atteint le produit net des chemins de fer, comme tout autre revenu. On évalue le produit de l'impôt de toute nature qui frappe les chemins de fer anglais à 0,0052 par voyageur transporté à 1 kil.; en France, il n'est que de 0,0004.

(12) En 1840, M. Bineau, auteur d'un livre fort estimé sur les chemins anglais, estimait le chiffre total de dépense, impôt compris, il est vrai, à 0,06.

3

vois spéciaux (express-trains) sur quelques grandes lignes : — Chemin de *Brighton*, poids moyen des convois, 30,480 kil.; vitesse, 80,466 mètres, en 1 heure 27 minutes ou 54,717 mètres par heure, y compris les temps d'arrêt, et 59,545 mètres, non compris les temps d'arrêt. — Chemin du *nord et de l'est* (northern and eastern railways), poids moyen des convois, 27,432 kil. ; vitesse moyenne, 72,419 mètres, non compris les temps d'arrêt. — Chemin de *South Western*, poids moyen, 33,528 kil. ; vitesse, 125,526 mètres, avec un seul arrêt, en 1 heure 57 minutes, ou environ 64,372 mètres par heure, et 66,786 mètres, non compris les arrêts. — Chemin de *Birmingham*, poids moyen, 27,686 kil.; vitesse, 181,048 mètres, y compris trois arrêts, en 2 heures et 55 minutes, soit 61,154 mètres par heure ou 64,372 mètres, non compris les arrêts. — Chemin du *South Eastern*, poids moyen des trains à la descente, 35,560 kil.; vitesse, 107,824 mètres, avec quatre arrêts, en 2 heures 28 minutes, soit environ 45,061 k. par heure, non compris les arrêts. Poids moyen des trains à la remonte, 43,688 kil.; vitesse, 88,623 mètres à l'heure. — Chemin de *Great-Western*, poids moyen, 77,216 kil.; vitesse, 312,207 mètres, avec quatre arrêts en 4 heures et 1/2, ou 17,691 mètres par heure, y compris les arrêts, et 75,638 par heure, non compris les arrêts. Le 4 juin dernier, un train pesant 95,504 kil. a marché sur ce chemin avec cette dernière vitesse.

Le poids moyen des *express-trains*, calculé d'après les données ci-dessus, est de 39,370 kil.; la vitesse moyenne, par heure, arrêts compris, de 57,291 mètres, et de 63,970 mètres, arrêts non compris.

Sur les principaux chemins anglais, en 1840, *neuf* avaient des pentes de 4 à 5 millimètres par mètre; *six* de 5 à 6 millimètres; *deux* de 6 à 7 millimètres; *quatre* de 7 à 8 millimètres; *un* de 8 à 9; *cinq* de 9 à 10; *un* de 10 à 11; *deux* de 11 à 12. — *Trois* avaient des plans inclinés de 9 1/2 à 12 millimètres; *un* de 24 millimètres; *un* de 27 millimètres. — Les courbes ont, en général, un très grand rayon; on compte cependant quelques exceptions; ainsi le chemin de Londres à Birmingham a une courbe de 360 mètres. *Grand junction*, deux de 140 mètres; les chemins de Clarence et de Salamanam une de 401 mètres.

TARIFS. Les tarifs moyens perçus, en 1842, ont été :

| | | |
|---|---|---|
| 1re classe. . . . . . . . | 0r, 178 par kil. et voyageurs. | — |
| 2e classe. . . . . . . . | 0, 113 | — |
| 3e classe.. . . . . . | 0, 075 | — |
| Moyenne. . . . . . | 0r, 1118 | — |

La répartition des voyageurs dans les trois classes a été de 18, 4 p. % pour la 1re; de 46 pour la 2e (13);

(13) On sait que les voitures de 3e classe sont découvertes en Angleterre, et que sur beaucoup de chemins on n'y est pas assis. Les compagnies ont fait en outre tout ce qui dépendait d'elles pour éloigner les voyageurs de ces voitures; c'est ce qui explique la préférence donnée à la 2e classe.

de 35, 6 pour la 3ᵉ. Cent voyageurs parcourant 1 kil. ont donc produit ensemble, en moyenne, 11 fr. 18 c.

LÉGISLATION. La compagnie qui a fait étudier un projet de chemin de fer, en demande la concession à la chambre des communes par voie de simple pétition. L'instruction se fait ensuite dans les deux chambres. Le projet a dû être annoncé un an au moins avant la pétition, le dépôt des plans, avec indication des propriétés traversées, effectué au greffe des justices de paix des comtés, et avis particulier donné aux propriétaires. Avant la présentation de la pétition, la moitié du capital social doit être souscrit et le dixième versé dans une banque publique. Après justification de l'accomplissement de ces formalités devant le comité des pétitions, ce comité fait son rapport, et la compagnie comparaît devant une commission d'enquête ; cette enquête est publique; la commission fait ensuite son rapport à la chambre. Avant la troisième lecture du bill de concession à la chambre haute, la compagnie doit justifier que les 5/6 de son capital sont souscrits. La concession est directe. Voici ses principales dispositions : 1º Dépôt d'un cautionnement de 5 p. % du capital social au minimum, pour garantie du payement des frais de l'instruction seulement, et non de l'achèvement des travaux dans le délai fixé (comme en France), la compagnie demeurant toujours maîtresse des portions de la voie qu'elle a terminées dans ledit délai. 2º Respon-

sabilité des actionnaires pour le payement de la totalité de l'action, mais avec la faculté de céder leur titre
par la voie du transport; l'acheteur doit s'engager à
effectuer le payement intégral des derniers versements
à faire; et en cas de retard, la compagnie a le droit,
d'abord de poursuivre en remboursement, puis de con-
fisquer, après certains délais, les premiers versements,
et de faire vendre l'action jusqu'à concurrence des
sommes dues en intérêt et frais. 4° Faculté accordée
aux compagnies de faire, dans le cours des travaux,
un emprunt égal au tiers du capital social. 5° Prohibition, dans les actes de concessions les plus anciens, et
autorisation, dans les plus récents, de servir l'intérêt
des versements, dans le cours de l'exécution des travaux. 6° Autorisation aux compagnies de se pourvoir
devant le parlement, pour obtenir la faculté d'augmenter, en cas d'insuffisance, leur capital social et
leurs emprunts, faculté qui est généralement accordée.
7° Prêt, mais très rarement, des fonds du trésor,
diverses lois ayant mis à la disposition du chancelier
de l'échiquier un crédit de 56 millions à cet effet.
8° Autorisation accordée aux compagnies. 1° de dévier
du tracé primitif, dans un espace de 100 yards
(90 mètres), à droite ou à gauche du chemin, et de
9 mètres seulement dans les villes, sauf certaines
exceptions. 2° De modifier les niveaux portés aux
profils, dans une limite de 1 mètre 50 en général, et

de 0 mètres 60 dans les villes. 3° De modifier les pentes dans la proportion maximum d'un demi-millième. 4° De réduire le rayon des courbes, mais jamais au-dessous de 1,600 mètres. 9° Faculté de traverser les routes publiques à niveau, mais seulement dans des cas exceptionnels; la pente des routes déplacées ne peut d'ailleurs excéder 1/20 pour les routes à voitures, et 1/30 pour les routes à barrières, et 1/15 pour les chemins particuliers. 10° Faculté aux propriétaires riverains d'exiger des barrières, quand ils en ont besoin. 11° Fixation de 13 mètres 50 à 27 mètres, et généralement à 20 mètres, de la largeur de terrain que la compagnie a le droit d'exproprier, pour l'établissement du chemin, non compris l'excédant nécessaire dans les remblais, déblais et stations. 12° Limitation à deux ou trois années au plus de l'exercice du droit d'expropriation, sauf pourvoi devant le parlement, et faculté pour le propriétaire d'exiger d'une part, que toute parcelle de moins de vingt ares, laissée à la suite d'une expropriation, soit achetée par la compagnie; de l'autre, qu'un pont d'exploitation soit fait sur ou sous le chemin de fer. 13° Règlement des indemnités de terrain par un jury tiré au sort, avec droit de récusation pour les parties et obligation pour celle qui succombe dans ses prétentions de payer les frais. 14° Liberté de parcours absolue, c'est-à-dire droit pour tout entrepreneur de faire circuler, moyennant péage, ses voitures et ses locomotives sur le chemin de fer. Les compagnies ont converti cette liberté en monopole absolu ; seulement, pour le transport des marchandises, les entrepreneurs de roulage sont admis, sur plusieurs grandes lignes, à y faire circuler leurs colis, chargés, à leur choix, sur leurs propres wagons, mais remorqués par les locomotives des compagnies, qui se bornent à percevoir le prix du transport et abandonnent aux entrepreneurs les détails de la réception et de la distribution. 15° Fixation d'un maximum des droits de passage et de traction, pour voyageurs et marchandises. 16° Droit accordé aux compagnies de faire, pour la police de leur ligne, des règlements ayant force de loi et prononçant des amendes jusqu'à concurrence de 5 livres sterling, mais sauf approbation (au moins dans les concessions récentes) des magistrats. 17° Jugement en dernier ressort par les lords commissaires (concessions récentes) des difficultés entre les actionnaires et la compagnie. 18° *Perpétuité des concessions* (14).

(14) Un bill relatif aux prescriptions générales à introduire à l'avenir dans les actes de concession, et qui est intitulé : *Railway clauses consolidation bill*, est en ce moment discuté par le parlement. Parmi les dispositions de ce bill, on remarque les suivantes qui sont relatives à l'occupation provisoire de terrains latéraux pour prise de matériaux ou autres causes :

« Clause 32. La compagnie pourra, en tout temps, avant l'expiration du délai d'achèvement des travaux fixé par l'acte de con

Cette dernière disposition est modifiée par un bill adopté par le parlement dans la session de 1844, et dont voici les clauses les plus importantes :

Dans un délai de 21 ans, à partir de la mise en exploitation, le gouvernement pourra racheter, après un avis donné à la compagnie trois mois d'avance, tout rail-way, quel que soit son produit, en payant un capital égal à son produit net multiplié par 25, le dit produit calculé d'après la moyenne des trois derniè-

cession, prendre possession, sans aucune indemnité préalable, offre ou dépôt, de tout chemin particulier qui ne serait pas une avenue, ou une route plantée d'arbres, ou qui ne conduirait pas à une maison d'habitation. Ledit chemin devra se trouver dans la limite prescrite par l'acte de concession, et, en cas de non prescription à ce sujet, ne pas être éloigné de plus de 500 yards (457 m.) du centre du rail-way. Même autorisation pour tout terrain n'étant pas éloigné de plus de 200 yards (182 m.) du centre du railway, qui ne serait pas un jardin, un verger, une plantation attenant à une habitation, un parc, une avenue, une promenade plantée. La compagnie pourra occuper lesdits chemins et terrains aussi longtemps qu'il sera nécessaire pour la construction ou réparation du rail-way, et notamment pour le dépôt des déblais, l'extraction des matériaux, l'établissement de chemins et sentiers, et l'érection de constructions provisoires.

« 33. Les propriétaires ou possesseurs pourront s'opposer à la prise de possession devant deux justices-de-paix, et ces justices auront le droit d'ordonner que les terrains et matériaux en question ne seront pas occupés, et même d'enjoindre à la compagnie d'en prendre d'autres n'appartenant pas au même propriétaire, pourvu qu'ils soient dans les limites fixées.

res années. Pour la fixation du prix de rachat, le produit net ne sera calculé qu'à 10 p. %, dans le cas où il serait supérieur à cette limite; mais s'il était inférieur à cette limite, et cependant que la compagnie eût l'espérance fondée de le voir s'accroître, avec une plus longue exploitation, elle aura le droit de demander que l'indemnité soit réglée par des arbitres. Le gouvernement, à l'époque ci-dessus, pourra opter entre le rachat ou une révision des tarifs. Il n'exercera ce droit qu'en vertu d'un acte spécial du parlement.

Les compagnies devront avoir chaque jour un convoi de 3ᵉ classe dont le prix, la vitesse, les dispositions

« 34. Les propriétaires ou possesseurs pourront, pendant toute la durée de l'occupation des terrains, requérir la compagnie d'acheter lesdits terrains à un prix indiqué dans leur requête. La compagnie sera libre d'acheter ou de ne pas acheter.

« 35. Dans le cas où n'ayant pas été requise d'acquérir lesdits terrains, elle en aurait pris possession de la manière fixée par la clause 32, elle devra, dans le mois qui suivra la prise de possession, payer au propriétaire ou possesseur la valeur des récoltes qui pourraient s'y trouver, et une indemnité suffisante pour le dommage qu'entraînera ladite possession. Elle devra également, pendant toute la durée de l'occupation, payer, par trimestre, au propriétaire ou possesseur, une rente qui sera fixée, en cas de contestation, par deux justices-de-paix (l'une décidant sur appel de l'autre). Enfin elle sera tenue de payer, d'après les mêmes conditions, tous les matériaux qu'elle aurait pris sur lesdits terrains.

« 36. Les parties seront libres de faire régler les indemnités par le jury ou par des arbitres de leur choix (la décision du jury, obligatoire dans le système actuel, est ruineuse pour les parties). »

intérieures, et les heures de départ seront réglés par le ministre du commerce. Aucune taxe ne sera prélevée sur ce convoi.

Les compagnies accorderont à l'administration des postes de nouvelles facilités pour le transport des malles (15). L'usage des télégraphes électriques, établi dans un intérêt privé, sera public; le gouvernement aura le droit d'en établir, sans payer aucune indemnité à la compagnie. Des inspecteurs seront nommés par le ministère du commerce près les chemins de fer, pour surveiller l'exécution des diverses dispositions ci-dessus et celles des actes de concession.

Les livres des compagnies seront à la disposition journalière des inspecteurs et des actionnaires, et

(15) Dans le système actuel, des traités sont conclus entre les compagnies et l'administration des postes pour ce service qui, chez un peuple aussi éminemment industriel, nécessite quelquefois l'emploi de plusieurs fourgons. La caisse de la malle, dans laquelle le courrier monte avec deux commis et fait le triage ainsi que la répartition des lettres en route, contient un bureau et plusieurs casiers. Un sac pendu sur un côté de la voiture renferme les dépêches qui tombent à terre avec le sac, quand le courrier pèse sur un ressort intérieur, au moment même où le convoi passe, sans s'arrêter, devant le lieu de destination. Sur quelques chemins, le *post-office* demande seulement place pour ses agents et leurs dépêches dans les convois ordinaires, et, dans ce cas, le prix du marché est très bas; ainsi, il est de 39 c. par kil. sur les chemins de Liverpool à Manchester, de New-Castle à Carlisle, de Manchester à Bolton. Quand l'administration des postes réclame

elles devront adresser au ministère du commerce (*Board of trade*) un état de situation semestriel. Ce ministère poursuivra d'office toute contravention aux dispositions ci-dessus, contravention possible d'une amende de 500 fr.

Un règlement général sur la police des chemins de fer, modifié en 1842, contient une série de prescriptions sur les mesures à prendre dans leur exploitation, sur la surveillance dont elle doit être l'objet de la part des autorités locales, et place ces prescriptions sous la sanction d'une pénalité graduée. L'une de ses dispositions essentielles est celle qui attribue au *Board of trade* le droit de prononcer sur les difficultés survenues entre les compagnies ayant un débarcadère commun (16).

des convois spéciaux, surtout dans le cas où les départs ont lieu la nuit et à des heures peu convenables pour les voyageurs, le prix est beaucoup plus élevé ; ainsi il est de 98 c. par kil. parcouru sur les chemins de Londres à Birmingham et de Grand-Junction. L'indemnité que le *post-office* paye aux diligences qui font le service de malles est de 13°,5 par kil., prix supérieur à celui qu'elle paye aux chemins sur lesquels elle se contente des convois ordinaires, et de beaucoup inférieur aux prix payés pour les convois spéciaux ; mais si l'on songe que les malles reçoivent, outre l'indemnité, une exemption des droits du trésor pour les voyageurs qu'elles transportent, tandis que les chemins de fer payent l'impôt du *mileage*, équivalant à notre impôt du dixième, on reconnaîtra que l'administration a encore un bénéfice à faire transporter ses dépêches par les chemins de fer.

(16) Un autre bill proposé par lord Lyttleton, précisément en

# CHAPITRE IV.

## BELGIQUE.

Lorsque, par la séparation de la Hollande, la Belgique eut perdu les bouches de l'Escaut et la facilité des communications avec l'Allemagne (communications

vue des chemins de fer, et provoqué par l'avarice sordide des compagnies, était destiné, s'il eût été adopté, à changer la législation anglaise actuelle, qui, d'après le principe que *nul ne peut réclamer d'indemnité que pour un dommage personnel*, n'en accorde qu'à l'individu blessé par le fait d'autrui et en refuse aux enfants et à la veuve de la victime qui a succombé. Le bill de lord Lyttleton appliquait, pour ce dernier cas, la législation ou plutôt la jurisprudence française. L'influence parlementaire des compagnies, qui est énorme, l'a fait rejeter.

Des divers bills votés ou en projet que nous venons d'analyser, on doit inférer que l'administration anglaise sent la nécessité d'être autorisée non seulement à exercer une étroite surveillance sur la gestion des compagnies, mais encore à intervenir directement dans cette gestion, pour en réprimer les tendances égoïstes et anti-populaires. Il est certain que, dans l'état actuel de la législation anglaise, le gouvernement est entièrement désarmé vis-à-vis des compagnies formées antérieurement au vote du dernier bill des chemins de fer en 1844. C'est ce qui est résulté clairement d'une circonstance récente. A la suite d'un grave accident sur le *Northern and Eastern railway*, le ministre du commerce ayant été invité à défendre aux compagnies d'atteler des locomotives à l'arrière des convois, a répondu qu'il ne pouvait prendre légalement une telle mesure, les actes de concession laissant le gouvernement sans action à cet égard.

qui ne pouvaient plus avoir lieu par mer et qui devenaient lentes et coûteuses par la voie du roulage) sa première pensée fut d'opérer, par un chemin de fer, la jonction du Rhin à l'Océan. Dans ce but, le gouvernement belge soumit aux chambres, le 19 juin 1833, le projet d'un chemin de fer partant de Malines et se dirigeant sur Verviers, par Louvain, Tirlemont et Liége, avec embranchement sur Bruxelles, Anvers et Ostende. Ce projet, qui faisait de Malines le point central de la ligne, s'expliquait, comme nous venons de le dire, par la nécessité de joindre le plus tôt possible, c'est-à-dire par la voie la plus courte et la plus économique, le Rhin et l'Océan. Toutefois, la force des choses donna plus tard à Bruxelles la position que lui assuraient les convenances géographiques, et aujourd'hui cette ville est le centre réel du chemin de fer belge; c'est dans cette ville, en effet, que réside l'administration spéciale; c'est de Bruxelles que partent tous les convois, et c'est là qu'ils terminent leur course; ils traversent Malines, sans s'y arrêter plus longtemps que dans une station ordinaire.

Tel qu'il a été successivement arrêté, le réseau belge, aujourd'hui terminé, se compose de 558,851 mètres se répartissant ainsi : 1° *Ligne du nord*, ou de Bruxelles à Malines et de Malines à Anvers, avec deux embranchements, 48,673 m. 2° *Ligne de l'ouest*, ou de Malines à Termonde, de Termonde à Gand, de Gand à Bruges, de Bruges à Ostende, de Gand à Courtray, de Courtray à Tournay et à la frontière; 200,206 mètres. 3° *Ligne de l'ouest*, Malines à Louvain, embranchement du canal, Louvain à Tirlemont, de Tirlemont à Waremme, Waremme à Ans, Ans à Liége, Liége à Chenée, Chenée à la frontière, Landen à Saint-Trond, 144,368. *Ligne du midi*, raccordement des stations du nord et du midi, Bruxelles à Tubise, Tubise à Soignies, Soignies à Mons, Mons à la frontière, Braine-le-Comte à Namur; 165,604. Ce réseau, commencé le 5 mai, 1835, a été terminé le 45 octobre 1843. Il se compose de 235 kil. à 2 voies, et de 324 kil. à simple voie.

CHEMINS PARTICULIERS RÉCEMMENT CONCÉDÉS. 1° D'*Anvers à Gand* (à travers la riche vallée de l'Escaut), 50 kil., concédé à une compagnie pour 90 ans; 3 classes de voyageurs à 9, 6 et 4. c. par kil., se construit à une voie. 2° De *Liége à Namur*, 70 kil.; le capital de la compagnie est de 18 millions; concédé par ordonnance du 29 mai dernier. 3° *Ath à Termonde*, 49 kil. ¼; capital 15 millions. Il se dirige le long de la vallée de Dendre; concession de 99 ans. 4° *Chemin du sud de la Flandre* se compose de deux lignes, l'une de Bruges à Courtray, Ypres et Poperinghe, passant par Thouroutte, Roulers et Menin, et se reliant, à Courtray, avec la ligne de l'Etat de Gand à Lille et à Tournay; l'autre, se rendant à Thiel, à travers le centre de la Flandre du sud, pour de là aller rejoindre, à Deynze la ligne de l'Etat de Gand à Bruxelles, ou encore aboutir à Aeltre, et s'y réunir à la ligne de l'Etat de Bruges à Gand; capital, 21 millions; 143 kil. 5° D'*entre Sambre et Meuse* ou de Charleroy à Erquelines, près la frontière française, avec 2 embranchements, l'un de Thy-le-Château aux mines de fer près de Morialme, l'autre, sur Florennes et Philippeville, 95 kil.; concession de 90 ans avec le tarif d'Orléans. 6° De *Louvain à Jemmapes*, 55 kil., à travers les vallées de la Dyle et de l'Orneau; capital, 18 millions, à 2 voies. 7° De *Manage à Mons*, 25 kil.; capital, 5 millions. 8° De *Jurbise à Tournay*, 48 kil.; capital, 8 millions. 9° De *Saint Trond à Hassel*, 15 kil.; capital, 4 millions. Longueur totale des chemins concédés : 550 kil.

PRIX D'ÉTABLISSEMENT. D'après les prévisions des ingénieurs, le coût du kil. devait revenir à 95,032 fr; il sera en réalité de 302,939 fr. Le réseau aura donc coûté, au lieu de 55,407,976 fr., 172,342,725 fr. Il est utile de remarquer qu'on ne trouve sur tout le parcours du réseau belge, à l'exception d'une rampe de 8 millimètres sur la section de Verviers à Dolhain, aucune pente qui dépasse 5 millim. Dans le prix de 303,939 f. par kil. est compris le matériel qui se composait, au 1er janvier 1845, de 146 locomotives, 145 tenders, 631 voitures pour voyageurs, 1508 wagons pour marchandises, et 374 wagons de service. Ce matériel est insuffisant et sera prochainement augmenté.

| Années. | Kilomètres exploités en moyenne. | Capitaux dépensés. | Voyageurs. | Recettes sur les voyageurs. | Recettes sur les marchandises, bagages et autres produits. | Recettes totales. | Recettes par kil. | Dépenses. | Produit net. | Intérêt industriel. |
|---|---|---|---|---|---|---|---|---|---|---|
| | | f. | | f. | f. | f. | f. | f. | f. | f. |
| 1835 | 14 | 1,286,512 | 421,439 | 268,997 | » | 268,997 | 19,214 | 168,773 | 100,224 | 7 3/4 |
| 1836 | 36 | 4,758,068 | 871,307 | 825,133 | » | 825,133 | 22,920 | 431,135 | 393,998 | 10 |
| 1837 | 90 | 11,567,135 | 1,384,577 | 1,399,988 | 16,994 | 1,416,933 | 15,744 | 1,489,863 | 227,120 | 1 1/5 |
| 1838 | 202 | 28,126,885 | 2,238,303 | 2,935,818 | 162,046 | 3,097,833 | 15,335 | 2,748,649 | 349,184 | 1 1/4 |
| 1839 | 271 | 43,709,810 | 1,952,731 | 3,636,544 | 613,281 | 4,249,825 | 15,682 | 3,078,979 | 1,170,845 | 2 3/4 |
| 1840 | 323 | 60,397,547 | 2,199,319 | 4,046,950 | 1,288,216 | 5,335,167 | 16,517 | 3,254,511 | 2,080,655 | 4 |
| 1841 | 339 | 67,794,840 | 2,369,744 | 4,113,755 | 2,112,579 [17] | 6,226,334 | 18,367 | 4,353,826 | 1,872,508 | 2 2/3 |
| 1842 | 396 | 86,370,111 | 2,724,104 | 4,684,313 | 2,777,239 | 7,461,553 | 18,842 | 4,700,327 | 2,761,220 | 3 1/5 |
| 1843 | 497 | 144,600,000 | 3,085,349 | 5,482,259 | 3,549,010 | 9,041,269 | 18,194 | 5,476,617 | 3,641,269 | 2 1/2 |
| 1844 | 559 | 144,746,774 | 3,384,529 | » | » | 11,230,493 [18] | 20,090 | 5,765,434 | 5,465,062 | 3 3/4 |

(17) Élévation du tarif et suppression du transport gratuit de 20 kil. de bagages par voyageur.

(18) Pendant le premier semestre de 1845, les recettes ont été de 5,482,960 fr. ; elles ne s'étaient élevées dans semestre correspondant de 1844 qu'à 4,938,484 fr.; c'est un accroissement de 11 p. 100. Cet accroissement est au transport des marchandises, le nombre des voyageurs ayant diminué.

Le chiffre de 144,746,774 fr., dépensés pour l'établissement du réseau au 1er janvier 1844, se répartit ainsi : *Voie proprement dite,* 111,254,032 fr.; *Bâtiments, machines et accessoires des plans inclinés,* 1,488,136 fr.; *Bâtiments et clôtures des stations,* 7,488,274 fr.; *Dépendances des stations,* 1,983,350 f.; *Dépenses générales* (personnel, frais de bureau, etc.), 4,398,034 fr.; *Matériel,* 18,134,948 fr. — Et par kil. *Établissement de la voie,* 201,685 fr.: *Stations et dépend.,* 16,644 fr.; *Dépenses génér.,* 7,868 fr.; *Matériel,* 32,442 fr.; total : 258,939 fr.

En 1844, les dépenses d'exploitation ont été de 51 p. %. Le chiffre de ces dépenses, par kil., a régulièrement diminué, ainsi qu'il résulte du document ci-après :

| EXPLOITATION. | 1841. | | 1842. | | 1843. | | 1844. | |
|---|---|---|---|---|---|---|---|---|
| | fr. | c. | fr. | c. | fr. | c. | fr. | c. |
| Administration générale, exploitation proprement dite, entretien et surveillance de la voie. . . . . . | 5,864 | 98 | 5,945 | 87 | 5,527 | 99 | 5,230 | 21 |
| Locomotion et entretien du matériel. . . . . . . | 6,987 | 64 | 5,953 | 69 | 5,337 | 20 | 5,083 | 60 |
| | 12,852 | 62 | 11,899 | 56 | 10,865 | 19 | 10,313 | 81 |

La dépense pour la traction et l'entretien du matériel seulement, en 1842 et 1843, a été, par voyageur

transporté à 1 kil., de 0,0125, et par tonne de march.
de 0,0300. Les frais d'administration générale d'exploitation et d'entretien et surveillance de la voie étant à peu près les mêmes que ceux de la traction et de l'entretien du matériel, on peut évaluer à 0,0270 fr. la dépense totale du transport d'un voyageur à 1 kil., et à 0,0600, celle d'une tonne de march. En 1842, la dépense moyenne totale d'un convoi de voyageurs, contenant 89 personnes en moyenne, avait été de 2,9786 fr., en 1843, elle est descendue à 2,88126 fr.

Le rapport de la circulation partielle à la circulation totale a été, dans ces dernières années, de 0,67, et celui des voyageurs du parcours partiel à la totalité des voyageurs de 0,83. La vitesse est, en moyenne, de 32 kil. à l'heure, arrêts non compris, et de 28, arrêts compris.

### TARIFS.

| | Diligences. | Char-à-bancs. | Waggons. | |
|---|---|---|---|---|
| Tarif de 1835-1838. . . | 0ᶠ, 09 | 0ᶠ, 05 | 0ᶠ, 0312 | par kil. |
| — du 3 février 1839.. | 0, 1012 | 0, 07 | 0, 05 | — |
| — du 10 février 1841. | 0, 1000 | 0, 05 | 0, 037 | — |
| — du 17 août 1841. . | 0, 0925 | 0, 07 | 0, 125 | — |

La répartition des voyageurs dans les voitures de 3 classes, s'est opérée ainsi : 1ʳᵉ classe, 10 p. °/₀; 2ᵉ classe, 30 p. °/₀; 3ᵉ classe, 60 p. °/₀.

LÉGISLATION. L'État ayant établi lui-même le réseau des chemins de fer, la législation spéciale ne peut se composer que de la loi d'expropriation et d'une loi de police. Quant à la législation des chemins concédés à l'industrie particulière, elle est à peu près calquée sur la nôtre. La loi d'expropriation belge diffère peu de la loi française du 3 mai 1841; il nous reste donc à analyser la loi sur la police générale des chemins de fer.

Cette loi comprend deux titres. Le premier est relatif à la police des plantations, des bâtisses, des excavations, à la répression des tentatives malveillantes et à la punition des faits d'imprudence et de maladresse; le second organise la surveillance des chemins de fer. Nous allons analyser ces principales divisions :

Art. 1er. Défense générale, sous peine d'une amende de 16 à 200 fr., de planter à moins de 20 mètres du chemin de fer, pour les arbres à haute tige, à moins de 6 mètres pour les autres, et de bâtir, construire, à moins de 8 mètres. 2. Défense d'ouvrir des mines ou carrières à ciel ouvert, à moins de 20 mètres. 3. Défense d'établir, dans la distance de 20 mètres, des toitures en chaume, meules de grains et autres matières combustibles. 4. Faculté pour le gouvernement de faire supprimer, moyennant indemnité préalable, les plantations et bâtisses existant dans la zône prohibée. 5. Punition de 2 à 6 ans de prison et de 50 à 200 fr. d'amende pour le fait d'avoir volontairement entravé ou voulu entraver la circulation sur un chemin de fer. En cas d'accident ayant entraîné la mort ou des blessures, application des dispositions ordinaires du Code pénal. 6. En cas d'accident, par imprudence ou inobservation des lois et règlements, punition d'une amende de 16 à 200 fr.; s'il y a eu coups et blessures, emprisonnement de 15 jours à 6 mois, et amende 50 à 500 fr.; emprisonnement de de 6 mois à 5 ans et amende 500 à 1000 fr., s'il y a eu homicide. 7. Faculté pour le gouvernement de créer, près des chemins de fer, des gardes voyers, inspecteurs et inspecteurs en chef assermentés, ayant le caractère d'officiers de police judiciaire, et chargés de signaler les contraventions aux lois et règlements.

# CHAPITRE V.

## HOLLANDE.

Entraîné par le mouvement qui poussait l'Europe dans les entreprises de chemins de fer, le gouvernement des Pays-Bas fit étudier, dès 1837, plusieurs lignes destinés à rallier ses villes principales et à les rattacher aux chemins de fer allemands, en remontant le Rhin vers Dusseldorf. En 1838, le chemin d'Amsterdam à Rotterdam fut concédé à une compagnie, sous la garantie personnelle du roi Guillaume Iᵉʳ (19). Aux

(19) Les conditions étranges de ce traité ont, à plusieurs re-

termes de la concession, le roi, véritable entrepreneur du chemin, a garanti 4 ½ p. %₀ d'intérêt aux actionnaires, et leur a donné en outre une part dans les bénéfices. L'État s'est réservé exclusivement la construction de la ligne non moins importante d'Amsterdam à Arnheim dont l'ouverture doit avoir lieu prochainement. Le chemin de Rotterdam a une longueur totale de 85 kil., se divisant ainsi :

| | |
|---|---:|
| D'Amsterdam à Harlem. . . . . | 17,800 mètres. |
| De Harlem à Leyde. . . . . . . | 28,600 |
| De Leyde à La Haye.. . . . . | 14,800 |
| De La Haye à Rotterdam. . . . | 24,000 |
| | 85,200 |

La section de Harlem a été ouverte le 20 septembre 1839; celle de Leyde, le 17 août 1842; celle de La Haye, en décembre 1843; la dernière en 1844. Le prix de revient du kil. à une voie a été de 39,204 fr., et à deux voies de 78,408 fr., non compris le matériel. La plus grande portion de la ligne est à une voie; mais les terrassements sont établis pour deux. Le pays étant généralement plat et uni, les alignements sont très réguliers, les courbes ne dépassant pas 2,500 mètres, et les pentes 3,000. Au 1ᵉʳ janvier 1845, le matériel de

prises, excité les plaintes des comités du budget dans le sein des États-Généraux. Ces plaintes se sont manifestées avec une vivacité particulière en 1845, et apporteront probablement une modification dans l'organisation financière de la compagnie.

cette ligne se composait de 15 locomotives et de 121 voitures de voyageurs.

EXPLOITATION. Les recettes, qui en 1839 avaient été de 87,000 fr. pour un parcours de 17 kil., se sont élevées, en 1844, sur la ligne entière, à 1,260,956 fr., et le chiffre des voyageurs s'est élevé de 466,498 fr., en 1843, à 632,568 fr., à parcours égal. En 1843, le capital dépensé était de 11,260,023 fr., et le bénéfice net, (174,710 fr.) donnait un intérêt industriel de 1 ½ p. %. — *Tarif.* 1re classe, 0,13; 2e classe, 0,07; 3e classe, 0,05. — Les voyageurs se répartissent ainsi entre les trois classes : 1re, 6 %; 2me, 19 p. %; 3me 75 p. %.

Le chemin d'*Amsterdam à la frontière prussienne,* ou chemin rhénan, est terminé jusqu'à Arnheim, sur une longueur de 93 kil. Il a été construit par l'État, puis cédé à une compagnie anglo-hollandaise. Il a coûté environ 21,400 fr. par kil. En 1844, il a été transporté sur cette ligne 294,727 voyageurs civils et 2,210 militaires. Les recettes brutes se sont élevées à 640,683 fr. et les dépenses à 365,892; c'est un bénéfice net de 304,794 fr. et un intérêt industriel, pour un capital de 19,902,000 fr. de 1 ½ p. %.

CHEMINS CONCÉDÉS ET EN COURS D'EXÉCUTION. 1° *D'Utrecht à Rotterdam*; 2° *Chemin d'Ower-Issel,* destiné à retirer Rotterdam, La Haye, Leyde, Utrecht, Amsterdam, avec le nord de la Hollande et de l'Allemagne. Il se soude au chemin rhénan à Arnheim, court au nord, par Zutphen et Deventer, au Roalte et rejoint les chemins allemands à Minden, Cologne et Hambourg. Concession de 50 ans, capit. 20,833,325 fr.

CHEMINS PROJETÉS. De *Flessingues à Maëstricht.* Dans une séance récente de la 2ᵐᵉ chambre des États-Généraux, le ministre de l'intérieur a annoncé l'exécution plus ou moins prochaine, par l'industrie particulière, d'un réseau complet, étudié par le gouvernement et devant coûter de 150 à 160 millions.

# CHAPITRE VI.

## ITALIE.

### LUCQUES ET TOSCANE.

CHEMIN DE CIRCULATION. 1º *Livourne à Pise*, ouvert le 21 février 1844, sur une longueur de 21 kil. Produit considérable dès la 1ʳᵉ année. 2º De *Pise à Lucques*, 21 kil. Cap. 2,100,000 fr. *Tarif*. 1ʳᵉ cl. 0,09 fr.; 2ᵐᵉ cl. 0,07; 3ᵉ cl. 0,430. March. 0,130 par tonne de 679 kil. Sur les 21 kil., 9 sont situés sur le territoire de Lucques, et 12 sur celui de Toscane. Concession de 100 ans; les tarifs révisables tous les 5 ans; droit de rachat au profit de l'État, après 10 années d'exploitation, au prix d'une annuité calculée d'après le bénéfice net des 7 dernières années, les deux plus faibles déduites et un quart en sus; exemption de droits de douane pour l'entrée des fers, matériaux et machines; maximum des pentes, 1 millième; des courbes, 500 mètres; doit être prolongé sur Brescia.

LIGNES CONCÉDÉES. 1° *De la frontière lucchésienne à Pistoye, par Pescia*; 2° *de Pistoye à la frontière de Bologne*; 3° *de Florence à Pistoye*; 4° *de Leghorn à la frontière romaine*, près Civita Vecchia, par Grosseto et les Marennes; 5° *de Lucques à Parme*, par Viarreggio, Pietra Santa, Massa, Carrara et Pontremoli, faisant communiquer les provinces italiennes des deux versants des Apennins.

## ROYAUME DE NAPLES.

CHEMINS EN CIRCULATION: 1° *de Naples à Nocera et Castellamare*, 42 kil., divisé en deux parties, dont l'une, suivant le littoral jusqu'à Castellamare, est de 26,363 mètres, et l'autre de 15,987 mètres; la seconde s'embranche sur la première, à Torre-del-Annuziata, pour se diriger vers l'intérieur des terres et aboutir à Nocera. Concédé pour 80 ans à une compagnie française; destiné à être prolongé sur l'Adriatique, par Salerne et Avellino. *Exploitation* : le chiffre des voyageurs s'est élevé de 131,116, en 1839, époque à laquelle la section de Portici fut ouverte, à 1,117,713 en 1844, la ligne ayant été achevée au mois de mai de cette année. En 1844, il a été distribué aux actionnaires un dividende de 5 1/5 p. %; les dépenses, cette année, ont été de 43 p. % des recettes.

2° De *Naples à Caserta*, récemment achevé.

CHEMINS PROJETÉS. 1° De *Naples à Termoli*, sur l'Adriatique, avec un embranchement sur Chietri, 176 kil. 2° De *Naples à Lecce*, à 32 kil., du port de Brindisi, sur l'Adriatique, 312 kil. 3° *Chemin sicilien* reliant les villes de Palerme, Castro-Giovani, Lentini, Augusta, Messine, Marsala, Tropani et d'autres localités importantes du nord-ouest de la côte; demandé par une compagnie anglaise.

## ROYAUME LOMBARDO-VÉNITIEN.

CHEMINS EN CIRCULATION. 1° De *Venise à Milan* ou chemin Lombardo-vénitien de Ferdinand, destiné à relier les villes de Milan, Vienne, Vérone, Padoue et Venise, 271 kil.; capital, 42,500,000 fr. La section de Venise à Padoue (31,700 mètres) est ouverte depuis 1843, et a coûté environ 200,000 fr. le kil. En 1843, elle a donné un produit net de 258,791 fr., soit 4 p. % d'intérêt. La circulation s'est ainsi répartie entre les trois classes de voitures : 1re, 8 p. %; 2e, 40 p. %; 3e, 52 p. %. La section de Padoue à Vienne, sera

4

ouverte très prochainement ; 60 kil., sur 271 seront alors terminés.

2° De *Milan à Monza*, chemin de Plaisance, ouvert en 1843 ; circulation moyenne de 1,000 voyageurs environ par jour.

## PIÉMONT ET SARDAIGNE.

CHEMIN EN CIRCULATION : 1° de *Chambéry au lac de Bourget*, destiné à être continué sur Aix-les-Bains.

CHEMIN EN COURS D'EXÉCUTION : de *Turin à Chambéry*.

CHEMINS PROJETÉS : 1° de *Gênes à Milan*, destiné à être exécuté par les deux États intéressés. 2° De *Gênes et Turin au lac Majeur*. 3° *Chemin central de Sardaigne*, traversant cette île du nord au sud, et reliant les villes de Cagliari, Oristano, Sassari, Porto-Torres et les villes intermédiaires, avec un embranchement sur Iglésias et Aglhero ; capital, 75 millions ; compagnie anglaise.

# CHAPITRE VII.

## AUTRES ÉTATS.

### ESPAGNE.

CHEMINS PROJETÉS : 1<sup>re</sup> ligne passant de *Madrid à Avilès*, par Valladolid et Léon. La partie entre Avilès et Léon est concédée à une compagnie anglaise. *Embranchements* : 1º de Valladolid à Santander, par Palencia et Alar (concédé); 2º de Palencia à Burgos, Vittoria et Bayonne; 3º de Burgos à Bilbao, par Oña, Medina de Pomar et Balmasedo; 4º de Pancorbo à Logroño et à Tudela, et de Pancorbo ou de Cubo au canal de Castille, pour joindre ce canal à celui d'Aragon; 5º de Valladolid à Zamora et à Salamanque et jusqu'aux confins du Portugal (demandé par une compagnie anglaise); 6º de Valladolid à Almazan et à Ariza, par la vallée de Douro; devra se joindre à la ligne de Sarragosse à Madrid; 7º depuis Léon, jusqu'à la rivière ou à la vallée du Sil, pour joindre les provinces de la Galice.

2ᵉ ligne principale de *Madrid à Barcelonne* par Sarragosse (demandée par une compagnie anglaise). *Embranchement* : 1º de Sarragosse à Pampelune et en France, par Tudela; 2º de Sarragosse à Valence par Teruel (demandé par une compagnie espagnole). 3º de Lérida à Tarragone. Les chemins de la vieille Castille à l'Aragon et à la Catalogne viendront se joindre à Ariza, d'après l'embranchement nº 6 de la 1ʳᵉ ligne principale.

3ᵉ ligne principale de *Madrid à Alicante* (demandée selon les uns, déjà concédée selon d'autres, à une compagnie anglaise). *Embranchements* : 1º d'Aranjuez à Tolède et d'Aranjuez à Tarançon par Cuença; 2º des environs de Villena à Valence par la Fuente, la Higuera, Jaliva et Aleira ; 3° de Villena à Murcie et Carthagène (demandé par une compagnie espagnole).

4ᵉ ligne principale de *Madrid ou de Aranjuez à Cadix* (concédée à une compagnie française). *Embranchements :* 1° de Baylen à Grenade et à Alméria; 2° de Cordoue à Malaga; de Cordoue à Mérida (concédé à une compagnie française) ; 4° d'Écija à Algésiras ; 5° de Séville à Huelra (concédé à une compagnie française).

5ᵉ ligne principale de *Madrid à Bajados* (concédée à une compagnie anglaise). *Embranchements :* 1° de Badajos à Séville ; 2° depuis le pont d'Almaraz jusqu'à Salamanque, en passant par Placentia et Ciudad Rodrigo.

La longueur de ce réseau est évaluée 4,000 kil:

AUTRES CHEMINS : *de Barcelonne à Mataro* (concédé).

Voici les avantages accordés aux compagnies concessionnaires des lignes de Cadoue à Séville et de Madrid à Bajados : 1° Concession de 99 ans ; 2° cession gratuite des terrains appartenant à l'État ou à la Couronne; 3° cession gratuite des bois à prendre dans les forêts de l'État et de la Couronne; 4° exemption, pendant 10 ans, de tout droit d'entrée, pour les rails, marchandises, etc. ; 5° exemption de toute taxe sur le chemin, bâtiments et dépendances et sur le capital de la compagnie; 6° Engagement de ne pas réduire les tarifs avant 40 ans ; 7° Application de la loi française, en ce qui concerne la responsabilité de l'actionnaire.

Mentionnons que l'une des colonies espagnoles, La Havane, a un chemin de 72 kil., ouvert depuis le mois de novembre 1838.

## PORTUGAL.

CHEMINS PROJETÉS : 1° de *Lisbonne à Bajados*, concédé à la compagnie des travaux publics ; les travaux vont commencer ; 2° de *Lisbonne à Oporto* par Corunna, Santarem, et Coïmbre (concédé à une compagnie anglo-portugaise) ; 3° de Lisbonne à Cintra (demandé par une compagnie anglo-portugaise) ; 4° *chemin du haut Douro*, d'Oporto à Torre de Moncorvo, par Lamego.

## RUSSIE.

CHEMINS EN CIRCULATION : de Saint-Pétersbourg à Zarskoselo et à Poslowsk, 27 kil.; commencé le 20 mars 1836, ouvert en 1837 ; a coûté 217,000 fr. le kil. *Exploitation* ; 1842 : *recettes*, 250,000 fr.; dépenses, 105,100 fr.; (40 p. %); *produit net*, 145,000 fr. ; dividende, 6 p. %, 1843 ; *recettes*, 1,018,084 fr. ; *dépenses*, 493,108 fr.; (46 p. %). Concessions à perpétuité ; terrains cédés gratuitement ; exemption de tout droit d'entrée sur les matériaux et locomotives ; tarif *à la discrétion* de la compagnie ; exemption de toute taxe pendant 10 ans.

CHEMINS EN CONSTRUCTION : 1° de *Saint-Pétersbourg à Moscou*, 712 kil.; se construit aux frais de l'État; est terminé sur un quart de son étendue; de *Varsovie à Cracovie*, 270 kil.; en construction et très avancé; rejoint le chemin de fer autrichien du nord, aux environs de Swiecim.

## SUISSE.

CHEMINS CONCÉDÉS : ligne de *Chiessa au Saint-Gothard*, concédée à une compagnie milanaise, par le gouvernement du canton du Tessin.

CHEMINS PROJETÉS : de *Bâle à Lucerne*, sollicité par une compagnie qui est formée.

# DEUXIÈME PARTIE.

## CHEMINS FRANÇAIS.

### HISTORIQUE DE LEUR LÉGISLATION.

———◆◇◆◇◆———

## CAHIERS DES CHARGES ([20]) ET LOIS SPÉCIALES.

*26 janvier 1823. Saint-Étienne à Andrezieux*
(concédé par ordonnance royale).

*Articles 1, 2, 3 (du cahier des charges).* La compagnie se conformera à la loi du 8 mars 1810, relative aux expropriations pour cause d'utilité publique, et soumettra le tracé du chemin à l'approbation du gouvernement. *Art.* 4. En cas d'intersection des routes royales et départementales ou des chemins vicinaux, elle établira des moyens sûrs

---

([20]) Dans l'analyse des cahiers des charges qui suivront celui du chemin de Saint-Étienne à Andrezieux, nous ne mentionnerons que les dispositions nouvelles, complémentaires, modificatives et exceptionnelles.

et faciles de traverser, soit en-dessus, soit en-dessous ; les projets des travaux nécessaires préablement approuvés par l'administration. Faute par la compagnie de faire ces travaux, ils seront adjugés et au besoin exécutés en régie par les Ponts-et-Chaussées, aux frais de ladite compagnie. *Art.* 5. En cas de construction par l'État de routes, chemins ou canaux coupant le chemin de fer, la compagnie ne pourra exiger d'indemnité ; il en sera de même, si l'État autorisait ultérieurement des canaux ou d'autres chemins de fer, de la Loire au Rhône, ou sur tout autre point. *Art.* 6. En cas d'inachèvement du chemin ou du refus de la compagnie de l'exploiter ou faire exploiter, les terrains par elle acquis seront restitués aux anciens propriétaires, à un prix réglé à l'amiable ou par les tribunaux. La compagnie sera tenue de terminer le chemin, dans le délai fixé, sous peine de déchéance, à moins de force majeure. *Art.* 7. Le chemin est concédé à perpétuité, et il est accordé à la compagnie un tarif de 0,186 fr. par kil. et hectolitre de houille et par 50 kilog. de marchandises, à la remonte, comme à la descente ; toute fraction de kil. sera comptée comme un kil. entier ; la compagnie effectuera les transports avec exactitude et célérité ; chaque contestation à ce sujet sera jugée par le conseil de préfecture. *Art.* 8. Le préfet devra préparer, à l'époque de l'ouverture du chemin, un règlement relatif à l'ordre de chargement, de transport et de déchargement des marchandises. *Art.* 9. Les terrains occupés par le chemin de fer seront imposés comme les terres de 1re classe (loi du 25 avril 1803), en déduction du contingent des communes traversées. *Art.* 10. La présente ordonnance sera affichée à la porte des bureaux, magasins et dans les lieux les plus apparents, occupés par la compagnie.

2 février 1823. *De Saint-Etienne à Lyon* (concédé par ordonnance royale).

*Art.* 2. *(du cahier des charges).* La compagnie devra assurer l'écoulement des eaux, dont le cours serait suspendu ou modifié par les travaux du chemin de fer, et maintenir le service de la navigation sur les cours d'eau navigables. *Art.* 4. Elle pourra emprunter des terrains latéraux pour y déposer les terres et pour tout autre usage, moyennant indemnité. *Art.* 4. La compagnie devra entretenir le chemin et dépendances en bon état et à ses frais. *Art.* 5. Concession perpétuelle, tarif maximum, de 0,15 par kil. de marchandises, sur lequel devra porter le rabais de l'adjudication. *Art.* 7. En cas de déchéance de la compagnie, faute par elle de n'avoir pas terminé le chemin dans les délais fixés, il sera adjugé de nouveau, ainsi que les terrains, matériaux et ouvrages déjà exécutés, et le cautionnement deviendra les propriétés de l'État.

*Art.* 8. Surveillance et contrôle de l'administration, tant pour la construction et l'entretien du chemin, que pour l'exécution des clauses insérées dans le cahier des charges. *Art.* 9. Faculté pour l'État d'établir des voies de communication coupant le chemin de fer, mais sans pouvoir suspendre le service du chemin de fer plus de 24 heures, à moins d'indemnité. *Art.* 10. Les bâtiments et magasins dépendant de l'exploitation du chemin de fer, seront assimilés pour l'impôt aux propriétés bâties dans la localité. *Art.* 10. Dépôt par toute compagnie se présentant à l'adjudication, d'une somme de 400,000 fr., qu'elle devra doubler, à titre de cautionnement, dans le mois de l'adjudication, à peine d'être déchue et de perdre le premier dépôt. Le cautionnement sera restitué après confection d'un quart de la longueur du chemin. *Art.* 12. Les contestations entre la compagnie et les particuliers seront jugées par les tribunaux ordinaires ; et, entre la compagnie et l'administration, par le conseil de préfecture, sauf recours au conseil d'État.

29 mars 1828. *D'Andrezieux à Roanne* (concédé par ordonnance royale).

*Art.* 2. (*du cahier des charges.*). Dans aucun cas, la compagnie ne pourra se prévaloir du montant de la dépense occasionnée par le chemin de fer, pour réclamer une indemnité. *Art.* 3. Les aqueducs à construire sur les routes royales et départementales, pour maintenir l'écoulement des eaux, seront en maçonnerie. *Art.* 5. La compagnie sera substituée au privilége de l'État pour l'extraction des matériaux de remblais et d'empierrement sur les propriétés riveraines, sauf indemnité à régler, en cas de contestation, par le conseil de préfecture. *Art.* 8. Concession perpétuelle avec un tarif maximum (devant servir de base à l'adjudication) de 0,15 à la descente, et 0,18 à la remonte. N'est pas obligatoire le transport des masses indivisibles pesant plus de 2,000 kilog., ou de marchandises qui, sous le volume d'un mètre cube, ne pèseraient pas 500 kilog.

En vertu d'une loi du 15 juillet 1840, l'État a fait à la compagnie un prêt de quatre millions, à 4 p. $^0/_0$, non compris 2 p. $^0/_0$ d'amortissement. Le chemin, le matériel, les revenus sont affectés à la garantie de ce prêt ; toutefois un privilége de premier ordre, jusqu'à concurrence de deux millions, est stipulé en faveur des autres créanciers de la compagnie.

7 avril 1830. *D'Épinac au canal de Bourgogne* (concédé par ordonnance royale).

Concession perpétuelle avec tarif de 0,13, depuis Épinac jusqu'au canal, et de 0,15, du canal à Épinac.

26 avril 1833. *De Montbrison à Montrond* (autorisé par une loi).

*Art.* 2 *(de la loi).* Concession de 99 ans et autorisation de construire le chemin sur un des accotements de la route départementale n° 1 ,· de Lyon à Montbrison; tarif maximum de 0,15 par kilog., et par quintal métrique de houille ou de marchandises.

29 juin 1833. *D'Alais à Beaucaire* (autorisé par une loi).

Concession perpétuelle et tarif de 0,10 pour la houille, et de 0,15 pour les autres marchandises, à la descente, et de 0,17 pour toutes les marchandises, à la remonte.

9 juillet 1835. *De Paris à Saint-Germain* (autorisé par une loi).

*Art.* 2 (du *cahier des charges).* Pentes maximum de 8 millimètres par mètre. *Art.* 3. La compagnie devra soumettre, dans les six mois de l'homologation de la concession, à l'approbation de l'administration, le tracé définitif du chemin, sur un plan de 5 mill. par m. avec profil en long, suivant l'axe du chemin, et devis explicatif. La compagnie pourra proposer, dans le cours de l'exécution, des modifications au tracé, mais sans pouvoir s'écarter du tracé général, ni excéder le maximum de pente ci-dessus. *Art.* 5. La distance entre les bords intérieurs des rails sera de 1 m. 44 c., entre les faces extérieures, de 1 m. 55 c., et, entre les rails des deux voies, de 1 m. 80 c., sauf aux passages des ponts et tunnels, où cette dernière distance pourra être réduite à 1 m. 44 c. *Art.* 6. Courbes *minimum* de 800 m., sauf modifications à proposer en cours d'exécution par la compagnie. *Art.* 7. Les gares seront placées en dehors des voies et alternativement pour chaque voie. Leur longueur, raccordement compris, sera de 200 m. au moins; leur emplacement et leur surface seront réglés de concert avec l'Administration. *Art.* 8. Les croisements de niveau ne seront tolérés que pour les chemins vicinaux, ruraux ou particuliers, à moins d'obstacles locaux qui seront appréciés par l'Administration. *Art.* 9. En cas de passage au *dessus* d'une route royale ou départementale, ou d'un canal, l'ouverture du pont ne sera pas moindre de 8 mètres, et la hauteur sous clef, pour la route, sera de 6 m. au moins; pour les canaux, elle sera déterminée par l'Administration, selon les cas particuliers; la largeur entre les parapets sera de 7 m., et leur hauteur de 1 m. 30 c. *Art.* 10. En cas de passage *au dessous* d'une route royale ou départementale, la largeur entre les parapets du pont sera au moins de 8 m. pour une route royale, de 7 m. pour une route départementale et de 6 m. pour un chemin vicinal. Les ponts seront en maçonnerie ou en fer. *Art.* 13. En cas de déplacement de routes existantes, le maximum

des pentes des nouvelles directions sera de 4 cent. par
mèt., pour les routes royales et départementales, et de
5 cent. pour les chemins vicinaux. Les déplacements
de routes, les ponts à construire sur les routes, canaux, rivières et cours d'eau, devront être approuvés
par l'autorité supérieure, après enquête. *Art.* 16. En
cas de passage à niveau sur les chemins vicinaux, ruraux et particuliers, les rails ne pourront être placés
à plus de 3 cent. au dessus ou au dessous desdits
chemins et seront disposés de manière à ne pas gêner
la circulation. Des barrières gardées par un gardien,
aux frais de la compagnie, seront tenues fermées de
chaque côté du chemin, partout où il sera jugé nécessaire par l'Administration. *Art.* 17. La compagnie
devra établir, dans un délai fixé, à la rencontre des
routes royales et départementales et autres chemins
publics, qui devront être coupés, des ponts et routes
provisionnels, sous la surveillance de l'Administration,
pour ne pas interrompre la circulation. *Art.* 18. Les
souterrains auront, pour deux voies, 7 m. de largeur,
entre les pieds-droits, au niveau des rails, et 6 m. de
hauteur, sous clef, à partir de la surface du chemin.
La distance verticale entre l'intrados et le dessus des
rails extérieurs de chaque voie sera au moins de 4 m.
30 c. En cas d'éboulement ou de filtration, la compagnie devra prévenir le retour de ces accidents par des
ouvrages solides et imperméables. Aucun ouvrage

provisoire ne sera toléré plus de six mois. *Art.* 19. Les puits d'airage ou de construction des souterrains ne pourront avoir leur ouverture sur une voie publique et devront toujours être entourés d'une margelle en maçonnerie de 2 m. de hauteur. *Art.* 20. Le chemin de fer sera clôturé et séparé des propriétés particulières par des murs, ou des haies, ou des poteaux avec lisses, ou des fossés avec levées en terre. Les barrières fermant les communications particulières s'ouvriront sur les terres et non sur le chemin de fer. *Art.* 25. Des commissaires de l'Administration recevront les portions du chemin achevées, avant leur mise en exploitation. Ces réceptions partielles, valables seulement après l'homologation de l'Administration, ne seront définitives qu'après la réception générale et définitive du chemin. *Art.* 26. Après l'achèvement des travaux, la compagnie fera faire, à ses frais, un bornage contradictoire, et un plan cadastral de toutes les parties du chemin et dépendances, et dressera contradictoirement avec l'Administration un état descriptif des ponts, aqueducs et autres ouvrages d'art. *Art.* 27. L'état du chemin et de ses dépendances sera reconnu au moins annuellement, et d'urgence, en cas d'accident, par des commissaires du gouvernement, et aux frais de la compagnie. *Art.* 29. La compagnie ne pourra commencer aucuns travaux avant d'avoir justifié de la constitution d'un fond social s'élevant à 3 millions et de la réalisation en espèces d'une somme égale au cinquième de cette somme. En cas de déchéance de la compagnie faute d'avoir commencé les travaux dans un délai fixé, les plans généraux et particuliers, devis estimatifs, nivellements, profils, sondages, et autres résultats d'opérations, deviendront la propriété de l'État, et ce n'est que sur la remise de ces documents que la compagnie obtiendra, en le réclamant dans le délai d'une année, à partir de l'homologation de la concession, la restitution de la moitié du cautionnement, l'autre moitié devenant la propriété de l'État. Les travaux commencés, le cautionnement ne sera rendu que par cinquième et après justification d'une dépense égale à une somme double de celle dont la restitution sera réclamée. Le dernier cinquième ne sera restitué qu'après achèvement complet des travaux. *Art.* 30. En cas d'insuccès de deux tentatives d'adjudication du chemin (la compagnie ayant encouru la déchéance pour l'inachèvement des travaux dans le délai fixé), la moitié du cautionnement deviendra la propriété de l'État, et la compagnie sera définitivement déchue de tout droit à la concession, excepté pour les parties déjà mises en exploitations dont elle conservera la jouissance pendant la durée de la concession (99 ans), à la charge par elle, sur les parties non terminées, de remplir, pour les terrains qu'il ne serait pas reconnu utile de conserver à la voie publique, les prescriptions des art. 60 et suivants de la loi du 7 juillet 1833 (loi d'expropriation pour cause d'utilité publique, qui a succédé à celle de 1810), d'enlever tous les matériaux, engins, machines, et enfin de faire disparaître toute cause de préjudice résultant des travaux exécutés. *Art.* 32. L'Administration arrêtera, la compagnie entendue, le règlement de police destiné à assurer l'usage, la sûreté et la conservation du chemin, règlement qui s'exécutera aux frais de la compagnie et sera obligatoire pour elle et pour le public. *Art.* 33. Concession de 99 ans. Les fractions de poids ne seront comptées que par dixième de tonne. Tarif : *Voyageurs*, 0,075; *marchandises* (en moyenne), 0 f. 14 c. Les fractions de kilom. seront comptées comme un kil. entier. *Art.* 35. La compagnie devra transporter, mais à un prix double, les masses indivisibles pesant de 3 à 5,000 kil. et toute voiture pesant, avec son chargement, de 4 à 8,000 kil.; elle ne pourra être contrainte toutefois à transporter des masses indivisibles pesant plus de 5,000 kil., ni à laisser circuler des voitures qui, chargement compris, pèseraient plus de 8,000 kilog. *Art.* 36. Le tarif ci-dessus n'est pas applicable : 1° aux objets ne pesant pas, sous le volume d'un mètre cube, 100 kil.; 2° à l'or, à l'argent, pierres et matières précieuses; 3° et en général à tout paquet ou colis pesant isolément moins de 250 kil., à moins qu'il ne fasse partie d'envois pesant ensemble plus de 250 kil., ou au delà. Néanmoins, au dessus de 100 kil., et quelle que soit la distance parcourue, le prix du transport d'un colis d'objets expédiés à ou par une même personne et d'une même nature ne pourra être inférieur à 0,40. Il est alloué à chaque voyageur 15 kil. de bagages. *Art.* 38. Les agents et gardes établis par la compagnie, soit pour la perception des droits, soit pour la police du chemin, pourront être assermentés, et, dans ce cas, seront assimilés aux gardes champêtres. *Art.* 39. A l'expiration de la présente concession, le gouvernement sera subrogé, par le seul fait de cette expiration, à tous les droits de la compagnie dans la propriété des terrains et ouvrages désignés au plan cadastral; la compagnie sera obligée de remettre en bon état d'entretien le chemin de fer, ses dépendances, les machines fixes, et tous les autres objets inamovibles qui n'auront pas pour destination spéciale le service des transports. Dans les cinq dernières années qui précéderont le terme de la concession, le gouvernement aura le droit de saisir les revenus du chemin, et de les employer à le remettre en bon état ainsi que ses dépendances, si la compagnie ne le faisait pas. La propriété du matériel d'exploitation restera à la compagnie, si mieux elle n'aime le céder à l'État, qui sera tenu, dans ce cas, de le reprendre, à dire d'experts. *Art.* 42. Le gouvernement se réserve expressément le droit d'accorder de nouvelles concessions de chemin de fer, s'embranchant sur celui de Paris à Saint-Germain, ou prolongeant ledit chemin. Les compagnies concessionnaires des chemins d'embranchement ou de prolongement pourront, moyennant le tarif ci-dessus, faire circuler leurs voitures, wagons et machines sur le chemin de Saint-Germain, faculté qui sera réciproque pour ce dernier chemin. *Art.* 44. La compagnie devra mettre à la disposition du gouvernement, pour le cas d'envoi de troupes et de matériel de guerre sur un des points desservis par la ligne, tous les moyens de transport établis pour l'exploitation.

28 octobre 1835. *De Saint-Waast à Denain et d'Abscon à Denain* (concédé par ordonnance royale).

*Art.* 30 *(de l'ordonnance)*. Concession de 99 ans. Tarif : *voyageurs,* 0 fr. 10 c.; *marchandises,* 0 fr. 18 c.

12 Mai. *D'Alais à la Grand' Combe* (concédé par ordonnance royale).

*Art.* 37 *(de l'ordonnance)*. Le concessionnaire contracte l'obligation d'exécuter avec soin, exactitude, célérité et sans tour de faveur, le transport des voyageurs et des marchandises. *Art.* 43. Concession de 99 ans. Tarif : *voyageurs,* 0 fr. 10 c.; *marchandises* à la remonte, 0 fr. 75 c.; à la descente, 0 fr. 15 c.

Par une loi du 17 juillet 1837, l'État a prêté à la compagnie des chemins du Gard une somme de six millions, à 4 p. %, remboursable par douzième, deux ans après l'ouverture des deux chemins. En outre des garanties ordinaires, le gouvernement a exigé celle des six gérants de la compagnie et stipulé que la société s'obligerait à approvisionner l'État de houille, pendant au moins 14 ans, pour les divers services dans les ports français de la Méditerranée, au prix de 3 fr. 344 mil. les 100 kil., pour le charbon de roche, et à 1 fr. 352 mil., pour le charbon menu. Aux termes de conventions additionnelles, le prêt a été garanti par quatre autres personnes et l'hypothèque de l'État étendue au chemin, aux terrains et au mobilier.

16 juin 1836. *De Villers-Cotterets au Port-aux-Perches* (concédé par ordonnance royale).

*Art.* 29 (*du cahier des charges*). Interdiction du transport des voyageurs, motivée par l'existence du plan incliné que présente le chemin. *Art.* 30. Concession de 99 ans. Tarif : 0 fr. 18 c.

9 juillet 1836. *De Montpellier à Cette* (autorisé par une loi).

Pentes maximum de 0,00364 m. par m. Concession de 99 ans. Tarif : *voyageurs*, 1re classe, 0 fr. 075 ; 2e classe, 0 fr. 05 c. ; *marchandises* (en moyenne) 0 fr. 14 c. — Si, après 50 ans, le dividende moyen des cinq dernières années a dépassé 10 p. %, le tarif ci-dessus sera diminué de manière à ramener à ce chiffre le produit industriel.

9 juillet 1836. *De Paris à Versailles, rive droite et rive gauche* (autorisés par une loi).

*Art.* 2 ( *de la loi* ). Chacun des deux chemins pourra pénétrer dans l'intérieur de Paris, de manière que la plus courte distance de son point de départ au mur d'enceinte n'excède pas 15 mètres. *Art.* 3. Concession de 99 ans. Tarif maximum (devant servir de base à l'adjudication), 0 fr. 80 c. (non compris l'impôt de 10 c.), pour tout le trajet. Le prix sera divisé par le nombre de kilom. dont se composera le chemin et le tarif des prix à payer pour les distances intermédiaires, sera réglé sur le résultat de cette division.

*Art.* 35 (*du cahier des charges*). Les machines locomotives devront consumer leur fumée (ne brûler que du coke, qui ne donne pas ou peu de fumée). Pentes maximum de 4 millim., sauf une seule de 10 millim.

Par une loi du 1er août 1839, l'État a fait un prêt de cinq millions à la compagnie du chemin de la rive gauche, à 4 p. %, remboursable par vingtième d'année en année, 3 ans après l'ouverture du chemin.

17 juillet 1837. *De Bordeaux à la Teste* (autorisé par une loi).

*Art.* 2 (*de la loi*). L'impôt dû au Trésor ne sera prélevé que sur la partie du tarif correspondant au prix de transport des voyageurs. *Art.* 3. Concession de 99 ans ; le rabais de l'adjudication portera sur cette durée. *Art.* 4. A l'expiration des 30 premières années de la concession, et après chaque période de 15 années, à dater de cette expiration, le tarif pourra être revisé ; et si, à chacune de ces époques, il est reconnu que le dividende moyen des 15 dernières années a excédé 10 p. %o du capital primitif de l'action, le tarif sera réduit dans la proportion de l'excédant.

*Art.* 6 (*du cahier des charges*). Courbes minimum de 100 mètres. *Art.* 18. Les souterrains (pour 2 voies) auront 6 m. 50 c. de largeur entre les pieds-droits au niveau des rails, et 5 m. 50 c. de hauteur sous clef à partir de la surface du chemin. *Art.* 20. La compagnie pourra employer dans la construction du chemin de fer les matériaux communément en usage dans la localité ; toutefois, les têtes de voûtes, les angles, socles, couronnements, extrémités de radiers, seront nécessairement en pierres de taille. *Art.* 33. Pendant toute la durée de la concession, les terrains occupés par le chemin de fer et par ses dépendances, non compris les bâtiments et magasins dépendant de l'exploitation, seront exempts de toutes contributions foncières et autres (*exceptionnel*). Tarif : *voyageurs*, 1re classe, 0,075 fr.; 2e classe, 0,05 fr.; *marchandises* : 0,14 c.; *Art.* 41. Le transport des militaires en service, voyageant en corps ou isolément, ainsi que des troupes et du matériel de guerre, se fera à moitié prix du tarif. *Art.* 42. Les lettres et dépêches convoyées par un agent du gouvernement seront transportées gratuitement, sur toute l'étendue du chemin de fer. A cet effet, la compagnie sera tenue de réserver à chaque départ de voyageurs, à l'arrière du train des voitures, un coffre suffisamment grand, et fermant à clef, ainsi qu'une place convenable pour le courrier chargé d'accompagner les dépêches. *Art.* 43. Les frais accessoires non mentionnés au tarif, tels que ceux de chargement, de déchargement et d'entrepôt dans les gares et magasins de la compagnie, seront fixés par un règlement qui sera soumis à l'approbation de l'autorité supérieure. *Art.* 44. A toute époque, après l'expiration des trente premières années de la concession, le gouvernement aura la faculté de racheter le chemin ; ce rachat aura lieu au taux moyen du cours des actions pendant les trois années qui auront précédé celle du rachat. *Art.* 45. Quant au matériel d'exploitation, l'État sera tenu de le prendre à dire d'experts, si la compagnie le requiert, et réciproquement, si l'État le requiert, la compagnie sera tenue également de le céder à dire d'experts. *Art.* 54. Nul ne sera admis à soumissionner l'entreprise, s'il n'a effectué, au préalable, le dépôt d'une somme de 200,000 fr. (21).

(21) Une loi spéciale du 1ᵉʳ août 1839 (qui a été généralisée par une autre loi du 9 août) a autorisé la compagnie concessionnaire à proposer à l'Administration des modifications à son cahier des charges, en ce qui concerne le tracé général, la lar-

Même date. *D'Épinac au canal du Centre* (autorisé par une loi).

*Art.* 6 (*du cahier des charges*). Courbes minimum de 500 mètres. *Art.* 12. Les ponts à construire à la rencontre des routes royales ou départementales, des rivières, canaux et cours d'eau, pourront être construits avec travées en bois, piles et culées en maçonnerie; mais il sera donné à ces piles et culées l'épaisseur nécessaire pour qu'il soit possible ultérieurement de substituer aux travées en bois, soit des travées en fer, soit des arches en maçonnerie. *Art.* 32. Exemption de toutes contributions foncières et autres pour les terrains occupés par le chemin de fer et ses dépendances, non compris les bâtiments et magasins (*exceptionnel*). *Art.* 34. Interdiction de transporter des voyageurs, à cause des plans inclinés. *Art.* 35. Concession de 99 ans. Tarif : *houille*, 0,12 c.; *marchandises diverses*, 0,17 c. A l'expiration des 30 premières années de la concession, le gouvernement aura le droit de reviser, tous les 15 ans, le tarif et de le réduire, en cas d'excédant d'un dividende moyen, de 10 p. %.

Même date. *De Mulhouse à Thann* (autorisé par une loi).

*Art.* 6 (*du cahier des charges*). Courbes minimum de 1,000 mètres. *Art.* 30. Les ouvrages qui seraient si-

geur de la voie, les pentes, les courbes. C'est en vertu de cette loi qu'une pente de 5 millim. a été autorisée sur ce chemin ; le maximum des autres pentes est de 3 millim.

tués dans le rayon des places fortes et dans la zone des servitudes, et qui, aux termes des règlements actuels, devraient être exécutés par les officiers du génie militaire, le seront par les agents du concessionnaire, mais sous le contrôle et la surveillance de ces officiers, et conformément aux projets particuliers qui auront été préalablement approuvés par les ministres de la guerre et des travaux publics. La même faculté pourra être accordée, par exception, pour les travaux sur le terrain militaire occupé par les fortifications, toutes les fois que le ministre de la guerre jugera qu'il n'en peut résulter aucun inconvénient pour la défense. *Art.* 33. Exemption de toute contribution pour les terrains du chemin et dépendances, non compris les magasins et bâtiments d'exploitation (*exceptionnel*). *Art.* 36. Concession de 99 ans. Tarif : *voyageurs*, 1ʳᵉ classe, 0,08 c.; 2ᵉ classe, 0,06.; *marchandises* (en moyenne), 0,16.

26 décembre 1837. *Du Creuzot au canal du Centre* (concédé par ordonnance royale).

*Art.* 2 (*du cahier des charges*). Pentes maximum de 1 centim. par mètre. *Art.* 6. Courbes minimum de 400 mètres. *Art.* 34. Dans le cas où la compagnie voudrait employer sur son chemin des machines locomotives comme moyen de traction, elle ne pourra le faire qu'après avoir provoqué et obtenu, à cet égard, un règlement d'administration publique. *Art.* 35. Le transport des voyageurs et des bestiaux ne pourra être effectué sur le chemin de fer, sans avoir également été autorisé par un règlement d'administration publique. *Art.* 36. Concession de 99 ans. Tarif (en moyenne), 0,15 c.

6 mars 1838. *De Strasbourg à Bâle* (Voir plus bas).

7 juillet 1838. *De Paris à Orléans* (voir plus bas).

25 juillet 1838. *Des mines de Fins et Noyant à la rivière d'Allier* (autorisé par une loi).

*Art.* 2 (*du cahier des charges*). Pentes maximum de $0^m,016$. *Art.* 5. La largeur des accotements sera de 1 mètre au moins. *Art.* 6. Courbes minimum de 400 mètres. *Art.* 7. Les gares d'évitement seront espacées de 5,000 mètres. *Art.* 29. La compagnie ne pourra commencer aucuns travaux, si elle n'a justifié préalablement de la constitution d'un fonds social égal à la dépense présumée des travaux. *Art.* 29. Si la compagnie n'a pas commencé les travaux, dans le délai d'une année, à partir de l'homologation de la concession, elle sera déchue de plein droit et la totalité de son cautionnement sera acquise au trésor public. *Art.* 33. Dans le cas où la faculté de transporter des voyageurs serait ultérieurement accordée à la compagnie, le tarif ne pourra excéder 0,075. *Art.* 34. La durée de la concession sera égale à celle de l'exploitation, sans qu'elle puisse dépasser 99 ans. Tarif : 0,12 à la descente et 0,15 à la remonte.

*Même date. Des mines du Montet-aux-Moines à la rivière d'Allier* (concédé par une loi).

*Art.* 2 (*du cahier des charges*). Pentes maximum de $0^m,015$. *Art.* 5. Accotements de 1 mètre. *Art.* 6. Courbes minimum de 400 mètres ; même tarif que pour le chemin précédent.

15 juillet 1840. *De Paris à Orléans* (autorisé par une loi du 7 juillet 1838). Le cahier des charges a été définitivement arrêté à la date ci-contre.

*Art.* 4 (*du cahier des charges*). Aux abords de Paris et sur une longueur de 1,000 mètres au moins, le chemin devra être établi sur quatre voies, pour le service de la gare d'arrivée et de départ. *Art.* 5. La largeur des chemins en *couronne* (ou la longueur de l'arête qui termine le sol de la voie, soit au-dessus du remblai, soit au-dessus des fossés) est fixée, pour 2 voies, à 8 mèt. 30 c., dans les parties en levée, et à 7 mèt. 40 c. dans les tranchées et les rochers, ainsi qu'entre les parapets des ponts et dans les souterrains. La distance entre les deux voies sera au moins égale à 1 mèt. 80 c., excepté au passage des souterrains et des ponts. La largeur des accotements, ou en d'autres termes, la largeur entre les faces extérieures des rails extrêmes et l'arête extérieure du chemin, sera de 1 mèt. 50 c. au moins, dans les parties en levées, et de 1 mètre au moins, dans les tranchées, dans les souterrains, au passage des ponts et dans les parties soutenues par des murs. *Art.* 6. Pentes maximum de 5 mill., une seule exceptée de 8 mill.; courbes minimum de 800 mètres. *Art.* 7. Les gares d'évitement seront distancées de 20,000 mètres. *Art.* 9. En cas de passage *au-dessus* d'une route ou d'un chemin, l'ouverture du pont ne sera pas moins de 8 mètres pour la route royale, de 7 mètres pour la route départementale, et de 5 mètres pour le chemin vicinal. La hauteur sous clef sera de 5 mètres au moins; la largeur entre les parapets, de 7 mètres, et leur hauteur, de 0 mèt. 80 c. au moins. En cas de passage *au-dessous*, la largeur entre les parapets du pont sera de 8 mètres au moins, pour la route royale, de 7 mètres pour la route départementale, et de 5 mètres pour le chemin vicinal. L'ouverture des ponts entre les culées sera au moins de 7 mètres et la distance verticale entre l'intrados et le dessus des rails, de 4 mèt. 30 c., au moins. *Art.* 18. Les percées ou souterrains auront 7 mèt. 40 c. de largeur. *Art.* 20. Dans les localités où il n'existera pas de pierre de taille, l'emploi de la brique ou du moellon dit *d'appareil* sera toléré. *Art.* 30. La compagnie devra justifier, avant tous travaux, d'un fonds social de 20 millions, et de la réalisation en espèces du dixième. Le cautionnement sera rendu en totalité, après achèvement et mise en circulation de 30 kilom. *Art.* 35. Concession de 99 ans. La perception des prix de transport aura lieu par kilom., sans égard aux fractions de distance; ainsi, un kilomètre entamé sera payé comme s'il avait été parcouru. Néanmoins, pour toute distance parcourue, moindre de six kilomètres, le droit sera payé comme pour 6 kilom. entiers. Les fractions de tonne seront comptées par cinquième de tonne. La vitesse sera de 8 lieues à l'heure, au moins. Dans chaque convoi, la compagnie pourra placer des voitures spéciales pour lesquelles les prix seront réglés par l'Administration, sur la proposition de la compagnie; le nombre de ces voitures ne pourra excéder le cinquième du nombre total des places du convoi. Tarif: *Voyageurs*, 1re classe, 0,10 c.; 2e classe, 0,075; 3e classe, 0,05. *Marchandises* (en moyenne), 0,18. Les marchandises transportées à la vitesse des voyageurs, payeront 0,40 c. la tonne. Si la compagnie réduisait le tarif ci-dessus, elle ne pourrait le relever qu'après un délai de 3 mois, au moins. Tous changements dans les tarifs devront être homologués par des arrêtés du préfet, et annoncés un mois d'avance par des affiches. La perception des taxes devra se faire indistinctement et sans aucune faveur. Dans le cas où des perceptions auraient eu lieu à des prix inférieurs à ceux du tarif, l'Administration pourra déclarer cette réduction applicable à la partie correspondante du tarif, et les prix ne pourront être relevés avant trois mois. Sont exceptées de cette disposition les remises faites à des indigents.

*Art.* 37. Les classifications à faire des denrées et marchandises, etc., etc., non désignées dans le tarif, seront arrêtées par l'Administration. *Art.* 39. Les denrées et objets qui, sous le volume d'un mètre cube, ne pèsent pas 200 kil., ne sont exceptés du tarif qu'autant qu'ils n'y sont pas nommément énoncés. *Art.* 43. Le gouvernement pourra racheter le chemin, 15 ans après l'achèvement des travaux. Pour régler le prix du rachat, on relèvera le dividende des sept années précédentes, les deux plus faibles déduites, et l'on établira le dividende moyen des 5 autres années. On y ajoutera le tiers de son montant, si le rachat a lieu dans la 1re période de 15 ans, un quart, s'il n'est opéré que dans la 2e, et un cinquième pour les autres. Le dividende ainsi accru formera le montant d'une annuité à payer à la compagnie, jusqu'à la fin de la concession. *Art.* 47. Aucunes machines, voitures, wagons, appartenant aux compagnies concessionnaires des chemins d'embranchement ou de prolongement ne pourront circuler sur le chemin de fer qu'après avoir été examinés par la compagnie. En cas de refus de sa part, la contestation sera soumise à trois arbitres, dont deux seront désignés par les parties et le troisième par l'Administration. La compagnie pourra être assujettie par les lois qui concéderont ultérieurement des chemins de prolongement ou d'embranchement joignant celui de Paris à Orléans, soit à laisser aux concessionnaires de ces chemins le droit d'exploiter en concurrence avec elle la ligne de Paris à Orléans, avec réciprocité, moyennant le payement des droits de péage, soit à leur accorder une réduction sur les droits de péage ainsi calculée : 1° si le prolongement n'a pas plus de 100 kil., 10 p. °/₀ du prix perçu par la compagnie ; 2° si le prolongement excède 100 kil., 15 p. °/₀ ; 3° si le prolongement excède 200 kil., 20 p. °/₀ ; 4° si le prolongement excède 300 kil., 25 p. °/₀. *Art.* 48. Si, par la direction qui leur sera assignée, les chemins de Paris à Strasbourg et à Lyon s'embranchent sur celui d'Orléans, la loi de concession pourra accorder à la compagnie des deux premiers chemins la jouissance à frais et profits communs de la partie commune aux deux lignes, pourvu qu'elle ne s'étende pas au-delà de Choisy-le-Roy, sauf payement de la moitié du capital de l'établissement de cette partie du chemin et de son matériel ; elle pourra également stipuler, au profit de cette compagnie, la réduction à moitié des droits de péage pour les voitures, wagons et machines qui se dirigeraient sur les lieux situés au-delà du point d'embranchement, ou qui en viendraient. Même disposition pour le cas de l'exécution par l'État des chemins de Paris à Lyon et à Strasbourg. Dans le cas où une compagnie concessionnaire de chemins d'embranchement ou de prolongement, joignant la ligne de Paris à Orléans, n'userait pas de la faculté de circuler sur cette ligne, comme dans le cas où les concessionnaires de celle-ci ne voudraient pas circuler sur les chemins de prolongement ou embranchement, les compagnies seront tenues de s'arranger entre elles, de manière que le service de transport ne soit jamais interrompu aux points extrêmes des diverses lignes. Celle des compagnies qui sera dans le cas de se servir d'un matériel qui ne serait pas sa propriété, payera une indemnité en rapport avec l'usage et la détérioration de ce matériel. En cas de contestation sur la quotité de l'indemnité ou sur les moyens d'assurer la continuation du service sur toute la ligne, le gouvernement est autorisé à y pourvoir d'office, et à prescrire toutes les mesures nécessaires.

*Clauses additionnelles.* L'Administration pourra autoriser les croisements de niveau des routes royales et départementales et des chemins vicinaux, ruraux et particuliers. Dans ce cas, les rails ne pourront être élevés au-dessus ou abaissés au-dessous de ces routes et chemins de plus de 0 mèt. 03 c.

Par la même loi, l'État a garanti à la compagnie un minimum d'intérêt, pour un capital de 40 millions, pendant 46 ans et 334 jours.

Même date. *De Paris à Rouen* (autorisé par une loi).

*Art.* 9 (*de la loi*). La compagnie ne pourra émettre d'actions ou de promesses d'actions négociables, avant de s'être constituée en société anonyme.

*Art.* 6 (*du cahier des charges*). Pentes maximum de 4 mill.; courbes minimum de 600 mètres. *Art.* 8. Sauf obstacles locaux à apprécier par l'Administration, le passage à niveau ne pourra avoir lieu sur les routes. *Art.* 30. La compagnie devra justifier de la réalisation en espèces du dixième de son capital social, avant de commencer les travaux. *Art.* 35. Concession de 99 ans; la vitesse sera de 20 kil. pour les marchandises payant les prix fixés par le tarif. Tarif : *voyageurs*, 1re classe, 0,125; 2e classe, 0,10; 3e classe, 0,075; *marchandises*, 0,18 c. *Art.* 38. Si la compagnie consent à transporter les masses indivisibles pesant plus de 5,000 kil., et à laisser circuler des voitures qui, chargement compris, pèseraient plus de 8,000 kilog., elle devra, pendant trois mois au moins, accorder les mêmes facilités à tous ceux qui en feraient la demande. *Art.* 53. Dépôt d'un cautionnement de 3,600,000 fr.

*Clauses additionnelles.* Pentes maximum de 0m,005. Prêt par l'État de 14 millions, à 3 p. %, remboursables par 30e, trois ans après l'ouverture du chemin. Prêt supplémentaire de 4 millions, pour le cas où la compagnie de Rouen exécuterait à frais communs, avec celle de Rouen au Havre, la sortie de Rouen.

**Même date.** *De Lille et de Valenciennes à la frontière belge* (ou de Lille à Courtrai et de Valenciennes à Mons).

Une loi du 15 juillet 1840 a décidé que ces deux chemins seraient construits par l'État et a affecté à cette construction un crédit de 10 millions, dont 6 pour Lille et 4 pour Valenciennes. Une ordonnance royale du 15 septembre 1842, statuant sur l'exploitation provisoire de ces deux chemins par l'État, a disposé, 1° que les convois des deux pays franchiraient la frontière, sous la garantie d'un acquit à caution renouvelable tous les six mois; 2° que les convois de voyageurs seraient passibles de l'impôt du 10°, et que cet impôt serait prélevé exclusivement sur la part attribuée au gouvernement français dans les produits de l'exploitation des deux chemins. Tarif provisoire : *voyageurs*, 1re classe; 0,07 c.; 2e classe, 0,05 ; 3e classe, 0,035. Aucune taxe totale toutefois ne pourra être inférieure aux limites ci-après: 1re classe, 0,50 c.; 2e classe, 0,40; 3e classe, 0,25; il est accordé 20 kilogr. de bagages à chaque voyageur; l'excédant sera taxé à 0,004 pour 10 kilogr. et par kilomètre, aucune taxe totale néanmoins ne pouvant être inférieure à 20 c. — Une autre ordonnance du 5 novembre 1842, modifiant, à la demande de l'Administration belge, le tarif arrêté par l'ordonnance précédente, pour le parcours des sections comprises entre les stations de Roubaix et Courtray, d'une part, et celles de Saint-Saulve et Quiévrain, de l'autre, règle provisoirement les tarifs pour le transport des marchandises sur ces sections. — Enfin une ordonnance du 9 décembre 1843 a arrêté le *tarif définitif* ci-après : 1<sup>re</sup> classe, 0,08 c.; 2<sup>e</sup> classe, 0,06; 3<sup>e</sup> classe, 0,04; minimum de chaque taxe totale : 1<sup>re</sup> classe, 0,75 c.; 2<sup>e</sup> classe, 0,50; 3<sup>e</sup> classe, 0,25. Le transport des articles de messagerie est fixé, par chaque 10 kilogr. et par kilom., à 0,005 c., le minimum de chaque taxe totale ne pouvant être inférieur à 60 cent. — Le transport des marchandises de roulage se fera par location de wagons entiers dont la charge maximum est fixée à 4,000 kilogr., pendant les mois de décembre, janvier et février; et à 5,000 kilogr. pendant le reste de l'année. Le prix de location de ces wagons est de 60 c. par kilom., sans qu'aucune taxe totale puisse être inférieure à 6 fr.

29 octobre 1840. *De Strasbourg à Bâle* (autorisé par une loi du 6 mars 1838. Un cahier des charges nouveau a été arrêté à la date ci-contre).

*Art.* 6 (*du cahier des charges*). Pentes maximum de 5 mill.; courbes minimum de 900 m. *Art.* 36. Concession de 99 ans. Tarif : *voyageurs*, 1<sup>re</sup> classe, 0,10 c.; 2<sup>e</sup> classe, 0,075; 3<sup>e</sup> classe, 0,05.; *marchandises* (en moyenne), 0,18. *Art.* 54. Cautionnement de 2 millions, prêt par l'État d'une somme de 12,600,000 fr., à 4

p. %, non compris 1 p. % pour l'amortissement du prêt. L'intérêt sera servi après payement de 4 p. % aux actionnaires; mais l'amortissement se prélèvera avant tout dividende; l'État sera appelé au partage des bénéfices restant, après le prélèvement de l'amortissement et du dividende de 4 p. %.

### 13 juin 1844.

Loi qui 1° porte à 70 ans la durée de la concession du chemin de Bordeaux à la Teste qui n'était que de 34 ans 8 mois 27 jours; 2° applique à ce chemin la faculté de rachat au profit du gouvernement, telle qu'elle est stipulée dans le cahier des charges du chemin de Paris à Rouen.

### 11 juin 1842. *De Rouen au Havre* (autorisé par une loi).

*Art.* 3 (*du cahier des charges*). A dater de la loi de concession, la compagnie devra soumettre à l'approbation de l'Administration, de quatre mois en quatre mois, et par section de 20 kil. au moins, sur une échelle de 1 à 5,000, le tracé définitif du chemin. *Art.* 6. Courbes minimum de 600 mètres, et pentes maximum de 0,005 mèt. *Art.* 35. Concession de 99 ans. Tarif : *voyageurs*, 1re classe, 0,125; 2e classe, 0,10, 3e classe, 0,075; *marchandises* (en moyenne), 9,18. *Art.* 53. Cautionnement de 1 million.

*Clauses additionnelles.* Pour l'arrivée du Havre, une

pente plus forte que 0,005 mill. pourra être admise. Concession de 97 ans, au lieu de 99.

2 avril 1843. *Des mines de Mont-Rambert au chemin de Saint-Étienne à la Loire* (concédé par ordonnance royale).

*Art.* 1<sup>er</sup> (*du cahier des charges*). Le tracé des plans inclinés sera rectiligne. Les moyens de traction sur ces plans devront être approuvés ultérieurement par l'Administration. *Art.* 5. Pour une voie, la largeur du chemin en couronne sera de 3 mèt. 50 cent., et pour deux voies, de 6 mèt. Pour les parties des plans inclinés où sera établi un triple rail, cette largeur sera de 5 mèt. Dans les parties en déblai, il sera ajouté à ces largeurs, de chaque côté de l'arête extérieure de l'accotement, une largeur de 1 mètre pour ouverture de fossés. *Art.* 6. Courbes minimum de 300 mètres, deux exceptées qui pourront être de 100 mèt. *Art.* 7. Les plans inclinés auront, dans leur milieu, une double voie de 70 mèt. de longueur, non compris les diagonales de raccordement, qui ne pourront avoir moins de 30 mèt., depuis la pointe de l'aiguille jusqu'à la pointe du cœur ou de la double croix. La partie des plans inclinés au-dessus de la double voie sera à triple rail; à la tête et aux pieds de chaque plan incliné, il sera établi des gares. *Art.* 34. Interdiction du transport des voyageurs. *Art.* 35. Concession de 99 ans. Pour la houille, la compagnie ne sera pas tenue de fournir les wagons; à la remonte, elle devra ramener les wagons vides sans rétribution. Tarif : *houille*; 0,20 c.; *marchandises*, 0,24 c. *Art.* 39. A l'expiration de chaque période de 20 années, le tarif sera révisé. *Art.* 44. La compagnie sera également tenue de remonter sans rétribution les wagons vides des compagnies d'embranchement ou de prolongement.

24 juillet 1843. *De Marseille à Avignon* (classé par la loi de 1842).

*Art.* 3 (*du cahier des charges*). Toute modification des pentes et courbes ayant pour résultat une diminution de dépense, entraînera une réduction proportionnelle sur le montant de la subvention allouée à la compagnie (32 millions). *Art.* 6. Pentes maximum de 5 millim.; courbes minimum de 800 mètres. *Art.* 20. Le poids des rails sera de 30 kilog., au moins, par mètre courant. *Art.* 23. La compagnie ne pourra, soit dans le cas de traités amiables, soit dans le cas d'expropriation, faire d'offres aux propriétaires qu'après en avoir fait préalablement approuver le montant par le ministre. (*Disposition exceptionnelle qui ne se retrouve dans aucun autre cahier des charges*). *Art.* 36. La compagnie pourra être autorisée par l'Administration à n'introduire dans certains convois que des voitures des deux premières classes (*exceptionnel*); tout convoi régulier de voyageurs devra contenir les voitures destinées aux personnes qui se présenteront aux bureaux. Tarif : *voyageurs*, 1re classe, 0,10 c.; 2e classe, 0,075 ; 3e classe , 0,05.; *marchandises* (en moyenne) 0,16. — Les tarifs proposés par la compagnie à l'approbation de l'Administration, dans les limites de cet article, pourront établir pour les dimanches et fêtes, et pour les stations intermédiaires seulement, des prix autres que ceux des autres jours de la semaine (*exceptionnel*). L'Administration se réserve de déterminer par des règlements spéciaux, la compagnie entendue, la vitesse des convois et la durée du parcours de la ligne entière. *Art.* 27. 20 kilog. de bagages sont alloués aux voyageurs. *Art.* 42. Les ingénieurs, commissaires de police et agents spéciaux attachés à la surveillance du chemin de fer, seront transportés gratuitement. *Art.* 43. La compagnie sera tenue de réserver à chaque départ de voyageurs, à l'arrière du train des voitures, un compartiment spécial de voiture destiné à recevoir les dépêches et le courrier chargé de les accompagner. Sa forme et ses dimensions seront réglées par l'Administration. Les dépêches apportées de Paris par les services réguliers des malles à destination de Marseille seront expédiées, dans le délai de deux heures au plus, après leur arrivée, par le premier convoi ordinaire, et, à défaut, par un convoi extraordinaire dont la vitesse ne pourra être moindre de 25 kilom. par heure. La marche et l'heure du départ journalier des dépêches de Marseille pour Paris, seront fixées d'un commun accord entre l'Administration des postes et la compagnie, et ne pourront être changées qu'en vertu d'une nouvelle convention. En cas de dissentiment, le ministre des finances prononcera. Les dépêches des autres courriers partiront par celui des convois que l'Administration désignera à cet effet. L'heure de ces convois ne pourra plus, après cette désignation, être changée qu'après avertissement donné un mois à l'avance à l'Administration des postes. Toutes les fois que l'Administration aura à requérir, en dehors des services réguliers, l'expédition d'un convoi spécial, elle devra être faite immédiatement, sur la réquisition du préfet, et il en sera tenu compte à la compagnie sur le pied de 1 fr. par kilom. *Art.* 44. La compagnie sera tenue de recevoir et de transporter, à moitié de la taxe du tarif, les voitures cellulaires destinées au transport des condamnés, lesdites voitures devant être faites de manière à pouvoir circuler sur un chemin de fer. *Art.* 46. Il est défendu à la compagnie, sous les peines portées par l'art. 419 du Code pénal, de faire directement ou indirectement, avec des entreprises de transport de voyageurs ou de marchandises, par terre ou par eau, des arrangements qui ne seraient pas également consentis en faveur de toutes les autres entreprises desservant les mêmes routes. L'accès des gares sera interdit à toute voiture publique autre que les omnibus que la compagnie établirait pour le service des voyageurs entre les diverses stations et les villes qu'elles desserviront, à moins d'une autorisation du préfet, sur la proposition de la compagnie. *Art.* 47. Il sera ajouté (pour le rachat du chemin) au produit net moyen calculé d'après les dividendes des cinq dernières plus fortes années, un tiers du montant de ce produit, si le rachat a lieu dans la première période de dix ans, à partir de l'époque où l'État est autorisé à exercer la faculté de rachat, et un cinquième seulement, si le rachat n'est opéré que dans les huit dernières années de la concession. Après les cinq premières années de l'exploitation, si le produit net excède 10 p. °/₀ du capital de la compagnie et du montant de la subvention, la moitié du surplus sera attribuée à l'État à titre de prix de prime. *Art.* 48. Ce partage n'aura lieu que lorsque les produits accumulés des années antérieures auront suffi à faire l'intérêt à 6 p. °/₀ du capital employé par la compagnie, ainsi que l'amortissement sur le pied de 1 p. °/₀. *Art.* 49. A l'expiration de la concession, le ministre des travaux publics remboursera à la compagnie ou lui fera rembourser par le nouvel adjudicataire, dans un délai de trois mois, le prix du matériel d'exploitation fixé à dire d'experts. *Art.* 55. Il sera institué près de la compagnie un commissaire spécialement chargé de surveiller les opérations de la compagnie, pour tout

ce qui ne rentre pas dans les attributions des ingénieurs de l'État ; son traitement sera à la charge de
la compagnie. *Art.* 59. Cautionnement de 1,500,000 f.

16 février 1844. *Des mines de Commentry au canal du Berry*
(concédé par ordonnance royale).

*Art.* 2 (*du cahier des charges*). Pentes maximum
de 0,015 mètres, deux exceptées qui pourront s'élever
à 0ᵐ,20 ; courbes minimum de 150 mètres, le minimum de la largeur de la voie, entre les bords intérieurs, sera de 0,90 mètres. *Art.* 18. Les fossés
qui serviront de clôture auront au moins 0ᵐ,75
de profondeur. *Art .*31. Interdiction du transport des voyageurs ; la décision qui autoriserait
ultérieurement l'emploi de machines locomotives,
pourra en même temps, les concessionnaires entendus, réduire le tarif. Cinq ans après l'ouverture du
chemin, les tarifs seront revisés et pourront être réduits après enquête. Une révision nouvelle pourra
avoir lieu tous les dix ans, jusqu'au terme de la concession. *Art.* 32. Concession de 99 ans. Dans le cas où
les expéditeurs voudraient fournir les wagons destinés
au transport de leurs denrées, le prix de transport
sera réduit de 0,015 par tonne. Les fractions de poids
seront comptées par demi-tonne. Tarif : *marchandises* à la descente et à la remonte, (avec les wagons des
concessionnaires) 0,17; (les concessionnaires ne four-

nissant ni chevaux ni wagons) 0,075. *Art.* 36. Les concessionnaires ne seront tenus d'opérer la remonte des marchandises que pour les quantités qui peuvent se concilier avec la célérité du service de la descente. *Art.* 37. Le service des plans automoteurs se fera exclusivement par les concessionnaires. Toute personne faisant ses transports elle-même sur le reste du chemin, payera, sur chaque plan automoteur, comme pour 4 kil. Au bout d'un an d'exploitation, un règlement d'administration publique fixera le prix à payer pour chaque plan automoteur. *Art.* 42. Si l'usage des machines locomotives est autorisé sur le chemin principal, les compagnies concessionnaires d'embranchement ne fourniront plus le moteur.

7 juillet 1844. *De Montpellier à Nîmes* (autorisé par une loi et construit par l'État. Le cahier des charges a été arrêté par la loi (à la date ci-contre) qui a autorisé la mise en adjudication du chemin).

*Art.* 1er (de la loi du 7 juillet 1844). Le ministre est autorisé à donner le chemin à bail, pour douze années. *Art.* 2. Le prix minimum de l'adjudication ne pourra être inférieur à 250,000 fr. par an; l'adjudicataire devra, en outre, payer l'intérêt à 3 p. % de la somme de 900,000 fr., prix du matériel mobile à livrer par l'Administration.

*Art.* 1er (*du cahier des charges*). Le bail comprend

l'exploitation et l'entretien du chemin. *Art.* 2. La livraison à faire par l'Administration comprendra la voie garnie de rails et dépendances, les ouvrages d'art, clôtures, bâtiments divers, ateliers et le matériel fixe afférent à l'exploitation. *Art.* 3. Un état des lieux sera dressé avant la prise de possession et dans les deux mois de l'approbation de l'adjudication. L'Administration fera faire, à ses frais, un bornage contradictoire et un plan cadastral de la voie et dépendances. *Art.* 4. Dans le délai d'un an, l'adjudicataire sera tenu de doubler le nombre des machines et voitures remises par l'État, et de fournir au moins 200 wagons et 5 plates-formes. Il devra, en outre, augmenter successivement le matériel, en raison de l'accroissement de la circulation, sur la demande de l'Administration. *Art.* 6. L'adjudicataire devra s'approvisionner, dans un délai de six mois, de tous les objets accessoires servant à l'exploitation. *Art.* 7. Les machines locomotives devront être construites dans les conditions prescrites ou à prescrire par le gouvernement. Les voitures des voyageurs, suspendues sur ressort et garnies de banquettes, seront de 3 classes; celles de la 1re, couvertes, garnies et fermées à glaces; celles de la 2e, couvertes et fermées à glaces; celle de la 3e, couvertes et fermées avec rideaux. *Art.* 8. Faute par l'adjudicataire d'avoir installé le matériel d'exploitation, en un an, il sera déchu; le cautionnement deviendra la propriété de l'État, et il sera pourvu au complément du matériel, au moyen d'une adjudication publique. En cas d'insuccès de l'adjudication, la résiliation du bail sera définitive, et le matériel déjà installé sur la voie deviendra également la propriété de l'État.

*Art.* 12. Les fractions de poids ne seront comptées que par centième de tonne. L'Administration déterminera, par des règlements spéciaux, l'adjudicataire entendu, le maximum et le minimum de vitesse des convois de voyageurs et de marchandises et des convois spéciaux des postes, ainsi que la durée du trajet. A moins d'autorisation spéciale et toujours révocable de l'Administration, tout convoi régulier de voyageurs devra contenir une quantité suffisante de voitures de toutes classes. Tarif : *voyageurs*, 1<sup>re</sup> classe, 0,10 c., 2<sup>e</sup> classe, 0,075, 3<sup>e</sup> classe, 0,055; *marchandises* (en moyenne), 0,16. Les marchandises qui, sur la demande des expéditeurs, seront transportées à la vitesse des voyageurs, payeront à raison de 0,36 par tonne. Les chevaux et bestiaux payeront, dans ce cas, le double de la taxe du tarif. Tout abaissement et relèvement de tarifs devra être homologué par l'Administration, sur la proposition de l'adjudicataire. Les taxes qui auront été abaissées ne pourront être relevées qu'après un délai de trois mois, au moins, pour les voyageurs, et d'un an, pour les marchandises. En cas d'abaissement des tarifs, la réduction portera propor-

tionnellement sur le péage et le transport. *Art.* 13.
Il est alloué 30 kilog. de bagages à chaque voyageur.
*Art.* 15. Les prix du tarif ne sont pas applicables à
tout paquet, colis ou excédant de bagages pesant isolément moins de 50 kilog., à moins qu'ils ne fassent
partie d'envois pesant au-delà de 50 kilog. d'objets
expédiés par une seule personne et par une même
personne. Au-dessus de 50 kilog., et quelle que soit
la distance parcourue, le prix de transport d'un colis
ne pourra être taxé à moins de 40 cent. Le transport
gratuit sera accordé aux agents des contributions indirectes et à ceux de l'administration des douanes chargés de la surveillance du chemin, dans l'intérêt de la
perception de l'impôt. *Art.* 17. Dans le cas où l'adjudicataire consentirait pour le factage et le camio-
nage des marchandises des arrangements particuliers à un ou plusieurs expéditeurs, il sera tenu, avant
de les mettre à exécution, d'en informer l'Administration, et ces arrangements profiteront à ceux qui en
feraient la demande. L'heure des départs de celui des
convois ordinaires de jour qui sera spécialement
chargé des dépêches à transporter au-delà de Nîmes
ou de Montpellier sera réglée de gré à gré entre l'adjudicataire et l'Administration des postes. En cas de
dissentiment, le ministre des finances prononcera. Il
pourra y avoir en outre, toutes les nuits, à l'aller et
au retour, un ou plusieurs convois spéciaux, dont les

heures de départ ainsi que la marche et les station-
nements seront réglés par le ministre des finances
et le ministre des travaux publics, la compagnie entendue. Ces convois destinés au service général de la
poste aux lettres, pourront parcourir toute l'étendue
ou seulement une partie de la ligne. L'Administration des postes fera construire et entretiendra à ses
frais, des voitures appropriées au transport des dépêches par les convois spéciaux. Ces voitures, dont la
forme et les dimensions seront réglées par l'administration des postes, devront pouvoir contenir, outre le
courrier, un ou plusieurs agents chargés, pendant le
trajet, de la manipulation et du triage des lettres,
ainsi que de l'échange des dépêches dans les différentes stations. Il sera payé à l'adjudicataire 75 c. par
kilomètre parcouru par les convois spéciaux mis à
la disposition de l'administration des postes. Si cette
administration emploie plus d'une voiture, elle payera
25 c. par kil. et voiture en sus de la première. L'adjudicataire pourra placer dans ces convois des voitures
de toute classe pour le transport des marchandises
et des voyageurs. Les voitures affectées à l'administration des postes seront toujours placées à l'arrière
du train des autres voitures. L'adjudicataire ne sera
tenu d'établir des convois spéciaux ou de changer les
heures de départ, la marche et le stationnement de
ces convois, qu'autant que l'Administration l'aura pré-

venu par écrit 15 jours à l'avance. L'heure du départ des convois ordinaires employés au transport des dépêches et autres que ceux dont l'heure aura été déterminée d'accord avec l'Administration, ne pourra être changée par l'adjudicataire qu'après un avertissement donné 15 jours à l'avance. *Art.* 22. L'adjudicataire sera tenu, à toute réquisition, de faire partir, par convoi ordinaire, les wagons ou voitures cellulaires employés au transport des accusés ou condamnés. Les wagons seront construits aux frais de l'État ou des départements, et leurs dimensions déterminées par un arrêté du ministre de l'intérieur. Les employés de l'Administration, gardiens, gendarmes et prisonniers placés dans les wagons ou voitures cellulaires ne seront assujettis qu'à la moitié des prix du tarif de la dernière classe. *Art.* 23. Les machines, voitures, wagons, et, en général, tout le matériel d'exploitation acquis par l'adjudicataire deviennent immeubles par destination, et ne pourront être aliénés par l'adjudicataire qu'à charge de remplacement. *Art.* 24. A l'expiration du bail, le matériel, combustible et approvisionnements seront estimés contradictoirement, l'État ne pouvant être obligé toutefois de reprendre plus d'approvisionnements qu'en exige l'exploitation du chemin pour six mois. Dans le cas où le prix du matériel excéderait 900,000 fr., l'excédant sera remboursé par l'État, ou par le nouvel adjudicataire, dans un délai de trois mois. L'adjudicataire sera également remboursé du prix des constructions qu'il aurait élevées pendant le cours du bail, avec l'autorisation de l'Administration. *Art.* 3. La faculté de faire circuler ses convois sur le chemin de Montpellier à Nimes ne sera accordée à celui d'Alais à Beaucaire, qu'autant que la compagnie de cette dernière ligne accordera la réciprocité. Les rails du chemin de Montpellier à Cette, ne pesant que 20 kilog. par mètre linéaire, l'adjudicataire ne jouira du libre parcours, sur ce chemin, qu'autant qu'il se servirait de locomotives d'un poids n'excédant pas celui des locomotives employées par la compagnie de Cette. Les compagnies d'embranchement ou de prolongement pourront déposer sur les différents points de la ligne principale les voyageurs ou marchandises venant des divers points de leur ligne, et, au retour, prendre, sur les divers points de la ligne principale, les voyageurs ou marchandises destinés aux lignes d'embranchement ou de prolongement. *Art.* 31. Dans le cas de l'interruption partielle ou totale de l'exploitation du chemin, l'Administration prendra immédiatement, aux frais et risques de l'adjudicataire, les mesures nécessaires pour assurer provisoirement le service; si, dans le mois, l'adjudicataire n'a pas repris le service, le bail pourra être résilié par le ministre des travaux publics, et le cautionnement de l'adjudicataire sera acquis à l'État. *Art.* 37. Obligation d'effectuer un dépôt de 500,000 fr., pour pouvoir concourir à l'adjudication.

26 juillet 1844. *D'Orléans à Bordeaux* (classé par la loi du 11 juin 1842).

*Art.* 3 (*de la loi*). Le ministre est autorisé à donner cette ligne à bail, pour 41 ans et 16 jours au plus; toute compagnie soumissionnaire devra être préalablement agréée par le ministre, et faire un dépôt de 2 millions.

*Art.* 3 (*du cahier des charges*). La compagnie sera tenue de prendre livraison des terrassements et ouvrages d'art, à mesure qu'ils seront achevés entre deux stations principales. Un an après, il sera dressé un procès-verbal de reconnaissance définitive des travaux livrés qui affranchira l'État de toute garantie pour les terrassements; pour les ouvrages d'art, cette responsabilité ne cessera qu'un an après la reconnaissance définitive. Les bâtiments (pour lesquels la responsabilité de l'État ne s'étend pas au-delà de la garantie matérielle des travaux) seront garantis par l'État pendant 5 ans. L'État ne doit qu'un rechargement en terre, en cas de tassement des remblais, si la compagnie posait, avant l'expiration d'un an, les rails sur la portion de voie livrée. *Art.* 5. Un état des lieux sera dressé immédiatement après la prise de possession définitive par la compagnie. *Art.* 6. La compagnie aura la faculté de présenter ses observations sur les plans et profils de la voie et dépendances. *Art.* 7. La compagnie pose les rails et accessoires, fournit le matériel d'exploitation et fait les clôtures. Le ballast pourra être fourni et posé par l'État, si la compagnie y consent, et aux frais de ladite compagnie. *Art.* 10. La compagnie, si elle en est requise, devra reprendre, à dire d'experts, les rails et coussinets employés pour les terrassements. *Art.* 14. Les voitures de toutes classes devront remplir les conditions réglées ou à régler par l'Administration, dans l'intérêt de la sûreté des voyageurs. *Art.* 15. La compagnie devra poser la voie de fer pour chaque section livrée, dans un an, à partir de la reconnaissance définitive, et fournir un matériel d'exploitation suffisant. Tarif (comme pour le chemin précédent). *Art.* 21. Les marchandises à expédier d'un point du chemin de fer à établir entre Tours et Nantes, payeront, sur la ligne de Tours à Orléans, un prix égal à celui qui sera payé en moyenne par kil., pour les marchandises de même nature expédiées pour la même destination, d'un point de la ligne de Tours à Bordeaux situé à égale distance de ce lieu de destination. Il en sera de même pour les marchandises passant sur la ligne de Tours à Orléans, à destination de l'un des points de Tours à Nantes. *Art.* 26. Toute expédition de marchandises dont le poids, sous un même emballage, excèdera 20 kil., sera constatée, sur la demande de l'expéditeur, par une lettre de voiture dont un exemplaire restera entre les mains de l'expéditeur, et l'autre entre celles de la compagnie. *Art.* 29. Les militaires et les marins voyageant en corps ne seront assujettis qu'au quart de la taxe. *Art.* 31. Les rétributions à payer par l'administration des postes pour usage de convois spéciaux, pourront être revisés et fixés de gré à gré, tous les 5 ans. *Art.* 32. Le transport des voitures cellulaires (mais des voitures seulement) sera gratuit. *Art.* 33. Le matériel d'exploitation, ainsi que les rails, coussinets, traverses, etc., etc., et en général la voie de fer et ses dépendances sont incorporés au domaine public et ne seront plus la propriété de la compagnie. *Art.* 34. L'Administration pourra résilier le bail, 15 ans après l'ouverture du chemin; le montant de l'annuité à payer, dans ce cas, à la compagnie, sera évalué comme pour le rachat; seulement, il ne sera rien ajouté au dividende moyen des 5 années les plus fortes, et l'annuité ne pourra être inférieure au produit net de la dernière des 7 dernières années. *Art.* 35. L'État partagera, après les 5 premières années d'exploitation, l'excédant de 8 p. % de produit net (*comme pour le chemin d'Avignon*). *Art.* 42. Les convois de la compagnie pourront circuler sur le chemin d'Orléans à Paris, en payant un droit de péage inférieur de 25 p. % au tarif de la compagnie de ce chemin. *Art.* 43. En cas d'insuccès d'une tentative d'adjudication du chemin, (la compagnie en ayant abandonné et n'ayant pu en reprendre l'exploitation), il restera à la disposition de l'État, libre de toutes charges provenant du fermier déchu qui n'aura rien à réclamer pour son matériel.

*Art.* 44. La compagnie devra laisser circuler gratuitement, sur les sections ouvertes, le matériel employé à l'achèvement des travaux. *Art.* 71. Faute par l'État de livrer la totalité de la voie dans le délai fixé (6 ans), il devra tenir compte à la compagnie, jusqu'à l'achèvement des travaux, de l'intérêt de 4 p. % de la portion de son capital engagée pour les parties non terminées, mais déduction faite du bénéfice réalisé sur les portions achevées qui excéderait 5 p. % du capital engagé dans ces portions. *Art.* 51. La compagnie devra déposer, avant l'homologation de la convention à intervenir, une somme de 2 millions qui sera portée à 4, dans les deux mois suivants. Ces 4 millions formeront le cautionnement de la compagnie.

26 juillet 1844. *De Paris sur le centre de la France* (classé par la loi de 1842).

*Art.* 5 (*de la loi*). Le ministre est autorisé à affermer ce chemin pour quarante ans au plus.

*Art.* 8 (*du cahier des charges*). La compagnie pourra être autorisée à n'établir qu'une seule voie avec des gares ou élargissements d'un développement égal au quart de la ligne entière, sauf à poser plus tard la seconde voie, sur la demande de l'Administration.

*Art.* 20. Tarif (comme pour le chemin précédent). La compagnie devra expédier les marchandises dans le délai de 24 heures, à moins de conditions contraires, en cas d'abaissement de tarifs, entre l'expéditeur et la compagnie. *Art.* 40. Le fermier pourra faire circuler ses convois sur le chemin de Paris à Orléans, à un rabais de 25 p. % sur le droit de péage. *Art.* 50. Dépôt préalable d'un million avant l'homologation de la convention à intervenir, qui sera porté immédiatement après à 2 millions destinés à former le cautionnement de la compagnie.

26 juillet 1844. *De Paris à Lyon* (voir plus bas).

5 août 1844. *De Paris à Sceaux* (autorisé par une loi).

*Art.* 28 *(du cahier des charges)*. Concession minimum de cinquante ans. Tarif du chemin précédent.

5 août 1844. *Chemin atmosphérique entre Nanterre et le plateau de Saint-Germain* (autorisé par une loi).

*Art.* 1er *(du cahier des charges)*. La partie comprise entre Nanterre et le Pecq sera terminée en six mois, entre le Pecq et le plateau de Saint-Germain, en dix-huit mois. La compagnie aura le choix entre le procédé de MM. Clegg et Samuda, et celui de M. Hallette. Si elle se décide pour le premier, elle devra exécuter le procédé Hallette sur 1 kil. au moins, sauf à

celui-ci à faire une expérience satisfaisante de son procédé dans les six mois de l'homologation de la convention. La compagnie devra également, dans ledit
délai, mettre à la disposition de M. Pecqueur, sur une
longueur de 400 mètres environ, une locomotive et
des wagons. Tarif et durée de jouissance du chemin
de Saint-Germain. Après l'achèvement des travaux,
des expériences d'un mois seront faites sous la direction d'un commissaire du gouvernement. La compagnie pourra, si, dans les six mois de l'ouverture du
chemin atmosphérique, elle reconnaissait que ce service lui-est onéreux, reprendre le système ordinaire.

9 septembre 1844. *D'Amiens à Boulogne* (autorisé par une loi).

*Art.* 6 *(du cahier des charges).* Courbes minimum
de 600 mètres et pentes maximum de 0,005. *Art.* 33.
Concession maximum de 99 ans. Tarif des chemins
autorisés en 1844. *Art.* 47. Faculté de rachat au profit de l'État, après les 15 premières années d'exploitation, et payement, en cas d'exercice de ce droit,
d'une annuité égale au dividende moyen des 7 dernières années, les deux plus faibles déduites.

14 décembre 1844. *De Montereau à Troyes* (autorisé par une loi).

*Art.* 35 *(du cahier des charges).* Concession minimum de 99 ans. Tarif des chemins autorisés en
1844.

8 mars 1845. *De la frontière belge à Vireux* (autorisé par ordonnance royale).

**Art. 29 (du cahier des charges).** Concession de 94 ans. Tarif : *voyageurs* (comme pour les chemins de 1844); *marchandises*, 0,16.

15 juillet 1845. 1° *De Paris à la frontière belge;* 2° *de Lille sur Calais et Dunkerque;* 3° *de Creil à Saint-Quentin;* 4° *de Fampoux à Hazebrouck* (le chemin de Paris à la frontière belge a été classé par la loi de 1842).

La loi qui a voté ces quatre chemins contenant des dispositions générales applicables à tous les chemins à venir, nous les reproduisons textuellement.

*Art.* 7. Nul ne sera admis à concourir à l'adjudication d'un chemin de fer si préalablement il n'a été agréé par le ministre des travaux publics, et s'il n'a déposé, 1° à la caisse des dépôts et consignations la somme indiquée au cahier des charges; 2° au secrétariat général du ministère du commerce, en double exemplaire, le projet des statuts de la compagnie; 3° au secrétariat général du ministère des travaux publics, le registre à souche d'où auront été détachés les titres délivrés aux souscripteurs, ou, pour les compagnies dont les souscriptions auraient été ouvertes antérieurement à la présente loi, l'état appuyé de pièces justificatives constatant les engagements réciproques des fondateurs et des souscripteurs, les versements reçus et la répartition définitive du montant du capital social. A dater de la remise des registres ou états ci-dessus entre les mains du ministre des travaux publics, toute stipulation par laquelle les fondateurs se seraient réservé la faculté de réduire les actions souscrites, sera nulle et sans effet.

*Art.* 8. Les récépissés de souscription ne seront point négociables.

Les souscripteurs seront responsables, jusqu'à concurrence des cinq dixièmes, du versement du montant des actions qu'ils auront souscrites. Chaque souscripteur aura le droit d'exiger de la compagnie adjudicataire la remise de toutes les actions pour lesquelles il aura été porté sur l'état définitif de répartition, déposé au secrétariat général des travaux publics. Ces conditions seront mentionnées sur les registres ouverts et sur les récépissés émis postérieurement à la promulgation de la présente loi. *Art.* 9. Les adjudications ne seront valables et définitives qu'après avoir été homologuées par une ordonnance royale. *Art.* 10. La compagnie adjudicataire ne pourra émettre d'actions ou de promesses d'actions négociables avant de s'être constituée en société anonyme duement autorisée, conformément à l'article 37 du Code de commerce. *Art.* 11. Les fondateurs de la compagnie n'auront droit qu'au remboursement de leurs avances, dont le compte, appuyé des pièces justificatives, aura été accepté par l'assemblée générale des actionnaires. *Art.* 12. Nul ne pourra voter par procuration dans le conseil d'administration de la compagnie. Dans le cas où deux membres dissidents sur une question demanderaient qu'elle fût ajournée, jusqu'à ce que l'opinion d'un ou de plusieurs administrateurs absents fût connue, il pourra être envoyé à tous les absents une copie ou extrait du procès-verbal, avec invitation de venir voter dans une prochaine réunion à jour fixe, ou d'adresser par écrit leur opinion au président. Celui-ci en donnera lecture en conseil, après quoi la décision sera prise à la majorité des membres présents. *Art.* 13. Toute publication quelconque de la valeur des actions, avant l'homologation de l'adjudication, sera punie d'une amende de 500 fr. à 3,000 fr. Sera puni de la même peine tout agent de change qui, avant la constitution de la société anonyme, se serait prêté à la négociation de récépissés ou promesses d'actions.

*Art.* 2 (*du cahier des charges*). L'Administration achève les travaux du chemin de Paris à la frontière

7.

belge. — La compagnie rembourse à l'État, sur les comptes arrêtés par le ministre des travaux publics, le montant des dépenses. Les subventions votées par les villes seront versées au Trésor, après l'homologation. Le montant en sera déduit des comptes définitifs des travaux et ne sera pas compris dans les sommes à rembourser par la compagnie. Les remboursements s'opéreront ainsi : 9 millions payés par la compagnie dans la quinzaine de l'homologation et 11 millions prélevés sur le cautionnement; le reste payable par cinquième, d'année en année, avec intérêt à 3 p. %. *Art. 3.* Livraison du chemin par l'État, y compris la pose de la voie en 18 mois au plus tard, et en 2 ans pour les bâtiments des stations. *Art. 4.* La compagnie sera tenue de construire les stations autres que celles désignées au cahier des charges, et dont le nombre, l'étendue et l'emplacement seront fixés par l'Administration, la compagnie entendue. *Art. 5.* La compagnie devra mettre sur les rails, pour chaque portion de chemin livrée, le matériel d'exploitation, un an après la livraison. *Art. 7.* La compagnie s'engage à exécuter à ses frais le chemin de Lille sur Calais et sur Dunkerque, en 3 ans. *Art. 9.* Elle devra soumettre, de deux en deux mois, à l'Administration, par partie de 20 kil. au moins, le tracé définitif du chemin. *Art. 11.* Courbes minimum de 1000 mètres et pentes maximum dè 0<sup>m</sup>,005. *Art.* 36. En cas de déchéance, faute d'avoir commencé les travaux dans le délai fixé, la compagnie perdra son cautionnement (4 millions) et le dixième dés sommes qui auraient été versées au trésor public, à valoir sur les remboursements à faire par la compagnie, en exécution de l'art. 2. *Art.* 39. Concession minimum de 41 ans pour le chemin de Paris à la frontière de Belgique et les embranchements sur Calais et Dunkerque; de 75 ans pour le chemin de Creil à Saint-Quentin et celui de Frampoux à Hazebrouck. Toute réduction de tarif consentie sur une des sections de la ligne du Nord, en faveur des voyageurs ou des marchandises allant de Calais à Paris et réciproquement, devra être consentie, jusqu'à concurrence de la même somme, sur la ligne d'Amiens à Paris, en faveur des voyageurs et des marchandises allant de Boulogne à Paris et réciproquement. La même règle s'appliquera sur l'embranchement d'Hazebrouck à Fampoux, si la compagnie du chemin du Nord en devient adjudicataire. — Toutefois, dans le cas où la compagnie du chemin de Boulogne abaisserait ses tarifs pour les voyageurs ou les marchandises allant de Boulogne à Paris et réciproquement, la compagnie du chemin du Nord pourra consentir une réduction de la même somme sur les voyageurs et les marchandises sans être soumise à la règle ci-dessus. — La constatation de toute expédition de colis d'un poids de plus de 20 kil.

par une lettre de voiture redevient facultative. L'expéditeur pourra réclamer un duplicata de la lettre de voiture pour tout colis pesant moins de 20 kil., dont la valeur aura été préalablement déclarée. — La compagnie sera tenue d'expédier les marchandises dans les deux jours qui suivront la remise; toutefois, si l'expéditeur consent à un plus long délai, il jouira d'une réduction d'après un tarif approuvé par l'Administration. *Art.* 41. Tarif des chemins de 1844. *Art.* 52. Le gouvernement se réserve la faculté de faire, le long des voies, toutes les constructions, déposer tous les appareils nécessaires à l'établissement d'une ligne télégraphique électrique. La compagnie devra faire garder par ses agents les fils et les appareils des lignes électriques, et donner connaissance aux employés de tous les accidents qui pourraient subvenir. En cas de rupture du fil, les agents de la compagnie devront raccrocher ses bouts séparés d'après des instructions spéciales. Les employés de la ligne télégraphique circuleront gratuitement, et, en cas d'accident, la compagnie devra transporter immédiatement et gratuitement l'inspecteur avec les ouvriers et les matériaux sur le lieu de l'accident. *Art.* 64. Dépôt préalable avant de concourir à l'adjudication de 15 millions. Sur cette somme, 4 millions formeront le cautionnement de la compagnie adjudicataire du chemin de Lille sur Calais et Dunkerque. Le surplus sera versé au Trésor à valoir sur les sommes à rembourser à l'État, sur la compagnie. *Art.* 12 (*du cahier des charges de Creil à Saint-Quentin*). Obligation d'achever le chemin en 3 ans.

. . . . . . . *1845.* *1° De Paris à Lyon et à Avignon* (classé par la loi de 1842), *avec embranchement sur Grenoble ; 2° de Corbeil à Melun, s'embranchant à Melun sur le chemin de Paris à Avignon.*

*Art.* 1 (*de la loi*). Concession maximum de 45 ans pour le chemin de Paris à Lyon, et de 50 ans pour le chemin de Lyon à Avignon, avec embranchement sur Grenoble. *Art.* 2. La compagnie concessionnaire du chemin de Paris à Lyon devra partager avec la compagnie de l'embranchement de Corbeil à Melun, la station à laquelle aboutira cet embranchement; l'Administration règlera, dans ce cas, la redevance à payer par la compagnie de l'embranchement, ainsi que les conditions de l'usage commun. La faculté de libre parcours ne pourra être exercée par les deux compagnies sur leur chemin respectif que de leur consentement mutuel et avec l'autorisation de l'Administration. *Art.* 29 (*du cahier des charges du chemin de Paris à Lyon*). L'État achèvera la section de Dijon à Châlons, sauf remboursement sur la compagnie. *Art.* 41. Tarif (comme pour les chemins de 1844). *Art.* 64. Dépôt préalable avant de concourir à l'adjudication d'une somme de 24 millions, dont 16 affectés au cautionnement des sections de Paris à Dijon et de Châlon-sur-Saône à Lyon, qui devront être achevées en 5 ans. *Art.* 12 (*du cahier des charges du chemin de Lyon à Avignon*). La compagnie devra terminer le chemin en 4 ans. *Art.* 2. Elle devra faire à frais communs avec la compagnie de Paris à Lyon la traversée de cette dernière ville. Tarif (comme pour les chemins de 1844). *Art.* 58. Dépôt préalable, avant le concours, de 10 millions, qui formeront le cautionnement de l'entreprise.

19 juillet 1845. *De Paris à Strasbourg* (classé par la loi du 11 juin 1842), *avec embranchement sur Reims, Metz et Sarrebruck.*

*Art.* 3 (*de la loi*). Concession maximum de 45 ans.

*Art.* 70 (*du cahier des charges*). Tarif (comme pour les chemins de 1844). *Art.* 35. Partage entre l'État et la compagnie de l'excédant d'un produit de 8 p. o[0. (*Disposition commune seulement aux chemins d'Avignon et d'Orléans à Bordeaux*). *Art.* 45. Les travaux à la charge de l'État devront être terminés en 8 ans; l'embranchement sur Metz et Sarrebruck (qui est mis entièrement à la charge de la compagnie adjudicataire) devra être achevé en 4 ans. Des courbes minimum de 800 mètres et une pente de 7 millimètres 1/2 aux environs de Sarrebruck sont tolérées pour l'exécution de l'embranchement. *Art.* 46. cautionnement de 12,500,000 fr., dont 2,500,000 fr. affectés à la garantie du chemin sur Metz et Sarrebruck.

19 juillet 1845. *De Tours à Nantes* (classé par la loi de 1842.

*Art.* 3 (*de la loi*). Concession maximum de 35 ans. *Art.* 41 (*du cahier des charges*). Sur la section de Tours à Orléans, la réduction de péage de 15 p. o1°, stipulée au profit du chemin de Tours à Nantes, dans le cahier des charges du chemin de Bordeaux, en ce qui concerne la circulation des convois du premier de ces chemins sur le second, ne s'appliquera que pour le transport des voyageurs, bestiaux et objets divers, et non pour le transport des marchandises. *Art.* 47. Les travaux à la charge de l'État devront être terminés en 4 ans. La compagnie devra rembourser à l'État le prix des terrains (*modification exceptionnelle à l'application de la loi du 2 juin 1842, en ce qui concerne ce chemin*). *Art.* 51. Cautionnement de 3 millions.

. . . . . . . *De Bordeaux à Cette* (classé par la loi de 1842), avec embranchement sur Castres.

*Art.* 2 (*du projet de loi* resté à l'état de rapport). Il sera alloué à la compagnie adjudicataire une subvention de 18 millions. *Art.* 3. Concession maximum de 75 ans, et de 99 ans (sans subvention) pour l'embranchement de Castres.

*Art.* 1 (*du cahier des charges* de Bordeaux à Cette). Le chemin devra être terminé en 6 ans. *Art.* 5. Courbes minimum de 500 mètres. *Art.* 58. Cautionnement de 15 millions. *Art.* 1 (*du cahier des charges* de l'embranchement de Castres). L'embranchement devra être terminé en 3 ans.

19 juillet 1845. *Embranchements :* 1° *de Dieppe et de Fécamp sur le chemin de Rouen au Havre ;* 2° *d'Aix sur le chemin de Marseille à Avignon.*

*Art.* 1er *et* 2 (*de la loi*). Le ministre est autorisé à concéder directement 1° les embranchements de Dieppe et de Fécamp pour une durée de jouissance de 99 ans ; 2° l'embranchement d'Aix pour une durée de jouissance de 45 ans.

*Art.* 1er (*du cahier des charges* des embranchements de Dieppe et Fécamp). Achèvement des deux chemins en 3 ans. *Art.* 49. Cautionnement de 1,700,000 fr. *Art.* 1er (embranchement d'Aix). Achèvement du chemin en 3 ans. *Art.* 58. Cautionnement de 700,000 fr.

. . . . . . 184 . 1° *De Dijon à Mulhouse ;* 2° *Embranchement de Gray sur Besançon.*

*Art.* 1 *et* 2 (*du projet de loi*). Le ministre est autorisé à adjuger le chemin de Dijon à Mulhouse, pour une durée de jouissance de 99 ans. *Art.* 3. Il est autorisé à concéder l'embranchement de Gray sur Besançon, pour la même durée de jouissance.

*Art.* 1er (*du cahier des charges* du chemin de Dijon). Achèvement du chemin en 4 ans. *Art.* 58. Cautionnement de 6,500,000 fr. *Art.* 1 (embranchement de Gray). Achèvement du chemin en 3 ans. *Art.* 58. Cautionnement de 1,700,000 fr.

. . . . . . . 184 . *Chemin de l'Ouest* (classé jusqu'à Rennes par la loi du 26 juillet 1844, et placé, quant à son exécution jusqu'à cette ville, sous le régime de la loi du 11 juin 1842, sauf les modifications ci-après).

*Art.* 1 (*du projet de loi amendé par la commission et resté à l'état de rapport dans la session de* 1845). Il sera établi 1o un chemin de fer allant directement de Paris à Cherbourg, par Bernay et Caen, avec embranchement partant de Rouen pour s'y rattacher; 2o un chemin de fer transversal de Caen à la Loire, par Alençon et le Mans. Ces lignes seront concédées à l'industrie privée, en vertu de lois spéciales et aux conditions qui seront alors déterminées. *Art.* 2. Le ministre des travaux publics est autorisé à traiter par voie de concession directe avec les sieurs N. 1o pour l'exploitation du chemin de fer de Versailles à Rennes; 2o pour l'exécution et l'exploitation de celle des deux directions sur le Mans ou Alençon, qui ne serait pas déterminée par la ligne principale. *Art.* 3. Cette concession ne pourra être accordée qu'après dissolution et liquidation des deux compagnies des chemins de fer de Versailles, et après homologation des statuts de la compagnie formée de leur réunion. *Art.* 4. Un crédit de 2 millions est ouvert sur l'exercice 184 , pour les travaux à la charge de l'État, sur le chemin de Versailles à Rennes, dans la partie comprise entre Versailles et Chartres, en sus du crédit alloué par la loi du 26 juillet 1844.

*Art.* 8 (*du cahier des charges* du chemin de Versailles à Rennes). La compagnie pourra être autorisée à n'établir qu'une seule voie entre Le Mans ou Alençon et Rennes, avec des gares ou élargissements d'un développement égal au quart de la longueur de la ligne, sauf à poser la double voie, sur décision de l'Administration, la compagnie entendue. *Art.* 20. Concession de 50 ans. — *Art.* 33. Pour régler le prix de la résiliation de bail (après les 15 premières années d'exploitation), on relèvera les produits nets annuels obtenus par la compagnie, déduction faite des sommes attribuées à l'État, à titre de prix de ferme, pendant les 7 dernières années, etc., etc. *Art.* 36. La compagnie est dispensée de toute redevance envers l'État pour la location du sol du chemin et des travaux exécutés par le Trésor; mais si, à l'expiration des 5 premières années, le produit net de l'exploitation dépasse 8 p. $\%$ du capital dépensé par la compagnie, entre Versailles et Rennes, la moitié du surplus sera attribuée à l'État, à titre de prix de ferme (*disposition commune seulement aux chemins de Paris à Strasbourg, d'Avignon à Marseille et de Paris à Bordeaux*). *Art.* 46. La livraison des travaux à la charge de l'État devra être faite, pour la section de Versailles à Chartres, dans le délai de 3 ans, pour la section de Chartres à Rennes, dans le délai de 6 ans. *Art.* 48. La gare du chemin de Versailles (rive droite) dans la commune de Batignolles-Monceaux, et celle du chemin de la rive gauche, à Vaugirard, devront recevoir les agrandissements qui seront jugés nécessaires par l'Administration. *Art.* 49. Les tarifs du présent cahier des charges sont déclarés applicables aux deux chemins de fer de Paris à Versailles. Toutefois, les prix actuellement perçus pour le transport des voyageurs circulant entre Paris et Versailles, et les points intermédiaires, et les conditions accessoires de ce transport, sont maintenus ; la durée de la concession des deux chemins de Paris à Versailles est réduite au terme fixé pour le bail du chemin de fer de Paris à Rennes. *Art.* 50. La compagnie s'engage à rembourser le prêt de cinq millions, fait par l'État à la compagnie de la rive gauche, aux conditions ci-après : aux cinq millions du capital prêté on ajoutera 1° les intérêts à 4 p. °/₀ du capital, depuis qu'ils ont commencé à courir jusqu'au jour de la concession ; 2° les intérêts du capital nouveau, à 3 p. °/₀, pour l'intervalle qui séparera la concession de la mise en exploitation. — La somme totale ainsi formée, portant intérêt à 3 p. % jusqu'à parfait payement, sera remboursée par la compagnie en 50 annuités égales.

*Art.* 53. La compagnie devra déposer, avant la concession, un cautionnement de 500,000 fr.; elle affecte en outre, comme garantie de l'exécution des engagements qu'elle contracte, la propriété des deux chemins de Paris à Versailles.

*Art.* 1 (*du cahier des charges* du chemin de Chartres à Alençon ou au Mans). *Art.* 1. La compagnie concessionnaire de l'exploitation du chemin de Versailles à Rennes s'engage à exécuter à ses frais, risques et périls, un chemin de fer sur celle des deux villes d'Alençon ou du Mans qui ne sera pas le lieu de passage de la ligne principale. Le point de départ au-delà de Chartres, et le tracé dans cette direction, seront fixés par l'Administration, la compagnie entendue.

*Art.* 2. Les terrains seront achetés, les terrassements et les ouvrages d'art seront exécutés immédiatement pour deux voies; mais les rails pourront n'être posés d'abord que pour une voie, sauf l'établissement d'un certain nombre de gares d'évitement, d'un développement égal au quart de la ligne, et sauf à la compagnie à poser la deuxième voie sur la décision de l'Administration. *Art.* 3. Concession de 75 ans, à dater de la mise en exploitation de la ligne de Versailles à Rennes.

# TROISIÈME PARTIE.

---

## PREMIÈRE SECTION.

### LOIS, RÈGLEMENTS D'ADMINISTRATION PUBLIQUE ET MESURES D'ADMINISTRATION.

Nous ne mentionnerons ici que pour mémoire la loi du 11 juin 1842, dont l'application en ce qui concerne le concours de l'État, des départements et des compagnies, a plutôt été l'exception que la règle, pour les diverses concessions que nous venons d'analyser, et dont l'art. 3, notamment relatif au concours des communes et des départements, vient d'être abrogé. Nous ne ferons également qu'indiquer : 1° la loi du 3 mai 1841 relative à l'expropriation pour cause d'utilité publique; 2° l'ordonnance royale du 18 février 1834, portant règlement sur les formalités des enquêtes relatives aux travaux publics; 3° celles des 15 février et 23 août 1835, qui modifient la précédente; 4° celle du 18 septembre, contenant le tarif des frais et dépens en matière d'expropriation pour cause d'utilité publique ; 5° celle du 22 mars 1835, relative aux terrains acquis pour travaux d'utilité publique, et qui n'auraient pas reçu ou ne recevraient pas cette destination ; 6° la loi du 2 juillet 1838, portant que l'impôt dû au Trésor sur le prix des places sera perçu sur la partie du tarif correspondant au transport ; 7° la loi du 9 août 1839 sur les modifications à apporter dans les cahiers des charges annexés aux concessions des chemins de fer ; 8° la loi du 15 juillet 1840 sur les mesures à prendre pour concilier l'exploitation des chemins de fer avec l'application des lois et règlements sur les douanes ; 9° la loi de même date sur le mode d'exploitation et sur les tarifs à appliquer aux chemins exécutés sur les fonds de l'État ; 10° la loi de même date sur les dispositions à établir pour assurer la police, la sûreté, l'usage et la conservation des chemins de fer ; 11° l'ordonnance royale du 22 juin 1842, qui divise le territoire du royaume, en ce qui concerne le service des chemins de fer, en 5 sections ; 12° l'ordonnance du 22 juin 1842, relative à la formation : 1° d'une commission administrative pour la révision et le contrôle des documents statistiques relatifs aux chemins de fer ; 2° d'une commission appelée à donner son avis sur les divers tracés. Nous nous bornerons à analyser : 1° l'ordonnance du roi du 22 juillet 1836 sur les épreuves à faire subir aux chaudières des machines locomotives tubulaires; 2º l'arrêté du ministre des travaux publics sur les précautions à prendre pour prévenir les accidents sur les chemins de fer. Nous donnerons ensuite *in extenso* la loi sur la police des chemins de fer.

ORDONNANCE ROYALE. *Art.* 1er. Les chaudières des machines locomotives tubulaires, ne seront reçues, à partir du 1er janvier 1840, pour faire le service d'un chemin de fer, qu'après avoir été éprouvées à une pression double de la pression effective que la chaudière est appelée à supporter, et ce, au lieu de la pression triple qui est prescrite pour l'épreuve des chaudières en tôle ou en cuivre des autres machines, par l'ordonnance du 6 mai 1828. *Art.* 2. Jusqu'au 1er janvier 1840, les épreuves de réception des nouvelles machines pourront être faites à une pression de moitié en sus seulement de la pression effective; mais, passé ce délai, les machines mêmes qui auront été ainsi reçues devront, lorsqu'elles auront subi une réparation importante, être éprouvées à la pression double. *Art.* 3. La circulation de toutes machines qui, par suite de l'épreuve, auraient subi des altérations de nature à compromettre leur solidité, sera interdite.

ARRÊTÉ MINISTÉRIEL (rendu sur l'avis de la commission des machines à vapeur). *Art.* 1er. Prohibition des locomotives à 4 roues pour les convois des voyageurs. *Art.* 2. Défense de placer aucun tender ni voiture à 4 roues devant les locomotives. *Art.* 3. Défense d'atteler des locomotives à l'arrière, sauf cas spéciaux. *Art.* 4. Il devra être placé en tête de chaque convoi au moins une voiture sans voyageurs pour un convoi de cinq voitures, et deux voitures sans voyageurs pour les convois de plus de cinq voitures. *Art.* 5. Il est défendu de fermer les voyageurs à clef dans les voitures. *Art.* 6. Les compagnies devront avoir des registres, ou états de service, pour chaque locomotive. *Art.* 7. Les préfets devront fixer l'intervalle qui séparera les départs de deux convois consécutifs, sauf approbation de l'autorité supérieure.

*Loi du 15 juillet 1845 sur la police des chemins de fer.*

Titre Iᵉʳ. MESURES RELATIVES A LA CONSERVATION DES CHEMINS DE FER. *Art.* 1ᵉʳ. Les chemins de fer construits ou concédés par l'État font partie de la grande voirie. *Art.* 2. Sont applicables aux chemins de fer les lois et règlements sur la grande voirie, qui ont pour objet d'assurer la conservation des fossés, talus, levées et ouvrages d'art dépendant des routes, et d'interdire, sur toute leur étendue, le pacage des bestiaux et les dépôts de terre et autres objets quelconques. *Art.* 3. Sont applicables aux propriétés riveraines des chemins de fer, les servitudes imposées par les lois et règlements sur la grande voirie, et qui concernent : l'alignement; l'écoulement des eaux; l'occupation temporaire des terrains en cas de réparation; la distance à observer pour les plantations et l'élagage des arbres plantés; le mode d'exploitation des mines, minières, tourbières, carrières et sablières dans la zone déterminée à cet effet. Sont également applicables à la confection et à l'entretien des chemins de fer, les lois et règlements sur l'extraction des matériaux nécessaires aux travaux publics. *Art.* 4. Tout chemin de fer sera clos des deux côtés et sur toute l'étendue de la voie. L'Administration déterminera pour chaque ligne le mode de cette clôture, et, pour ceux des chemins qui n'y ont pas été assujettis, l'époque à laquelle elle devra être effectuée. Partout où les chemins de fer croiseront de niveau les routes de terre, des barrières seront établies et tenues fermées, conformément aux règlements. *Art.* 5. A l'avenir, aucune construction autre qu'un mur de clôture ne pourra être établie dans une distance de deux mètres d'un chemin de fer. Cette distance sera mesurée soit de l'arête supérieure du déblai, soit de l'arête inférieure du talus du remblai, soit du bord extérieur des fossés du chemin, et, à défaut d'une ligne tracée, à un mètre cinquante centimètres à partir des rails extérieurs de la voie de fer. Les constructions existantes au moment de la promulgation de la présente loi, ou lors de l'établissement d'un nouveau chemin de fer, pourront être entretenues dans l'état où elles se trouveront à cette époque. Un règlement d'administration publique déterminera les formalités à remplir par les propriétaires pour faire constater l'état desdites constructions, et fixera le délai dans lequel ces formalités devront être remplies. *Art.* 6. Dans les localités où le chemin de fer se trouvera en remblai de plus de trois mètres au-dessus du terrain naturel, il est interdit aux riverains de pratiquer, sans autorisation préalable, des excavations dans une zone de largeur égale à la hauteur verticale du remblai, mesurée à partir du pied du talus. Cette autorisation ne pourra être accordée sans que les concessionnaires ou fermiers de l'exploitation du chemin de fer aient été entendus ou dûment appelés. *Art.* 7. Il est défendu d'établir, à une distance de moins de 20 mètres d'un chemin de fer desservi par des machines à feu, des couvertures en chaume, des meules de paille, de foin, et aucun autre dépôt de matières inflammables. Cette prohibition ne s'étend pas aux dépôts de récoltes faits seulement pour le temps de la moisson. *Art.* 8. Dans une distance de moins de cinq mètres d'un chemin de fer, aucun dépôt de pierres ou objets non inflammables, ne peut être établi sans l'autorisation préalable du préfet. Cette autorisation sera toujours révocable. L'autorisation n'est pas nécessaire : 1° pour former dans les localités où le chemin de fer est en remblai, des dépôts de matières non inflammables, dont la hauteur n'excède pas celle du remblai du chemin; 2° pour former des dépôts temporaires d'engrais et autres objets nécessaires à la culture des terres. *Art.* 9. Lorsque la sûreté publique, la conservation du chemin et la disposition des lieux le permettront, les distances déterminées par les articles précédents pourront être diminuées en vertu d'ordonnances royales rendues après enquête. *Art.* 10. Si, hors des cas d'urgence prévus par la loi des 16-24 août 1790, la sûreté publique ou la conservation du chemin de fer l'exige, l'Administration pourra faire supprimer, moyennant une juste indemnité, les constructions, plantations, excavations, couvertures en chaume, amas de matériaux combustibles ou autres, existant dans les zones ci-dessus spécifiées, au moment de la promulgation de la présente loi, et, pour l'avenir, lors de l'établissement d'un chemin de fer. L'indemnité sera réglée, pour la suppression des constructions, conformément aux Titres IV et suivants de la loi du 3 mai 1841, et, pour tous les autres cas, conformément à la loi du 16 septembre 1807. *Art.* 11. Les contraventions aux dispositions du présent Titre seront constatées, poursuivies et réprimées comme en matière de grande voirie. Elles seront punies d'une amende de seize à trois cents francs, sans préjudice, s'il y a lieu, des peines portées au Code pénal et au Titre III de la présente loi. Les contrevenants seront, en outre, condamnés à supprimer, dans le délai déterminé par l'arrêté du conseil de préfecture, les excavations, couvertures, meules ou dépôts faits contrairement aux dispositions précédentes. A défaut, par eux, de satisfaire à cette condamnation dans le délai fixé, la suppression aura lieu d'office, et le montant de la dépense sera recouvré contre eux, par voie de contrainte, comme en matières de contributions publiques.

Titre II. DES CONTRAVENTIONS DE VOIRIE COMMISES PAR

LES CONCESSIONNAIRES OU FERMIERS DE CHEMINS DE FER.
*Art.* 12. Lorsque le concessionnaire ou le fermier de l'exploitation d'un chemin de fer contreviendra aux clauses du cahier des charges, ou aux décisions rendues en exécution de ces clauses, en ce qui concerne le service de la navigation, la viabilité des routes royales, départementales et vicinales, ou le libre écoulement des eaux, procès-verbal sera dressé de la contravention, soit par les ingénieurs des ponts-et-chaussées ou des mines, soit par les conducteurs, gardes-mines et piqueurs, duement assermentés.
*Art.* 13. Les procès-verbaux, dans les quinze jours de leur date, seront notifiés administrativement au domicile élu par le concessionnaire ou le fermier, à la diligence du préfet, et transmis dans le même délai au conseil de préfecture du lieu de la contravention.
*Art.* 14. Les contraventions prévues à l'article 12 seront punies d'une amende de 300 fr. à 3,000 fr. *Art.* 15. L'Administration pourra, d'ailleurs, prendre immédiatement toutes mesures provisoires pour faire cesser le dommage, ainsi qu'il est procédé en matière de grande voirie. Les frais qu'entraînera l'exécution de ces mesures, seront recouvrés contre le concessionnaire ou fermier par la voie de contrainte, comme en matière de contributions publiques.

Titre III. DES MESURES RELATIVES A LA SURETÉ DE LA CIRCULATION SUR LES CHEMINS DE FER. *Art.* 16. Quiconque aura volontairement détruit ou dérangé la voie de fer, placé sur la voie un objet faisant obstacle à la circulation, ou employé un moyen quelconque pour entraver la marche des convois ou les faire sortir des rails, sera puni de la réclusion. S'il y a eu homicide ou blessures, le coupable sera, dans le premier cas, puni de mort, et, dans le second, de la peine des travaux forcés à temps. *Art.* 17. Si le crime prévu par l'article 16 a été commis en réunion séditieuse, avec rébellion ou pillage, il sera imputable aux chefs, auteurs, instigateurs et provocateurs de ces réunions, qui seront punis comme coupables du crime et condamnés aux mêmes peines que ceux qui l'auront personnellement commis, lors même que la réunion séditieuse n'aurait pas eu pour but direct et principal la destruction de la voie de fer. Toutefois, dans ce dernier cas, lors que la peine de mort sera applicable aux auteurs du crime, elle sera remplacée, à l'égard des chefs, auteurs, instigateurs et provocateurs de ces réunions, par la peine des travaux forcés à perpétuité. *Art.* 18. Quiconque aura menacé, par écrit anonyme ou signé, de commettre un des crimes prévus en l'article 16, sera puni d'un emprisonnement de trois à cinq ans, dans le cas où la menace aurait été faite avec ordre de déposer une somme d'argent dans un lieu indiqué, ou de remplir toute autre condition. Si la menace n'a été accompagnée d'aucun ordre ou condition, la peine sera d'un emprisonnement de trois mois à deux ans, et d'une amende de cent à cinq cents francs. Si la menace avec ordre ou condition a été verbale, le coupable sera puni d'un emprisonnement de quinze jours à six mois, et d'une amende de vingt-cinq à trois cents francs. Dans tous les cas, le coupable pourra être mis, par le jugement, sous la surveillance de la haute police, pour un temps qui ne pourra être moindre de deux ans ni excéder cinq ans. *Art.* 19. Quiconque, par maladresse, imprudence, inattention, négligence ou inobservation des lois ou règlements, aura involontairement causé sur un chemin de fer, ou dans les gares ou stations, un accident qui aura occasionné des blessures, sera puni de huit jours à six mois d'emprisonnement, et d'une amende de cinquante à mille francs. Si l'accident a occasionné la mort d'une ou de plusieurs personnes, l'emprisonnement sera de six mois à cinq ans, et l'amende de trois cents à trois mille francs. *Art.* 20. Sera puni d'un emprisonnement de six mois à deux ans, tout mécanicien ou conducteur garde-frein qui aura abandonné son poste pendant la marche du convoi. *Art.* 21. Toute contravention aux ordonnances royales portant règlement d'administration publique sur la police, la sûreté et l'exploitation du chemin de fer, et aux arrêtés pris par les préfets, sous l'approbation du ministre des travaux publics, pour l'exécution desdites ordonnances, sera punie d'une amende de seize à trois mille francs. En cas de récidive dans l'année, l'amende sera portée au double, et le tribunal pourra, selon les circonstances, prononcer, en outre, un emprisonnement de trois jours à un mois. *Art.* 22. Les concessionnaires ou fermiers d'un chemin de fer seront responsables, soit envers l'État, soit envers les particuliers, du dommage causé par les administrateurs, directeurs ou employés à un titre quelconque au service de l'exploitation du chemin de fer. L'État sera soumis à la même responsabilité envers les particuliers, si le chemin de fer est exploité à ses frais et pour son compte. *Art.* 23. Les crimes, délits ou contraventions prévus dans les Titres I<sup>er</sup> et III de la présente loi, pourront être constatés par des procès-verbaux dressés concurremment par les officiers de police judiciaire, les ingénieurs des ponts-et-chaussées et des mines, les conducteurs, gardes-mines, agents de surveillance et gardes nommés ou agréés par l'Administration et duement assermentés. Les procès-verbaux des délits et contraventions feront foi jusqu'à preuve contraire. Au moyen du serment prêté devant le tribunal de première instance de leur domicile, les agents de surveillance de l'Administration et des concessionnaires ou fermiers, pourront verbaliser sur toute la ligne du chemin de fer auquel ils seront attachés. *Art.* 24. Les procès-verbaux dressés en vertu de l'article précédent, seront visés pour timbre et enregistrés en débet. Ceux qui auront été dressés par des agents de surveillance et gardes assermentés, devront être affirmés dans les trois jours, à peine de nullité, devant le juge-de-paix ou le maire, soit du lieu du délit ou de la contravention, soit de la résidence de l'agent. *Art.* 25. Toute attaque, toute résistance avec violence et voie de fait envers les agents de chemins de fer, dans l'exercice de leurs fonctions, sera punie des peines appliquées à la rébellion, suivant les distinctions faites par le Code pénal. *Art.* 26. L'article 463 du Code pénal est applicable aux condamnations qui seront prononcées en exécution de la présente loi. *Art.* 27. En cas de conviction de plusieurs crimes ou délits prévus par la présente loi ou par le Code pénal, la peine la plus forte sera seule prononcée. Les peines encourues pour des faits postérieurs à la poursuite, pourront être cumulées sans préjudice des peines de la récidive.

8.

# DEUXIÈME SECTION.

## DOCUMENTS RELATIFS A L'EXPLOITATION DES CHEMINS DE FER FRANÇAIS.

*1° Chemin de Saint-Étienne à la Loire ou à Andrezieux*
(18,273 mètres).

DÉTAILS DIVERS. Concédé en 1823 et terminé en 1827; à simple voie, sauf aux lieux de chargement et aux stations. Un embranchement de 2,250 m. aboutit à la grande route de Saint-Étienne à Lyon et sert de communication aux mines de Treuil, de Major, du Soleil, de Bérard et du Gagus-Petit. Le service a commencé à la fin de 1827, mais n'a été organisé régulièrement que le 1er octobre 1828. Le transport s'opère avec des chevaux. Il a été relié, en juin 1833, au chemin de Saint-Étienne à Lyon, au lieu dit le pont de l'Ane, et soudé, en décembre de la même année, à celui de Roanne, au lieu dit La Guérillière.

FONDS SOCIAL. Le capital primitif de la compagnie était de 1,851,000 fr., se composant: 1° de 350 actions de 5,000 fr., qui furent nominatives pendant l'exécution du chemin; 2° d'une prime de 4,000 fr., obtenue sur le placement de trente-une actions; 3° de douze actions dites *d'industrie* données, à titre rémunératoire, à l'auteur du projet. Plus tard, la compagnie a réalisé un emprunt de 300,800 fr., *total* : 2,192,800 fr.

STATUTS. Les affaires de la compagnie sont gérées par un conseil d'administration de sept membres, dont deux supplémentaires. Chaque membre doit être porteur de 6 actions au moins. Les fonctions d'administrateur sont gratuites. A la tête de l'exploitation est un directeur appointé qui doit être propriétaire de 4 actions. Les actionnaires propriétaires de 4 actions (20,000 fr.) ont seuls le droit de voter aux assemblées générales. Les délibérations doivent être prises à la majorité des membres présents, quel que soit leur nombre. Les produits se partagent ainsi : 1° 5 p. °⁄° d'intérêt aux actions du capital ; 2° un dixième du surplus au fonds de réserve ; 3° le reste en dividende aux actions de capital et d'industrie. Tous les cinq ans, la portion de la réserve excédant les besoins est répartie.

### COUT DE LA VOIE (au 30 septembre 1836).

| | |
|---|---:|
| Terrains. . . . . . . . . . . . . . | 390,554 fr. |
| Terrassements et pose de la voie (23), frais d'ingénieurs et autres. . . . . . . . . . | 1,195,555 |
| Améliprations depuis la mise en exploitation. . | 123,034 |
| Matériel. . . . . . . . . . . . . . | 274,683 |
| Frais généraux. . . . . . . . . . . | 103,730 |
| Total. . . . | 2,087,556 |

La différence par rapport au capital est, en moins, de 236,555 fr. 67 c. ; elle a été couverte par les produits de l'exploitation.

EXPLOITATION. Du 20 septembre 1828 au 30 septembre 1836 (six exercices) la *recette*, pour le transport de 647,920 tonnes de houille, a été de 2,096,568 fr., soit, en moyenne, 349,428 fr. par année.

(23) Le fer des rails et chairs a coûté 460 fr. la tonne.

La *dépense* s'est élevée à 1,444,077 fr., ou à 240,670 fr. par année commune, soit un peu moins de 70 p. %, des recettes.

Le *bénéfice net* annuel a été de 108,758 fr., ou 5 p. % du capital engagé. Les dépenses se sont ainsi réparties :

| Administration et frais généraux. | Entretien et surveillance de la voie. | Traction. | Frais divers. | Total. |
|---|---|---|---|---|
| f. | f. | f. | f. | f. |
| 232,929 | 95,876 | 1,041,815 | 73,457 | 1,444,167 |
| ou | ou | ou | ou | |
| 16 p. %, | 7 p. %, | 72 p. %, | 5 p. %, | |

Les produits de ce chemin ont régulièrement augmenté, à partir de 1834. Le bénéfice net qui, en 1828, n'avait été que de 2 p. %, s'est élevé, en 1834, à 4 1/2 ; en 1835, à 5, et en 1843, à 6 p. %. A cette dernière époque, la compagnie avait consacré un fonds de 468,000 fr. à l'amélioration de son chemin ; elle avait transporté, cette même année, 56,000 voyageurs et 126,000 tonnes de marchandises ou de houille.

2° *De Saint-Étienne à Lyon* (58 kil.).

DÉTAILS DIVERS. Un grand nombre d'embranchements particuliers se rendent à divers puits d'exploitation et à un certain nombre d'usines. A deux voies ; adjugé le 27 mars 1826, au tarif de 9 c. 8 par tonne et kil., (élevé, par une ordonnance royale de décembre 1840, à 12 c.), tant à la remonte qu'à la descente ;

ouvert sur toute la ligne, le 1ᵉʳ octobre 1832. Depuis le 1ᵉʳ octobre 1844, la traction qui se faisait avant, en partie avec des chevaux, en partie avec des locomotives, s'opère à la vapeur, sur toute la longueur du trajet.

FONDS SOCIAL. *Capital,* 11 millions, en 2,200 actions de 5,000 fr.; *emprunt,* 9,500,000 fr.; total, 20,500,000 fr. Dans ce capital ne sont pas comprises 400 actions d'industrie dont 60 ont été attribuées aux fondateurs capitalistes et 340 aux fondateurs industriels. Ces derniers avaient dirigé les travaux du chemin, pris à leur charge les frais d'étude et fait les démarches nécessaires pour obtenir la concession.

STATUTS. L'Administration est confiée à un conseil de neuf membres titulaires, de trois censeurs et de neuf suppléants, devant réunir entre eux un chiffre d'actions égal à la somme de 1,500,000 fr. Les actionnaires porteurs de 4 actions et propriétaires d'au moins une, ont seuls le droit d'assister aux assemblées. Les bénéfices se répartissent ainsi : 1° 4 p. °/₀ d'intérêt aux actions ; 2° le dixième du surplus au fonds de réserve; 3° le reste par moitié aux actions de capital et d'industrie.

### COUT DE LA VOIE (au 31 octobre 1835).

| | |
|---|---|
| Terrains. . . . . . . . . . . . . | 2,894,447 fr. |
| Terrassements, pose de la voie et frais généraux. | 8,615,437 |
| Intérêts payés aux actionnaires pendant les travaux, et frais divers. . . . . . . . . | 2,840,116 |
| Total. . . . | 14,350,000 fr. |

Ce chiffre s'est élevé, depuis, à 20,500,000 fr. par suite d'améliorations.

EXPLOITATION. Les *recettes* du 1er novembre 1840 au 31 mars 1843 (3 ans et 5 mois) ont été dé 13,213,726 fr., soit par année commune, 3,094,543 fr. Les voyageurs, au nombre moyen annuel de 550,000, ont contribué à cette recette pour 23 p. %.

Les *dépenses* se sont élevées à 8 ,920,945 fr., ou 67 p. % des recettes ; elles ont été pour le transport des voyageurs de 51,28, et pour le transport des marchandises de 72,4 p. % des recettes. La recette brute par tonne de marchandises, transportée à 1 kil., a été dé 0,115 et la dépense de 0,0782; la recette brute par voyageur, aussi transporté à 1 kil., a été de 0,06 et la dépense de 0,032;

*Profit net*, 4,292,781 fr., ou, par année commune, 1,079,095 fr. En 1843, la recette a été brute dé 3,506,961 fr.; nette, de 1,791,541 fr.; ce qui donné un produit de 8,7 p. % du capital engagé.

### 3° D'Andrezieux à Roanne (68 kil.).

DÉTAILS DIVERS. A une voie sur la plus grande partie de son concours, mais avec terrassements pour deux; adjugé le 21 juillet 1828, au tarif de 0,145 la tonne; ouvert en mars 1833; soudé la même année au chemin de Saint-Étienne à Andrezieux; trois plans inclinés, desservis par des machines fixes. Dix stations : Saint-Étienne, Renardière pour Andrezieux, Saint-Golmier, Montrond, Fleurs, Robigny, Nullise, Saint-Symphorien, L'Hôpital et Roanne.

FONDS SOCIAL. *Capital* : 10 millions en 2,000 actions de 5,000 fr., non compris 400 actions industrielles distribuées aux fondateurs capitalistes et industriels ; *prêt de l'État,* 4 millions ; *emprunt,* 2 millions, en 4,000 obligations de 500 fr.; *total,* 16 millions.

STATUTS. Un conseil d'administration de neuf membres titulaires, neuf suppléants et deux censeurs. Mêmes règles que pour le chemin précédent, en ce qui concerne la composition des assemblées générales et le partage des bénéfices ; seulement le prélèvement au profit du fonds de réserve doit être d'un tiers des bénéfices, mais à prendre sur l'excédant (s'il y en a) d'un bénéfice total de 10 p. %, y compris les intérêts du capital social, et jusqu'à concurrence d'une réserve totale de 500,000 fr. La compagnie est tombée en déconfiture, en 1840, après avoir dépensé son capital, et s'est reconstituée en mars 1841, après le vote de la loi du 15 juillet 1840, qui a autorisé le gouvernement à lui faire un prêt de 4 millions. La compagnie fait effectuer en ce moment des travaux qui lui permettront de substituer les locomotives aux chevaux pour les transports.

### COUT DE LA VOIE.

| | |
|---|---:|
| Terrains. . . . . . . . . . | 990,044 fr. |
| Terrassements et objets d'art. . . . . | 2,435,968 |
| Rails et pose de la voie.. . . . . . | 1,546,615 |
| Matériel. . . . . . . . . | 453,045 |
| Autres dépenses. . . . . . . . | 491,665 |
| Total. . . . | 5,917,337 fr. |

EXPLOITATION. Les *recettes,* de 1841 à 1844 (4 exercices complets moins deux mois), ont été de 2,242,024 fr., dont 17 p. % pour le transport des voyageurs, au nombre moyen annuel de 40,000.

Les *dépenses* se sont élevées à 1,808,269 f., ou 80 p. °/₀ des recettes.

Le *bénéfice net* n'a été que de 433,755 fr., soit, par année commune, 108,439 fr., ou 0,60 p. °/₀ du capital engagé. Ce produit tend à s'améliorer; ainsi le bénéfice net qui, en 1841, n'avait été que de 13 p. o/° des recettes, s'est élevé, en 1844, à 27 p. o/°. Les dépenses se sont ainsi réparties en 1844 :

| Frais généraux. | Entretien et surveillance de la voie. | Traction. | Frais spéciaux. | Total. |
|---|---|---|---|---|
| f. | f. | f. | f. | f. |
| 69,873 | 44,195 | 426,904 | 8,018 | 545,987 |
| ou | ou | ou | ou | |
| 15 p. °/₀ | 7 f. 50 c. p. °/₀ | 78 p. °/₀ | 1 p. °/₀ | |

Par voyageur transporté à 1 kil., la recette brute a été environ de 0,05, et la dépense de 0,04, par tonne de houille et de grosse marchandise également transportée à 1 kil.; la recette a été d'un peu moins de 0,11, et la dépense de 0,087.

### 4° De *Montbrison* à *Montrond* (49 kil).

DÉTAILS DIVERS. A une voie; adjugé en octobre 1834; construit sur l'accotement d'une route; ayant coûté environ 250,000 fr., non compris le terrain donné par l'État; en faillite depuis plusieurs années et régi par un syndicat; pour en maintenir l'entretien, la compagnie du chemin précédent lui alloue 50 c.

par voyageur passant d'une ligne à l'autre. Il vient d'être remis en adjudication par le gouvernement.

5° *De Paris à Saint-Germain* (19 kil.).

DÉTAILS DIVERS. Ouvert le 6 août 1837; à double voie; transporte les dépêches, pour 6,000 fr. par an. Cinq stations : Paris, Asnières, Nanterre, Chatou et Saint-Germain.

FONDS SOCIAL : *Capital*, 6 millions en 12,000 actions de 500 fr.; *emprunt*, 10 millions, en 8,000 obligations de 1,250 fr.; *total*, 16 millions.

STATUTS. Il sera délivré à M. N. ou à ses ayants-droit, pour représenter l'apport qu'il fait de la concession du chemin, qui lui a été faite par une loi du 9 juillet 1835, un titre de fondation divisé en deux mille coupons. Cette délivrance n'aura lieu qu'à l'époque où l'entreprise aura donné lieu à une répartition de l'excédant des bénéfices nets, après prélèvement de 25 fr. par action. — Les bénéfices nets se répartissent ainsi : 1° 1/2 p. °/₀ du capital social au fonds de réserve, au moins ; 2° un dividende jusqu'à concurrence de 25 fr. par action, sans recours d'une année sur l'autre; 3° sur l'excédant, moitié aux actionnaires, un quart aux coupons de fondation et un quart à la réserve, qui, comme on l'a déjà dit, devra être au moins de 1/2 p. °/₀ du capital social. Si ce minimum n'était pas atteint, soit par les bénéfices disponibles des premières années, soit par ceux des années suivantes, il sera opéré, pour le parfaire, une retenue proportionnelle sur le dividende de 25 fr. attribué aux actions. Le service de la réserve cessera quand elle aura atteint un fonds suffisant pour distribuer 100 fr. par action, en laissant intacte une somme de 500,000 fr. A mesure des distributions de la réserve, le dividende de 25 fr. sera réduit de 5 fr. par

9

chaque 100 fr. distribués ; il cessera entièrement lorsque les distributions successives de la réserve auront atteint 500 fr. par action. Après qu'il aura été distribué sur le fonds de réserve 500 fr. par action, ledit fonds de réserve continuera à s'accroître jusqu'à concurrence d'un million. L'excédant sera distribué ainsi : deux tiers aux porteurs d'actions de capital ; un tiers aux deux mille coupons de fondation. — La société est gérée par un conseil d'administration de sept membres, propriétaires chacun de 50 actions, renouvelables par tiers d'année en année, rééligibles, et dont les fonctions sont gratuites ; 2° par un directeur, propriétaire de 50 actions, ayant 12,000 fr. d'appointements fixes. — L'assemblée générale se compose de tout porteur de 20 actions ou de 20 coupons, présent ou représenté par un mandataire actionnaire. 20 actions ou coupons donnent droit à une voix ; le même actionnaire ne peut en réunir plus de cinq. L'assemblée délibère à la pluralité des voix des membres présents ; elle est valablement constituée, si les porteurs d'actions ou de coupons présents ou représentés dépassent la moitié du chiffre total des actions et coupons réunis. — Toutes les contestations entre les sociétaires pour les affaires sociales seront jugées par des arbitres (clause qui se retrouve dans les statuts de tous les autres chemins).

### COUT DE LA VOIE (au 31 décembre 1844).

| | |
|---|---|
| Terrains. . . . . . . . . . . . . . | 2,020,429 fr. |
| Terrassements. . . . . . . . . . . | 1,886,405 |
| Travaux d'art. . . . . . . . . . . | 2,995,193 |
| Constructions. . . . . . . . . . . | 682,200 |
| Rails, pose, clôtures et plantations. . . . . | 2,160,662 |
| Entrée dans Paris. . . . . . . . . | 2,382,562 |
| Gare du Pecq et stations intermédiaires. . . | 946,429 |
| Matériel. . . . . . . . . . . . . | 1,373,684 |
| Total. . . . | 14,416,564 fr. |

EXPLOITATION. Les *recettes* de 1841 à 1844 (quatre exercices) ont été de 6,026,431 fr., soit, par année commune, 1,506,608 fr. L'accroissement des recettes de 1841 à 1844, a été de 13 p. %.

Les *dépenses* se sont élevées à 2,529,947 fr., ou, par année commune, à 632,487 f., soit 41 p. % des recettes.

Le *produit annuel net moyen* a été de 874,121 fr., ou 6,70 p. % du capital engagé ; les dépenses se sont ainsi réparties entre les divers services de l'exploitation, de 1841 à 1844.

| Années. | Administration et frais généraux. | Entretien et surveillance de la voie. | Traction. | Autres frais (24). | Total. | Par rapport aux recettes |
|---|---|---|---|---|---|---|
| | f. | f. | f. | f. | f. | |
| 1841 | 84,952 | 78,887 | 282,919 | 132,068 | 578,826 | 40 p. % |
| 1842 | 84,947 | 89,199 | 304.121 | 137,280 | 615,539 | 44 |
| 1843 | 78,851 | 124,040 | 292,475 | 139,644 | 635,040 | 43 |
| 1844 | 93,284 | 157,700 | 300,324 | 149,270 | 700,572 | 42 |

En prenant 100 pour unité de la dépense totale, les frais d'exploitation se sont ainsi répartis en 1844 : *Administration et frais généraux*, 13 ; *entretien et surveillance*, 22 ; traction, 43 ; *autres frais*, 22 p. %.

En 1842, la recette moyenne par voyageur transporté à 1 kil., a été de 0,087, et la dépense de 0,038.

Le transport des voyageurs s'est ainsi réparti entre les 3 classes de voitures. 1re classe, 1 p. % ; 2e classe, 11 p. % ; 3e classe, 88 p. %.

(24) Frais de gare, frais d'omnibus, traitement et frais des commissaires de police, droit sur le prix des places et droit de licence des voitures.

6° *De Paris à Versailles* (rive gauche), 19 kil.

DÉTAILS DIVERS. Adjugé le 14 mai 1837, au prix de 0,98 pour tout le parcours, prix qui a été augmenté par une ordonnance royale de 1839, comme équivalent du prêt de 5 millions au chemin de la rive gauche, et s'élève, en ce moment, à 1 f. 42 en moyenne; ouvert le 2 août 1839. Neuf stations : Paris, Asnières, Puteaux, Suresnes, Chaville, Viroflay, Sèvres, Ville-d'Avray, Courbevoie et Versailles; à deux voies.

FONDS SOCIAL : *capital*, 11 millions en 22,000 actions de 500 fr.; *emprunt*, 6 millions, en obligations remboursables en 15 ans et dont l'intérêt est prélevé sur le produit net, avant tout dividende. *Valeur représentative du péage payé à la compagnie de Saint-Germain,* 4 millions. *Total,* 21 millions.

STATUTS. Les neuf dixièmes des bénéfices nets seront distribués entre tous les actionnaires; le dixième restant sera mis en réserve. La réserve devra être égale au moins à 1/2 p. °/₀ du capital social; dans le cas où ce minimum ne serait pas atteint, la distribution à faire aux actionnaires serait proportionnellement réduite. La réserve ne devra pas dépasser un million. Si la distribution à faire aux actionnaires ne s'élevait pas à 25 fr. par action et par an, il serait prélevé sur la réserve une somme suffisante pour former ce dividende, sans que ces prélèvements puissent la réduire au-dessous de 500,000 fr. La société est gérée par un conseil d'administration de sept membres propriétaires de 50 actions, renouvelables par tiers d'année en année, rééligibles, et n'ayant droit qu'à des jetons de présence; 2° par un directeur appointé nommé par le conseil d'administration et confirmé par l'assemblée générale ; Il doit être propriétaire de 50 actions. — L'assemblée générale se compose des porteurs de 20 actions au moins. 20 actions donnent droit à une voix ; le même actionnaire ne peut en réunir plus de dix. L'assemblée est valablement constituée, si le nombre des actions représentées dépasse la moitié du capital social. Elle délibère à la pluralité des voix présentes.

## COUT DE LA VOIE (en 1843).

| | |
|---|---:|
| Terrains. | 1,404,962 fr. |
| Terrassements. | 2,189,558 |
| Travaux d'art. | 3,594,059 |
| Rails, pose, clôtures et plantations. | 2,872,034 |
| Frais généraux de construction. | 679,887 |
| Embranchement et gare de Saint-Cloud. | 823,756 |
| Matériel. | 2,729,633 |
| Autres frais. | 1,555,423 |
| Total. | 15,846,309 fr. |

EXPLOITATION. Les *recettes*, de 1840 à 1844 (5 exercices) se sont élevées à 6,736,980 fr., soit, par année commune, 1,347,398 fr. ; l'accroissement, de 1840 à 1844, a été de 7 p. %.

Les *dépenses* se sont élevées à 4,190,555 fr., soit, par année commune, 928,096 fr. ou 69 p. % des recettes.

Le *produit net moyen* annuel a été de 419,302 f., ou un peu moins de 3 p. % du capital engagé.

Les dépenses se sont ainsi réparties entre les divers services de l'exploitation, de 1842 à 1844 :

| Années. | Adminis-tration et frais généraux. | Entretien et surveillance de la voie. | Traction. | Autres frais (25). | Total. | Par. rapport aux recettes |
|---|---|---|---|---|---|---|
| | f. | f. | f. | f. | f. | |
| 1842 | 131,953 | 89,411 | 455,314 | 305,343 | 982,021 | 80 p. % |
| 1843 | 90,899 | 93,704 | 451,976 | 357,901 | 994,480 | 73 |
| 1844 | 109,357 | 113,241 | 429,329 | 342,076 | 994,003 | 69 |

En prenant 100 pour unité de la dépense, les frais d'exploitation se sont ainsi répartis en 1844. *Administration et frais généraux*, 11; *entretien et surveillance*, 11; *traction*, 43; *autres frais*, 35 p. %.

### 7° De Mulhouse à Thann (20 kil.).

DÉTAILS DIVERS. Ouvert le 12 septembre 1839; se confond avec le chemin de Strasbourg à Bâle, sur un trajet de 6 à 7 kil., entre Lutterbach et Mulhouse; à deux voies. Cinq stations : Mulhouse, Dornach, Lutterbach, Cernay et Thann. Par un traité du 3 juillet 1841, la compagnie du chemin de Strasbourg s'est chargée de l'exploitation de ce chemin, moyennant 40 p. % sur les recettes brutes, mais déduction faite du 10e dû au Trésor. Depuis cette époque, l'exploitation des deux chemins a été confondue.

FONDS SOCIAL. *Capital*, 2,600,000 fr, en 5,200 actions de 500 fr.; *emprunt*, 400,000 fr.; *total*, 3 millions.

(25) Contributions indirectes, frais de gare et redevance (de 185,265 fr. par an depuis 1843) à la compagnie de Saint-Germain, pour usage de la gare de Paris.

COUT DE LA VOIE. 2,851,742 fr.

EXPLOITATION. Les *recettes*, en 1842 et 1843, ont été de 363,767 fr., soit, par année commune, 181,884. Aux recettes totales pour les deux exercices, les voyageurs, au nombre total de 305,000, ont contribué pour 284,667 fr. ou 78 p. %; les marchandises pour 79,100 fr. ou 22 p. %.

Les *dépenses*, d'après le traité du 3 juillet 1841, avec la compagnie de Strasbourg à Bâle, sont de 40 p. % des recettes.

Le *produit net* total pour les deux exercices a été de 218,261, ou par année commune, 109,130 fr., soit 3, 6 p. % du capital engagé.

8° *Chemins du Gard* (92 kil.), ou d'Alais à Beaucaire, par Nîmes, et d'Alais à la Grand'Combe.

DÉTAILS DIVERS. Ouverts le 1er septembre 1840. — Cinq stations : Beaucaire, Nîmes, Alais et la Grand'Combe.

FONDS SOCIAL. *Capital*, 11,500,000 fr.; *prêt de l'État*, 6,000,000 fr.; *total*, 17,500,000 fr.

### COUT DE LA VOIE.

| | |
|---|---:|
| Terrains. | 1,620,000 fr. |
| Terrassements. | 4,470,000 |
| Travaux d'art. | 3,540,000 |
| Stations et bâtiments. | 740,000 |
| Voie de fer, pose et ballast. | 4,460,000 |
| Matériel. | 1,950,000 |
| Frais généraux. | 1,330,000 |
| Outillage. | 140,000 |
| Total. | 18,250,000 fr. |

EXPLOITATION. Les *recettes* de 1841 à 1844 (4 exercices) se sont élevées à 7,228,915 fr., ou, par année
commune, 1,807,229 fr. L'accroissement, du 1ᵉʳ au
4ᵉ exercice, a été de 50 p. %. Les voyageurs, au
nombre moyen annuel de 384,703, ont contribué aux
recettes dans la proportion de 28 p. %; les marchandises (39,977 tonnes, en moyenne, par an). Pour 12
p. % et la houille (169,900 tonnes par an). Pour 60
p. %.

Les *dépenses* ont été de 3,704,064 fr. pour les 4
exercices, ou 926,016 fr. par année commune, soit 50
p. % des recettes.

Le *produit net* a été de 3,585,060 fr., soit 896,265 fr.
par année commune, ou environ 5 p. % du capital
engagé. En 1844, le revenu industriel a été de 7 p. %.

Les dépenses se sont ainsi réparties en 1842 et
1843 :

| Années. | Traction. | Autres dépenses. | Total. |
|---|---|---|---|
| f. | f. | f. | f. |
| 1842 | 421,792 ou 49 % | 424,800 ou 51 p. %. | 846,592 |
| 1843 | 502,499      51 | 453,357      49 | 955,856 |

En 1842 et 1843, la recette par voyageur transporté
à 1 kil. a été de 0,055 et la dépense de 0,014; par
tonne de marchandise également transportée à 1 kil.,
la recette a été de 0,114 et la dépense de 0,027.

9° *De Paris à Versailles* (rive gauche), (46,9 kil.).

DÉTAILS DIVERS. Ouvert le 1ᵉʳ octobre 1840 ; à 2 voies ; adjugé au tarif de 1 f. 72 pour tout le parcours ; le prix moyen perçu est de 1 fr. 42, comme sur la rive droite. Huit stations : Paris, Clamart, Meudon, Bellevue, Sèvres, Chaville, Viroflay et Versailles.

FONDS SOCIAL. *Capital*, 10 millions ; *emprunt*, 1 million ; *prêt de l'État*, 5 millions ; *total*, 16 millions.

STATUTS. La société est régie, 1° par un conseil d'administration de neuf membres, propriétaires de 50 actions nominatives, renouvelables par tiers d'année en année et rééligibles (il n'est rien stipulé sur la question de savoir si leurs fonctions sont gratuites) ; 2° par un directeur appointé, nommé par l'assemblée générale des actionnaires, et propriétaire de 50 actions nominatives ; — l'assemblée générale se compose de tout propriétaire de 10 actions au moins. Elle n'est régulièrement constituée qu'autant que les membres présents réunissent le tiers des actions émises. Elle délibère à la simple majorité des membres présents. La propriété de 10 actions donne droit à une voix ; le même actionnaire ne peut en réunir plus de trois. — Le vingtième des bénéfices est prélevé chaque année pour former le fonds de réserve, qui ne devra pas dépasser 500,000 fr. Ce prélèvement opéré, l'excédant est réparti également entre toutes les actions émises.

### COUT DE LA VOIE.

| | |
|---|---:|
| Terrains. | 3,135,226 fr. |
| Terrassements. | 5,328,231 |
| Travaux d'art. | 3,009,789 |
| Rails, pose de la voie, ballast. | 4,319,964 |
| Frais d'études, de construction et divers. | 2,207,799 |
| Matériel. | 1,363,447 |
| Total. | 16,364,456 fr. |

9.

EXPLOITATION. Les *recettes*, en 1843, ont été de 890,334 fr., et, en 1844, de 889,901 fr.

Les *dépenses*, en 1843, ont été de 607,467 fr. en 1844, de 558,018 fr.

Le *bénéfice net* s'est élevé, en 1843, à 282,867 fr. ou 1,80 p. % du capital engagé, en 1844, à 301,883 fr. ou 1,90 p. %.

Les dépenses se sont ainsi réparties dans le cours de ces deux exercices :

| Années. | Administration et frais généraux. | Entretien et surveillance de la voie. | Traction. | Autres frais. | Total. | Par rapport aux recettes |
|---|---|---|---|---|---|---|
| | fr. | fr. | fr. | fr. | fr. | |
| 1843 | 60,930 | 122,585 | 254,180 | 169,772 | 607,467 | 68 p. % |
| 1844 | 81,506 | 94,912 | 215,515 | 196,086 | 588,018 | 62 |

10° *De Montpellier à Cette* (27 kil.).

DÉTAILS DIVERS. Ouvert en mars 1839 ; à simple voie ; construit presque entièrement au milieu de marais et ne trouvant sur son parcours que 4,100 habitants.

FONDS SOCIAL. *Capital*, 3 millions ; 1er *emprunt*, 1 million ; 2e *emprunt* (voté en 1845), 300,000 fr. ; *total*, 4,300,000 fr.

STATUTS. La société est gérée par un conseil d'administration et un directeur. Les fonctions du directeur sont rétribuées. Le conseil se compose de cinq membres, propriétaires chacun de 50 actions nominatives, renouvelables par cinquième d'année en année et rééligibles. Ils n'ont droit qu'à des jetons de présence. Les opérations de la société sont en outre vérifiées par une commission de surveillance composée de trois membres choisis par l'assemblée générale parmi les propriétaires de 10 actions nominatives au moins. Ils n'ont droit qu'à des jetons de présence. L'assemblée générale se compose de tous les propriétaires de 5 actions au moins. Elle est régulièrement constituée, lorsque les actionnaires présents sont au nombre de vingt au moins, et réunissent le tiers plus une des actions émises. Elle délibère à la majorité absolue des voix.— Les bénéfices nets se répartissent ainsi : 1° Un dixième au fonds de réserve dont le service sera suspendu, lorsque ce fonds aura atteint 500.000 fr. ; 2° le surplus est réparti par égales portions entre toutes les actions émises.

COUT DE LA VOIE (au 1er janvier 1844). 3,820,485 fr. dont 721,386 pour le matériel (construit à forfait).

EXPLOITATION. Les *recettes*, de 1840 à 1844 (5 exercices), ont été de 1,860,123 fr., ou, par année commune, 372,024 fr. — de 131,263 fr., en 1840; elles se sont élevées, en 1844, à 458,664 fr., soit 249 p. % d'augmentation. — Les voyageurs, en nombre moyen annuel de 165,000, ont contribué aux recettes pour la somme de 1,128,835 fr. ou 60 p. %; les bagages, objets de messagerie et autres transports, pour 166,965 fr. ou 3 p. %; les grosses marchandises (dont le transport, organisé en 1842, est de 35,000 tonnes en moyenne), pour 550,754 fr. ou 31 p. %.

Les *dépenses* ont été de 1,604,470 fr., ou, par année commune, de 320,894 fr., soit 86 p. % des recettes; c'est le chiffre le plus élevé que présentent les chemins français et étrangers; on l'explique par les conditions défavorables dans lesquelles ce chemin a été construit. Hâtons-nous de dire, toutefois, qu'en 1844, la dépense n'a plus été que de 69 p. % de la recette, et qu'on s'attend à la voir diminuer encore.

Le *bénéfice net* a été de 255,653 fr., ou, par année commune, de 51,130 fr., soit 1,28 du capital dépensé.

La situation de ce chemin s'améliore régulièrement. L'exploitation qui s'était soldée, en 1840, par un déficit de 9,358 fr., en 1841, de 18,879 fr., a donné, en 1842, un excédant de recettes de 102,633 fr., en 1843, de 124,826 fr., en 1844, de 142,477 fr. Pour ce dernier exercice, le bénéfice net a été de 3,55 p. % (non compris le service de l'intérêt de l'emprunt).

Les dépenses, pour ce dernier exercice, se sont ainsi réparties :

| Administration et frais généraux. | Traction. | Entretien et surveillance de la voie. | Total. |
|---|---|---|---|
| 149,399 fr. ou 47 p. % | 99,942 fr. ou 32 p. % | 66,847 fr. ou 21 p. % | 316,188 fr. |

11° *Bordeaux à la Teste* (52 kil.).

DÉTAILS DIVERS. A simple voie, avec terrains pour deux. — 21 stations : Bordeaux, La Mission, Pessac, Saint-Médard, Gazinet, Toecktouchau, Pierrotou, Verderi, Miot, Testemaire, Biars, Argentière, Canôlei, Camelei, Facture, La Leire, Le Teich, Mestras, Guzan, Meiran, et la Teste; ouvert en 1842.

FONDS SOCIAL. *Capital*, 5 millions; *emprunt*, 1 million; *total*, 6 millions.

STATUTS. La société est régie, 1° par un conseil d'administration de sept membres, propriétaires de 30 actions nominatives, renouvelables par tiers d'année en année, et rééligibles (il n'est rien stipulé sur la question de savoir s'ils sont appointés ou s'ils n'ont droit qu'à des jetons de présence); 2° par un directeur, nommé par l'assemblée générale, propriétaire de 50 actions nominatives, et appointé. — L'assemblée générale se compose de tous les propriétaires de 10 actions au moins. Le propriétaire de 10 actions nominatives peut se faire représenter par un fondé de pouvoirs. L'assemblée n'est valablement constituée qu'autant que les membres présents forment la moitié au moins des actionnaires ayant droit de voter. Elle délibère à la simple majorité des membres présents. La propriété de 10 actions donne droit à une voix; le même actionnaire ne peut en réunir plus de trois; — le vingtième des bénéfices est prélevé chaque année pour former un fonds de réserve qui ne peut dépasser 300,000 fr. L'excédant est partagé également entre toutes les actions émises.

COUT DE LA VOIE. 5,873,888 fr., dont 785,456 fr. pour le matériel.

EXPLOITATION. Les *recettes* ont été, en 1844, de 270,494 fr., dont 137,315 fr. pour prix du transport de 96,978 voyageurs se répartissant ainsi entre les trois classes de voitures : 1re classe, 7 p. %; 2e classe, 48 p. %; 3e classe, 45 p. %.

Les *dépenses* ont été de 221,376 fr. ou 82 p. % des recettes.

Le *bénéfice net* a été de 49,118 fr. ou 0,84 du capital engagé. Il n'avait été, en 1843, que de 43,995 fr.

Les dépenses se sont ainsi réparties, en 1844 :

| Administration et frais généraux. | Traction. | Entretien et surveillance de la voie. | Total. |
|---|---|---|---|
| 105,080 fr. | 104,497 fr. | 11,799 fr. | 221,376 fr. |
| ou | ou | ou | |
| 47 p. %. | 47 p. %. | 4 p. %. | |

12° *De Strasbourg à Bâle* (141 kil.).

DÉTAILS DIVERS. Concédé le 6 mars 1838 ; ouvert sur une voie, le 15 septembre 1841, sur deux en mai 1843. — 25 stations : Strasbourg, Kœnigshoffen, Geispolsheim, Fegersheim, Limersheim, Erstein, Malzenheim, Benfeld, Cogenheim, Ebersheim, Schelestadt, Saint-Hippolyte, Ribeauvillé, Ostheim, Bennwihr, Colmar, Eguisheim, Mulhouse, Rixheim, Habsheim, Schlierbach, Sierentz, Bartenheim, Saint-Louis et Bâle (sur le territoire suisse).

FONDS SOCIAL. *Capital*, 29 millions en 84,000 actions de 350 fr. ; *emprunt*, 3,052,500 fr. en 2,775 obligations de 1,000 fr. ; *prêt de l'État*, 12,600,000 fr ; *total*, 44,652,500 fr.

STATUTS. La société est gérée par un conseil d'administration de sept membres, propriétaires chacun de 5 actions au moins, renouvelables par septième d'année en année, rééligibles, et n'ayant droit qu'à des jetons de présence. Il pourra être nommé ultérieurement un directeur appointé.—L'assemblée générale se compose de tous les actionnaires porteurs de 20 actions au plus. Elle est régulièrement constituée lorsque les actionnaires présents sont au nombre de quarante, et représentent le dixième du fonds social. Elle délibère à la majorité des membres présents. — Les bénéfices nets se répartissent ainsi : 4° le dixième au fonds de réserve (le service de cette annuité sera suspendu lorsque ce fonds aura atteint deux millions cinq cent mille francs) ; 2° l'excédant est distribué à titre de dividende entre tous les actionnaires.

COUT DE LA VOIE. Construite à forfait au prix de 40 millions (en ayant, dit-on, coûté 45). La compagnie a fait une dépense supplémentaire de 3,599,608 fr., pour prolonger le chemin, sur le territoire suisse, jusqu'aux portes de Bâle.

EXPLOITATION. De 1841 à 1844 (4 exercices), les *recettes totales* (y compris le prélèvement de 40 p. %  des recettes brutes du chemin de Mulhouse à Tham), ont été de 7,672,814 fr., ce qui donne une recette moyenne annuelle de 1,918,203 fr. (26), de 1,179,890 f. en 1841 ; elles se sont élevées à 2,430,273, en 1844 ; c'est un accroissement de plus du double. Les voyageurs ont contribué aux recettes dans la proportion de 93 p. %, en 1841, et de 70 seulement en 1844, le nombre des voyageurs qui avait été de 702,748, en 1843, s'est élevé à 715,723, en 1844. Dans ce dernier exercice, ils se sont répartis ainsi qu'il suit, entre les trois classes de voitures : 1re classe, 6 p. % ; 2e classe, 29 p. % ; 3e classe, 65 p. %. Cette répartition était à peu près la même les années précédentes. — En 1843,

---

(26) Les recettes pour le premier semestre de 1845 ont été de 1,213,240 fr. Elles s'étaient élevées pour le semestre correspondant, en 1844, à 1,385,157 fr.

le poids total des marchandises de toute nature transportées, avait été·de 70,000 tonnes, dont 1000 tonnes environ pour les articles de messagerie; 8,000 tonnes pour les marchandises accélérées; 46,000 pour les marchandises à petite vitesse; 9,000 tonnes pour la houille et 2,500 tonnes pour le transit. En 1844, le poids total des marchandises transportées s'est élevé à 74,000 tonnes, dont 851 tonnes pour les objets de messagerie; 9,000 tonnes environ pour les accélérés; 49,000 pour les marchandises à petite vitesse; 6,000 pour la houille et 6,378 pour le transit. En 1844, le parcours moyen d'une tonne de marchandises a été de 72 kil.

Les *dépenses* totales ont été de 5,445,410 fr., soit une moyenne annuelle de 1,361,352 fr. ; ou 70 p. % des recettes. Cette proportion est descendue, en 1844, à 64.

Le *bénéfice net* total a été de 2,227,404, ou en moyenne, par an, de 556,861, soit 1,2 p. % du capital engagé. Ce bénéfice net qui n'avait été que de 0,80 p. %, en 1841, s'est élevé, en 1844, à près de 2 p. %. Les dépenses se sont ainsi réparties, dans les trois exercices suivants :

| Années | Administration et frais généraux. | | Entretien et surveillance de la voie. | | Traction. | | Autres frais. | | Total. |
|---|---|---|---|---|---|---|---|---|---|
| | f. | p.% | f. | p.% | f. | p.% | f. | p.% | f. |
| 1842 | 175,271 | 16 | 255,390 | 16 ([27]) | 878,327 ([28]) | 60 | 189,934 | 23 | 1,474,022 |
| 1843 | 147,244 | 9 | 263,765 | 17 | 778,527 | 50 | 580,556 | 24 ([29]) | 1,569,862 |
| 1844 | 158,037 | 10 | 251,895 | 16 | 756,106 | 46 | 431,185 | 28 ([30]) | 1,578,119 |

## La recette moyenne par voyageur, transporté à 1 kil.

(27) La compagnie, dans les premiers jours de 1842, n'avait à entretenir que 128 kil. Dans le cours de l'année, elle a eu un surplus de 87 kil. Elle a commencé l'exercice 1843 avec 215 kil. et a fini avec 67 autres, soit 282 kil. à une voie ou 141 à deux voies.

(28) En 1842, le coke consommé avait été de 5,605,730 kilogr. pour un parcours de convois de 448,496 kil., et un parcours total de 528,344 kil. ; en 1843, la consommation a été de 4,179,834 kilogrammes pour un parcours de convois de 464,415 kil., et un parcours total de 543,604 kil. ; en 1844, elle n'a plus été que de 3,931,418 kilogr. pour un parcours de convois de 561,086 kil., et un parcours total de 571,644 kil. C'est une consommation par kilomètre parcouru, en 1842, de 12$^k$,509 pour les convois, et de 10$^k$,60 pour les locomotives ; en 1843, de 9 kil. pour les convois, et 7$^k$,70 pour les locomotives ; en 1844, de 7$^k$,07 pour les convois, et 6$^k$,87 pour les locomotives (ce document serait plus intéressant si l'auteur du compte-rendu que nous consultons avait fait connaître le poids des convois et la vitesse). Les grandes réparations des locomotives, au nombre de vingt-neuf, se sont élevées à 95,958 fr. ; en 1843, et à 75,924 fr. en 1844. Les dépenses d'entretien des locomotives ont été, en 1843, de 488,513 fr. ; en 1844, de 448,558 fr. Malgré cette diminution dans le coût de réparation et d'entretien, le parcours des locomotives, comme nous venons de le dire, qui avait été de 542,604 kil. en 1843, s'est élevé à 571,644 kil. en 1844.

(29) Y compris les frais de création d'un service spécial de marchandises, qui ont été de 112,976 fr. pour 1843, et de 116,707 fr. en 1844. Les autres dépenses se composent : 1° des contributions directes et indirectes ; 2° du service des stations et des approvisionnements (100,453 fr. en 1843, et 142,110 fr. en 1844); 3° et de divers menus frais.

(30) Même observation.

a été, en moyenne, de 0,067 ; par tonne de marchandises, de 0,098. Comme on ne sépare pas, sur ce chemin, les convois de voyageurs des convois de marchandises (les voyageurs ne se trouvant pas en assez grand nombre pour alimenter un nombre raisonnable de convois), on ne peut calculer exactement la dépense par voyageur moyen et par tonne de marchandises, transportées à 1 kil. Pour les voyageurs, elle est évaluée environ à 0,0455. — Les voyageurs se sont ainsi répartis entre les trois classes de voitures : 1re classe, 6 p. %; 2e classe, 29 p. %; 3e classe, 65 p. %.

### 13° De Lille et de Valenciennes à la frontière Belge
(14 kil. de Lille et 12k,74 de Valenciennes).

DÉTAILS DIVERS. Les travaux commencés en juillet 1841, ont été terminés en 1843. Le chemin de Lille a été ouvert au mois de juin 1843, celui de Valenciennes le 5 septembre. Dès novembre 1842, l'exploitation partielle avait commencé sur les deux chemins ; sur celui de Lille, entre Roubaix et Courtrai ; sur celui de Valenciennes, entre Saint-Saulve et Quiévrain ; à deux voies.

FONDS VOTÉS. 10 millions, dont 6 pour Lille et 4 pour Valenciennes.

## COUT DE LA VOIE.

| | Lille. | Valenciennes. |
|---|---|---|
| Terrains. . . . . . . . . | 1,084,007 fr. | 735,000 fr. |
| Terrassements et ouvrages d'art. | 2,658,569 | 785,000 |
| Voie de fer et accessoires. . . | 2,207,052 | 1,780,000 |
| Matériel. . . . . . . . | 1,042,372 | 661,000 |
| Clôtures et plantations. . . | 40,000 | 30,000 |
| Frais généraux. . . . . . | 150,000 | 72,000 |
| Totaux. . . . | 7,152,000 fr. | 4,063,000 |

Le coût de construction a donc dépassé les devis de 1,215,000 fr.

EXPLOITATION. (En 1844), seul exercice pour lequel les publications officielles donnent des documents complets.

### 1° RECETTES.

| Lignes. | Voyageurs. | Recettes. | Tonnes et marchand. | Recettes (bagages compris). | Total. |
|---|---|---|---|---|---|
| | f. | f. | f. | f. | f. |
| Lille. . | 386,000 | 240,342 | 14,530 | 32,569 | 281,652 [31] |
| Valenc. | 83,516 | 54,015 | 26,438 | 52,266 | 106,281 [32] |

### 2° DÉPENSES.

| Lignes. | Frais généraux. | | Entretien et surveillance. | | Traction et matériel. | | Autres dépenses. | | Total. |
|---|---|---|---|---|---|---|---|---|---|
| | f. | p. °/o | f. | p. °/o | f. | p. °/o | f. | p. °/o | f. |
| Lille. . | 8,317 | 2,5 | 174,082 | 50 | 111,193 | 33 | 48,653 | 15 | 339,238 |
| Valenc. | 1,211 | 0,9 | 40,295 | 40 | 53,544 | 50 | 23,433 | 9 | 118,483 |

(31) Il faut déduire de ce chiffre 6,376 fr. payés à l'administration belge, pour le parcours de la section de la frontière à Mouscron, ce qui réduit la recette effective à 275,276 fr.

(32) A déduire 3,036 fr. payés à l'administration belge ; reste 103,245 fr.

Ainsi les dépenses, pour les deux chemins, ont été supérieures aux recettes ; la différence surtout est considérable pour Lille. Cette différence a été principalement occasionnée par l'entretien de la voie qui a exigé de fréquentes et importantes réparations.

14° *De Paris à Orléans,* avec embranchement sur Corbeil (153 kil.).

DÉTAILS DIVERS. A deux voies ; étudié et commencé en 1838 ; ouvert jusqu'à Juvisy, le 17 septembre 1840 ; commencé de Juvisy à Orléans, en 1841 ; inauguré le 3 mai 1843. Dix-sept stations : Paris, Choisy, Ablon, Juvisy, Villemoisson, Epinay, Saint-Michel, Brétigny, Marolles, Bouray, Lurdy, Etrechy, Étampes, Angerville, Toury, Artenay, Chevilly et Orléans. En 1844, la compagnie a traité avec l'administration des postes pour le transport sur le chemin de fer de trois malles, au prix de 1 fr. 13 cent. le kil. pour chaque malle, ou 3 fr. 39 c. pour les trois malles (prix qui diffère peu des frais de transport sur la voie de terre). La circulation, avant l'ouverture du chemin, était de 790,000 voyageurs et de 200,000 tonnes de marchandises.

FONDS SOCIAL. *Capital,* 40 millions, en 80,000 actions de 500 fr.; *emprunt,* 10 millions, en 8,888 obligations émises à 1,125 fr. ; *total,* 50 millions.

STATUTS. La compagnie est administrée par un conseil d'administration et par un comité de direction et de travaux (33). Le conseil d'administration se compose de douze membres, propriétaires chacun de 60 actions, renouvelables par tiers d'année en année, et rééligibles. Ils n'ont droit qu'à des jetons de présence. Le comité de direction et des travaux se compose de trois directeurs, de l'ingénieur en chef chargé de l'exécution des travaux, et de l'ingénieur du matériel. Chaque directeur doit être propriétaire de 100 actions. Ses fonctions sont rétribuées. Les directeurs sont nommés par l'assemblée générale, sur la proposition du conseil d'administration. — L'assemblée générale se compose de tous les actionnaires porteurs de 20 actions ou plus; elle est régulièrement constituée lorsque les actionnaires présents sont au nombre de trente ou plus, et représentent au moins le dixième du capital social. Elle délibère à la majorité des actionnaires présents. 20 actions donnent droit à une voix; le même actionnaire ne peut en réunir plus de cinq. — Les bénéfices nets se répartissent ainsi : 1° 1 p. % du capital social à l'amortissement; 2° 3 p. % d'intérêt aux actions amorties ou non, la part des actions amorties devant être versée à l'amortissement ; 3° l'excédant est partagé entre toutes les actions amorties ou non (34). S'il arrivait que les produits

(33) Cette disposition a été modifiée par une décision de l'assemblée générale du 29 mars 1845 ; en voici l'analyse : La société est gérée : 1° par un conseil d'administration de douze membres ; 2° par un directeur appointé, propriétaire de 100 actions, nommé et pouvant être révoqué par l'assemblée générale, sur la proposition de la majorité absolue des membres du conseil d'administration. Il est institué près du directeur un comité consultatif composé de chefs de division et de service, désignés à cet effet par le conseil d'administration. Le directeur réunit ce comité toutes les fois qu'il le juge utile aux intérêts de la société.

(34) Une disposition additionnelle a été votée en ces termes par l'assemblée générale, le 30 mars 1844 : « Après l'acquittement des

nets fussent insuffisants pour opérer les prélèvéments mentionnés dans les n°ˢ 1 et 2, il y sera pourvu au moyen de la garantie accordée par l'État à la société, en exécution de la loi du 15 juillet 1840. Si les produits bruts venaient à être insuffisants pour couvrir les charges sociales, les sommes versées par l'État, en exécution de la garantie, seront employées à couvrir le déficit, et l'excédant seul sera affecté : 1° à servir l'amortissement à raison de 1 p. °/₀ du capital social; 2° à servir, au centime le franc, l'intérêt dû aux actions. Lorsque l'État aura, à titre de garant, payé tout ou partie de l'annuité de un million six cent mille francs garantie, les produits nets de l'entreprise excédant 4 p. °/₀ seront, les années suivantes, exclusivement employés au remboursement des sommes versées par l'État. Lorsque l'État aura été ainsi remboursé des sommes qu'il aura pu payer, s'il était arrivé que, dans le cours d'une ou plusieurs années, les actions n'eussent pas reçu l'intérêt de 3 p. °/₀ qui leur est dû, ou que le service de l'amortissement eût éprouvé quelque altération, les produits libres destinés à être répartis à titre de dividende, seraient employés, jusqu'à due concurrence, et avant toute répartition de dividende, à compléter l'annuité destinée à l'amortissement et l'intérêt dû aux actions.

## COUT DE LA VOIE (au 30 mars 1844).

| | |
|---|---|
| Terrains (35). | 7,175,000 fr. |
| Terrassements et ballast. | 10,436,087 |
| Ouvrages d'art. | 4,530,227 |
| Pose de la voie et dépendances. | 13,616,260 |
| Constructions. | 4,754,285 |
| Clôtures et plantations. | 793,070 |
| Matériel d'exploitation. | 5,849,454 |
| Outillage des ateliers et mobilier. | 542,667 |
| Administration centrale. | 1,798,583 |
| Total. | 49,465,633 (³⁶) |

charges et l'affectation de 8 p. °/₀ aux actionnaires, il sera fait, s'il y a lieu, distribution de 45 p. °/₀ sur le surplus des produits

EXPLOITATION. 1° *Embranchement de Corbeil* (31 kilomètres si l'on compte de Paris à Corbeil, et 15 seulement de Juvisy, lieu où commence l'embranchement, à Corbeil).

Les *recettes* totales, pour 1841 et 1842 (à partir du 4 mai 1843, l'exploitation de l'embranchement et de la ligne principale se confond) ont été de 2,373.023 fr., soit, par année commune, de 1,186,511 fr. Les voyageurs, au nombre de 850,000, en moyenne, par an, ont contribué aux recettes pour 90 p. %.

Les *dépenses* ont été de 1,445,905 fr., soit, par année commune, 722,952 fr. ou 61 p. % des recettes. En 1842, cette proportion n'était plus que de 54 p. %; elle a encore diminué depuis.

Le *bénéfice net* s'est élevé à 927,118 fr., ou, par année commune, à 463,559 fr., soit un peu plus de 4 p. % du capital engagé (au prix de 360,000 francs le kil.)

Les dépenses se sont ainsi réparties, en 1841 et 1842 :

annuels, pour le montant de ce prélèvement être réparti par le conseil d'administration entre les employés de la compagnie. »

(35) Les terrains formant la gare de Paris ont coûté 1 million, pour une étendue de 1 hectare 57 ares.

(36) Cette somme doit être portée, par des améliorations en voie d'exécution, à un chiffre plus élevé.

| Années | Administr. et frais généraux. | Entretien et surveillance de la voie. | Traction. | Frais spéciaux. | Total. |
|---|---|---|---|---|---|
| | f. | f. | f. | f. | f. |
| 1841 | 222,085 | 181,311 | 310,609 | 75,703 (37) | 789,708 |
| 1842 | 204,616 | 112,980 | 259,668 | 78,852 | 656,116 |
| | ou | ou | ou | ou | |
| | 30 p. %. | 17 p. %. | 38 p. %. | 15 p. %. | |

En 1841, la recette moyenne, par voyageur transporté à 1 kil., a été de 0,069, et la dépense de 0,037.

### 2° *De Paris à Orléans* (122 kil.).

Les *recettes*, en 1844, (nous négligeons le détail de l'exploitation du chemin et de l'embranchement réunis du 4 mai au 31 décembre 1843) ont été de 6,901,786 fr. (38), dont 1,165,329 fr. pour la ligne de Corbeil. Les voyageurs, au nombre de 1,373,073, y ont contribué pour 4,385,366 fr., ou 63 p. %; les bagages et articles de messagerie (7,000 tonnes) pour 497,649 fr. ou 7 p. %; les grosses marchandises (127,000 tonnes) pour 1,429,834 fr. ou 20 p. %; les voitures, chevaux, chiens, menu bétail, pour 237,696 fr., ou 3 p. %.

Les *dépenses* ont été de 3,286,663 fr., environ 48 p. % des recettes.

(37) Contributions directes et indirectes, subvention aux omnibus, assurance et conservation des bâtiments.

(38) Les recettes du 1er semestre de 1845 ont atteint le chiffre de 4,024,790 fr.; elles ne s'étaient élevées qu'à 3,693,960 fr. en 1844.

Le *bénéfice net* s'est élevé à 3,615,133 fr. ou 7 p. % du capital engagé.

Les dépenses se sont ainsi réparties :

| Administr. et frais généraux. | Entretien et surveillance de la voie. | Traction(39). | Frais divers. | Total. |
|---|---|---|---|---|
| f. | f. | f. | f. | f. |
| 804,359 | 385,392 | 1,204,687 | 898,225 (40) | 3,286,663 |
| ou | ou | ou | ou | |
| 25 p. % | 11 p. % | 40 p. % | 24 p. % | |

(39) Les frais divers comprennent : 1° les contributions et assurances ; 2° les charges imposées par l'administration publique ; 3° la subvention aux omnibus ; 4° les indemnités pour accidents, pertes d'effets, surtaxes, etc. ; 5° le service de l'emprunt ; 6° et les dépenses d'ordre, telles que le remboursement au Trésor du dixième sur les places, et loyer des bureaux de la maison d'administration, et l'indemnité de logement accordée aux gardiens des passages à niveau.

(40) Le parcours moyen par jour des machines en service (au nombre de 19) a été de 180 kil. — La consommation moyenne totale du coke, par kilomètre parcouru, y compris les dépenses des machines de réserve, a été, pour les machines à marchandises, de 11k,43, et pour les machines à voyageurs, de 9k,53. — Le nombre moyen des voitures composant chaque train de voyageurs a été de 11, et le nombre total moyen des voyageurs, par train, de 165 sur la ligne d'Orléans, et de 153 sur la ligne de Corbeil. Rapporté à la distance entière, le nombre moyen des voyageurs par train a été, pour la ligne d'Orléans, de 108, pour celle de Corbeil, de 100. — Le nombre moyen de wagons composant chaque train de marchandises a été de 30, et le poids moyen des marchandises transportées par train de 60 tonnes. La charge moyenne d'un train de marchandises, non compris le poids de la machine et du tender, a

La recette moyenne d'une tonne de marchandise transportée à 1 kil. a été, pour le chemin et l'embranchement, de 0,135, et la dépense moyenne, de 0,069; produit net, 0,066. La recette moyenne par voyageur transporté à 1 kil., a été environ de 0,078 et la dépense de 0,035; produit net, 0,043.

Les voyageurs se sont ainsi répartis entre les trois classes de voitures : 1re classe, 15 p. %; 2e classe, 40 p. %; 3e classe, 45 p, %.

### 45° De Paris à Rouen (131 kil.).

DÉTAILS DIVERS. Entrepris au commencement de 1841, terminé en mai 1843; à 2 voies; 14 stations :

été de 144 tonnes. — Les frais de traction par train et par kilomètre ont été :

| | |
|---|---|
| Frais de traction proprement dit. . . . . . | 0r,993 |
| Entretien des machines et tenders. . . . . | 0 ,330 |
| Entretien des voitures. . . . . . . . . | 0 ,192 |
| | 1r,515 |

Les recettes et dépenses par train et kilomètre ont été : 1° pour le service des voyageurs; produit brut, 8r,509 ; dépenses, 3r,144 ; produit net, 5r,365; 2° pour le service des marchandises : produit brut, 8r,451 ; dépenses, 3r,482 ; produit net, 4r,969 ; 3° pour l'ensemble des services, produit brut, 8r,496 ; dépenses, 3r,236 ; produit net, 5r,260.

Le parcours moyen d'un voyageur sur la ligne de Corbeil (31 kil.) a été de 20k,29 ; sur la ligne d'Orléans (122 kil.), de 79k,16 ; pour les deux lignes (153 kil.) de 47k55. — Le parcours moyen des marchandises sur la ligne d'Orléans a été de 91 k.

Paris, Colombes, Maison, Poissy, Triel, les Mureaux, Epones, Mantes, Bonnières, Saint-Pierre-la-Garenne, Vernon, Saint-Pierre de Vauvray, Tourville-Larivière et Rouen.

FONDS SOCIAL. *Capital*, 36 millions ; *prêt de l'État*, 14 millions ; *total*, 50 millions.

STATUTS. En cas de perte d'une action nominative, la société ne pourra être tenue de délivrer un titre nouveau que moyennant caution, et une année après la déclaration faite par le propriétaire à l'administration de la société. *La société ne pourra être tenue de remplacer une action au porteur perdue.* — Les bénéfices nets se répartissent ainsi : 1° un prélèvement de 1 p. °/₀ au profit de la réserve ; 2° 5 p. °/₀ aux actionnaires sur le capital versé ; 3° 1 p. °/₀ sur le même capital à l'amortissement ; 4° les neuf dixièmes de l'excédant entre les actionnaires ; 5° un dixième aux fondateurs. Quand le fonds d'amortissement sera égal au dixième du capital social, le dixième du montant de chaque action pourra être remboursé, sur la décision de l'assemblée générale. Dans ce cas, le premier dividende de 5 p. °/₀ cessera d'être payé à la portion d'action ainsi remboursée. — Le conseil d'administration se compose de douze membres, propriétaires chacun de 100 actions, renouvelables par sixième d'année en année et rééligibles. (La première assemblée générale a fixé l'indemnité à allouer à l'administration.) — Sera membre de droit de l'assemblée générale, tout porteur de 20 actions possédées ou représentées. *Tout mandataire devra être actionnaire.* L'assemblée sera régulièrement constituée lorsque les actionnaires présents, au nombre de deux cents, représenteront au moins le tiers du capital (11). Les délibérations seront prises à la majorité des

(11) Modifiée ainsi qu'il suit par l'assemblée générale du 31 octobre 1844 : « Au moins le dixième du capital social. »

voix des membres présents. 20 actions donnent droit à une voix ; le même actionnaire ne pourra en réunir plus de cinq.

### COUT DE LA VOIE (au 30 septembre 1844).

| | |
|---|---:|
| Terrains. . . . . . . . . . . | 5,522,937 fr. |
| Terrassements et ouvrages d'art. . . . . | 28,081,037 |
| Pose de la voie. . . . . . . . . | 9,274,551 |
| Matériel. . . . . . . . . . . | 4,233,869 |
| Dépenses générales. . . . . . . . | 2,158,297 |
| Intérêts aux actionnaires. . . . . . . | 2,515,900 |
| Total. . . . | 54,783,591 |

ÉXPLOITATION. Les *recettes*, dans le cours de deux semestres complets (du 30 septembre 1843 au 30 septembre 1844), ont été de 6,167,629 fr., les voyageurs, au nombre de 745,495, y ont contribué (y compris l'excédant des bagages) pour 74 p. %.

Les *dépenses* ont été de 2,991,495 fr., soit 48 p. % des recettes.

Le *bénéfice net* a été de 3,176,104 fr., soit d'un peu plus de 6 p. % du capital engagé. Les dépenses se sont ainsi réparties :

| Administr. et frais généraux. | Entretien et surveillance de la voie. | Traction (**). | Autres dépenses (**). | Total. |
|---|---|---|---|---|
| f. | f. | f. | f. | f. |
| 833,472 | 196,590 | 1,009,780 | 951,683 | 2,991,525 |
| ou | ou | ou | ou | |
| 28 p. %. | 6 p. %. | 34 p. %. | 32 p. %. | |

(42) La compagnie du chemin de Rouen paie, en vertu d'un traité, à un entrepreneur de transports, pour le service et l'entretien des locomotives, 1 fr. 10 c. pour chaque kilomètre que parcourt un convoi de voyageurs, composé de douze voitures et au-

Du 1er octobre 1844 au 30 juin 1845 (9 mois) les *recettes* ont été, de 4,718,386 fr.; les *dépenses* de 2,752,467 fr. ou 58 p. %, des recettes; *profit net*, 1,965,919 fr., ou 4. 33 p. %. Il faut remarquer d'une part que cette période d'exploitation comprend la saison d'hiver, de l'autre, que la compagnie a dû faire, par suite d'un accident arrivé à l'un des ouvrages d'art, des dépenses de réparation plus considérables que les années précédentes. En faisant abstraction de cette dépense extraordinaire, les frais d'exploitation n'ont été que de 43 p. %.

16° *De Montpellier à Nîmes* (52 kil.).

DÉTAILS DIVERS. Commencé en janvier 1842, ouvert en janvier 1845; à double voie; affermé par l'État, pour 12 ans, au prix de 408,008 fr. Dans ce prix, l'intérêt à 3 p. % d'une somme de 900,000 fr. (évaluation du matériel) figure pour 27,000 fr. — La construction de ce chemin, matériel compris, ayant

dessous, ou un convoi de marchandises de vingt-cinq wagons et au-dessous. Elle paie à ce même entrepreneur, et toujours par kilomètre parcouru, pour l'entretien et la réparation des voitures et wagons, 0,0336 par voiture de 1re classe; 0,0168 par voiture de 2e et 3e classe, et 0,0084 par wagon de marchandises marchant à petite vitesse.

(43) Contributions et patentes; impôt du dixième; droit de licence pour les voitures : intérêt et prêt de l'État, et péage à la compagnie de Saint-Germain pour usage de sa gare.

coûté à l'État 14 millions, le prix de bail représente un intérêt de 2, 9 p. °/o. — La circulation, avant l'ouverture du chemin, était évaluée à 146,000 voyageurs. — Il s'embranche sur le chemin de Cette à Montpellier, à l'ouest de cette dernière ville, et se raccorde avec le chemin d'Alais à Beaucaire, à l'est de la ville de Nimes.

FONDS SOCIAL. 2 millions en 4,000 actions de 500 fr.

STATUTS. Les actions nominatives ne pouvant être converties en actions au porteur que lorsqu'elles sont complétement libérées, le cédant reste garant du cessionnaire jusqu'à concurrence des cinq dixièmes. A défaut de versement aux époques déterminées, l'intérêt court de plein droit, à raison de 5 p. °/o, pour chaque jour de retard. En cas de non paiement un mois après une mise en demeure par un avis public, les actions en retard seront vendues publiquement. S'il y a déficit sur le prix de la vente, la société en poursuit le recouvrement par toute voie de droit. En cas de perte d'une action nominative, la compagnie ne peut être tenue d'en délivrer une nouvelle que moyennant bonne et valable caution, et un an seulement après la déclaration du propriétaire par acte extrajudiciaire. — Le bénéfice net de l'exploitation est ainsi réparti : 1° un dixième pour la formation d'un fonds de réserve, qui ne pourra dépasser 200,000 fr.; 2° l'excédant entre tous les actionnaires également. — La société est gérée : 1° par un conseil d'administration de vingt-cinq membres, propriétaires de 20 actions nominatives, renouvelables par dixième chaque année, rééligibles, et n'ayant droit qu'à des jetons de présence; 2° par un comité de direction de trois membres pris dans le conseil d'administration et nommés par lui, n'ayant également droit qu'à des jetons de présence. — L'assemblée générale se compose : 1° des actionnaires propriétaires de 10 actions nominatives, depuis dix jours au moins ;

2° des propriétaires de 20 actions au porteur. 10 actions nominatives ou 20 actions au porteur donnent droit à une voix ; un actionnaire ne peut réunir plus de trente voix. Tout actionnaire peut se faire représenter par un mandataire actionnaire. L'assemblée délibère valablement lorsque les actionnaires sont au nombre de trente au plus, et représentent au moins le dixième du capital social.

COUT DE LA VOIE (au moment de la livraison à la compagnie adjudicataire) :

| | |
|---|---:|
| Terrains, terrassements et ouvrages d'art. . . | 7,931,426 fr. |
| Rails, pose de la voie et ballast. . . . . . | 4,837,811 |
| Matériel. . . . . . . . . . . . . | 983,382 |
| Roulement provisoire et entretien de la voie. . | 30,000 |
| Somme à valoir. . . . . . . . . . . | 217,681 |
| Total. . . . | 14,000,000 fr. |

| CHEMINS. | Longueur exploitée en kil. | Coût par kil. | Recette brute par kil. | Dépense par kil. | Rapport de la dépense à la recette. | Recette nette par kil. | Produit industriel. |
|---|---|---|---|---|---|---|---|
| | | f. | f. | f. | | f. | |
| Saint-Étienne à la Loire | 18 à 1 voie. | 115,920 | 19,413 | 13,360 | 70 p. % | 6,053 | 5,22 p. % |
| Saint-Étienne à Lyon. | 58 à 2 » | 247,214 | 71,035 | 47,940 | 67 » | 23,095 | 9,34 » |
| Andrezieux à Roanne. | 68 à 1 » | 86,872 | 10,549 | 7,732 | 73 » | 2,817 | 3,24 » |
| Montbrison à Monrond. | 15 à 1 » | 20,000 | » | » | » | » | » |
| Paris à Saint-Germain. | 19 à 2 » | 758,766 | 79,295 | 31,668 | 40 » | 47,627 | 6,26 » |
| Versailles (rive droite). | 19 à 2 » | 869,671 | 70,913 | 37,959 | 53 » | 32,954 | 3,78 » |
| Mulhouse à Thann. | 20 à 2 » | 142,587 | 9,000 | 3,600 | 40 » | 5,400 | 3,78 » |
| Chemins du Gard. . . | 92 à 2 » | 193,152 | 19,648 | 10,065 | 51 » | 9,583 | 4,96 » |
| Versailles (rive gauche) | 17 à 2 » | 932,787 | 52,347 | 34,589 | 66 » | 17,758 | 1,90 » |
| Montpellier à Cette. . | 28 à 1 » | 436,446 | 16,357 | 11,293 | 61 » | 5,064 | 3,71 » |
| Bordeaux à la Teste. . | 52 à 1 » | 429,000 | 5,202 | 4,255 | 82 » | 947 | 0,73 » |
| Strasbourg à Bâle. . . | 141 à 2 » | 309,217 | 16,800 | 11,192 | 66 » | 5,608 | 1,81 » |
| Lille à la Belgique. . . | 14 à 2 » | 510,860 | 19,662 | 24,231 | 123 » | » | » |
| Valenciennes à la Belg. | 13 à 2 » | 312,846 | 7,942 | 9,114 | 114 » | » | » |
| Paris à Orléans. . . . | 133 à 2 » | 372,634 | 51,893 | 19,309 | 37 » | 32,584 | 8,74 » |
| Paris à Rouen. . . . . | 131 à 2 » | 395,295 | 47,081 | 19,897 | 40 » | 27,184 | 6,87 » |
| Montpellier à Nîmes. . | 52 à 2 » | 269,231 | » | » | » | » | » |
| Totaux et moyennes. | 890 (44) | 341,323 | 32,221 | 19,017 | 65 | 16,777 | 4,64 (45) |

TABLEAU RÉCAPITULATIF D'APRÈS L'EXERCICE 1844 (CHEMINS ÉTRANGERS).

| CHEMINS. | Longueur exploitée en kil. | Coût par kil. | Recette brute par kil. | Dépense par kil. | Rapport de la dépense à la recette. | Recette nette par kil. | Produit industriel. |
|---|---|---|---|---|---|---|---|
| | | f. | f. | f. | | f. | p. % |
| Américains. . . . . . | 6,814 | 153,242 | 9,000 | 4,260 | 57 p. % | 4,740 | 3,09 (44 |
| Anglais. . . . . . . . | 2,865 | 529,462 | 48,734 | 19,600 | 40 » | 29,464 | 4,81 |
| Allemands. . . . . . . | 2,429 | 134,800 | 19,000 | 8,900 | 47 » | 10,100 | 7,42 (47 |
| Belges. . . . . . . . . | 559 | 302,939 | 20,090 | 9,777 | 48 » | 10,313 | 3,43 |
| Hollandais. . . . . . . | 167 | 150,909 | 15,192 | 7,527 | 50 » | 7,665 | 5,79 |
| Italiens. . . . . . . . | 100 | 200,000 | 11,937 | 3,589 | 43 » | 8,348 | 4,17 |
| Russes. . . . . . . . . | 27 | 247,000 | 37,707 | 17,522 | 46 » | 20,185 | 9,30 |

(44) Dont 181 à simple voie; en y ajoutant 123 kil. de chemins de houillière à une voie, on a un total de 1723 k. à simple voie.

(45) Ces moyennes ont été calculées pour tous les chemins français réunis. Elles se modifient ainsi, si on ne ti compte que des chemins à deux voies :

Coût par kil.   Recette brute par kil.   Dépense par kil.   Rapport de la dépense à la recette.   Recette nette.   Produit industri
442,871 fr.     37,134 fr.               20,797 fr.         56 p. %                               16,337 fr.       3,69 p. %.

Enfin, si on néglige les deux tronçons de Lille et de Valenciennes, dont l'exploitation a eu lieu dans des conditio que nous croyons exceptionnelles, on aura les résultats suivants pour les chemins à deux voies.

Coût par kil.   Recette brute par kil.   Dépense par kil.   Rapport de la dépense à la recette.   Recette nette.   Produit industri
449,055 fr.     47,557 fr.               24,024 fr.         50 p. %                               23,533 fr.       5,24. p %.

(46) Ces moyennes n'ont été calculées que pour les 2,490 kil. dont il est question à la page 6 (chemins américain

(47) Ces moyennes ne sont relatives qu'aux douze chemins, formant 1,454 kil., dont il est question à la page 21 (ch mins allemands).

Dans la partie de ce tableau qui concerne les chemins français, nous n'avons compris au chiffre de la dépense que les frais proprement dits, et déduction faite de l'intérêt des emprunts, du service de réserve et de l'amortissement. Toutefois, il est un certain nombre de chemins pour lesquels les documents que nous avons consultés ne nous ont pas permis de faire cette distinction, ce sont ceux de *Saint-Étienne à la Loire*, de *Saint-Étienne à Lyon*, de *Mulhouse à Thann*, et du *Gard*. Si aux frais d'exploitation proprement dits on ajoute le service des emprunts, les rapports que nous avons donnés à la colonne 6, se modifient plus ou moins sensiblement, ces dépenses particulières étant, en effet, par rapport aux frais d'exploitation, dans la proportion suivante :

| | | | |
|---|---|---|---|
| Saint-Germain. . . . | 67 p. % | Bordeaux à la Teste. | 25 p. % |
| Versailles (rive dr.). | 44 | Montpellier à Cette. | 20 |
| Orléans. . . . . . . | 20 | Versailles (rive g.). . | 8 |
| Andrezieux à Roanne. | 26 | Rouen à Paris. . . . | 15 |
| Strasbourg à Bâle. . | 9 | | |

Ce qui donne, pour la dépense totale, la proportion suivante, par rapport aux recettes.

| | | | |
|---|---|---|---|
| St-Germain. . . . . | 66 p. % | Bordeaux à la Teste. | 102 p. % |
| Versailles (rive dr.). | 75 | Montpellier à Cette. . | 73 |
| Orléans . . . . . . | 44 | Versailles (rive g.). | 71 |
| Andrezieux. . . . . | 92 | Rouen. . . . . . . . | 48 |
| Strasbourg. . . . . | 72 | | |

Et pour le produit industriel (dont il faut déduire la réserve et l'amortissement), les chiffres ci-après :

| | | | | | |
|---|---|---|---|---|---|
| St-Germain. . . . . | 3 fr. 47 c. | Bordeaux à la Teste. | (déficit) |
| Versailles (rive dr.). | 2 . . | Montpellier à Cette. | 3 fr. 37 c. |
| Orléans. . . . . . . | 7 70 | Versailles (rive g.). | 4 ·61 |
| Andrezieux. . . . . | 0 87 | Rouen. . . . . . . | 6 49 |
| Strasbourg. . . . . | 4 50 | | |

En ramenant aux mêmes termes les frais d'exploitation proprement dits des 9 chemins dont il vient d'être question, on trouve que, pour chacun d'eux , le rapport de la dépense partielle à la dépense totale a été, en 1844, ainsi qu'il suit :

| | St-Germain. | Versailles (r. d.) | Orléans. | Andrezieux. | Strasbourg. | Montpellier. | Versailles (r. g.) | Rouen. |
|---|---|---|---|---|---|---|---|---|
| | p. % | p. % | p. % | p. % | p. % | p. % | p. % | p. % |
| Administr. et frais génér. (48). | 23 | 25 | 37 | 20 | 37 | 62 | 50 | 53 |
| Entretien et surveill. de la voie. . . | 26 | 46 | 45 | 8 | 46 | 44 | 44 | 7 |
| Tract. (49). | 54 | 59 | 48 | 72 | 47 | 27 | 36 | 40 |

On lira avec intérêt le document officiel suivant sur le nombre des locomotives qui circulaient au 1er janvier 1844 sur les chemins de fer français :

(48) Y compris les charges de l'exploitation, les frais de l'administration, les frais des gares, le traitement des commissaires de police, etc., etc.

(49) Y compris le combustible, huile, graisse, entretien du matériel roulant, le traitement des mécaniciens, chauffeurs, conducteurs, etc., etc.

| Chemins. | Locomotives | | Franç. | Ètrang. | Total. |
|---|---|---|---|---|---|
| | à 4 roues. | à 6 roues. | | | |
| Houillière de Bert. . . . . | 2 | » | 2 | » | 2 |
| Chemin du Gard. . . . . . . | » | 19 | 3 | 16 | 19 |
| De Bordeaux à la Teste. . . | 3 | 5 | 4 | 4 | 8 |
| De Montpellier à Cette. . . | 3 | 3 | » | 6 | 6 |
| De St-Étienne à Andrezieux. | 3 | » | 2 | 1 | 3 |
| D'Andrezieux à Roanne. . . | 7 | » | 7 | » | 7 |
| De Lille à la Belgique. . . | » | 7 | 7 | » | 7 |
| De Valenciennes à la Belgique. . . . . . . . . . | » | 6 | 6 | » | 6 |
| D'Anzin à Abscon. . . . . | 6 | » | 4 | 2 | 6 |
| Mulhouse à Thann et Strasbourg à Bâle. . . . . . . | 3 | 26 | 26 | 3 | 29 |
| Lyon à St-Étienne . . . . | 23 | 4 | 23 | 4 | 27 |
| Versailles (rive droite) et St-Germain. . . . . . . . . | 6 | 44 | 12 | 38 | 50 |
| Versailles (rive gauche). . . | 3 | 13 | 2 | 14 | 16 |
| Orléans et Corbeil. . . . . . | » | 46 | 6 | 40 | 46 |
| Paris et Rouen. . . . . . . | » | 24 | 24 | » | 24 |
| | 56 | 200 | 128 | 128 | 256 |

Des progrès sensibles ont été faits, comme on sait, dans la construction des machines ; leur puissance a été considérablement augmentée, et cependant la dépense de combustible réduite dans de fortes proportions. Pour accroître la puissance, on s'est surtout attaché à agrandir la dimension des chaudières. Ainsi, dans les premières machines à 4 roues, la *surface de chauffe réduite* (comprenant la surface de chauffe du foyer et 1/3 seulement de la surface des tubes) ne dépassait pas 13 mètres carrés ; elle était de 21 mètres dans les machines de la maison Sharp et Roberts en 1842, et de 26 dans les dernières machines de M. Stephenson, dont les tubes ont 3 mètres 69 cent. de longueur, tandis que, dans les machines Sharp et Roberts de 1842, elles n'étaient que de 2 mèt. 54 cent. Il résulte de ce fait non pas seulement une augmentation de puissance motrice, mais encore un meilleur emploi du combustible dont le calorique est mieux utilisé. Les dimensions des foyers n'ont pas varié dans le même rapport; ils contiennent aujourd'hui de 4 à 5 ½ kilog. (50). D'après un document souvent cité sur les progrès de la puissance tractive des machines, une locomotive ne transportait, en 1825, un convoi de 30 tonnes qu'à une vitesse de 9 kil. 65 par heure, avec une dépense de 1 kil. 05 par tonne et par kil. En Angleterre, nous avons vu que les convois de grande vitesse, ayant un poids moyen de 39 à 40 tonnes, marchent à une vitesse moyenne de près de 64 kil. à l'heure. Quant à la dépense en combustible, elle n'était plus, en 1839, que de 0 kil. 21 par tonne et kil. Depuis cette époque elle a encore été l'objet d'une réduction notable. Ainsi sur les chemins de fer de l'Alsace, on est parvenu

(50) Une locomotive appelée *great Britain* vient d'être construite pour le chemin de Bristol et Birmingham; elle peut traîner avec une bonne vitesse un convoi de plus de 1,000 tonnes, et elle a gravi la pente de Lickey, sur ce chemin, avec une charge de 150 tonnes, surmontant ainsi une rampe de 1 mèt. sur 37, force jusqu'à ce jour inconnue. Voici ses dimensions : Diamètre du cylindre, 18 pouces anglais; longueur du piston, 26 pouces; six roues couplées de 46 pouces. C'est la plus grande locomotive qui ait encore été faite.

à réduire la consommation du coke à 6 kilog. 87 (51) par machine et par kil.; mais l'expérience la plus décisive est celle qui s'est faite avec une machine à 6 roues couplées de Stephenson, en octobre 1843, sur le chemin de Brunswick au Harz; cette machine, en effet, a traîné un convoi de 81 tonnes, à la vitesse moyenne de 35 kil. à l'heure, dans des conditions de pentes et de vent assez défavorables, et avec une dépense de 8 kilog. de coke par kilom. parcouru. Voici le tableau du major Poussin, complété à l'aide des résultats de cette dernière expérience :

| Années. | Noms des locomotives. | Charge de la machine. | Vitesse par heure. | Consommation de combustibles par tonne et kil. |
|---|---|---|---|---|
| | | tonnes. | kil. | kilgr. |
| 1825 | Ancienne locomotive. | 40 | 9,65 | 1,05 |
| 1829 | Rocket. . . . . . . . | 40 | 25,13 | 0,50 |
| 1834 | Firefly. . . . . . . . | 40 | 43,32 | 0,25 |
| 1839 | Northstar. . . . . . | 40 | 62,04 | 0,21 |
| 1843 | Machine Stephenson couplée. . . . . . | 40 | 70 » | 0,09 |

(51) Au prix de 6 fr. 25 c. auquel le coke a été vendu en 1844 à la compagnie de Strasbourg, la dépense de combustible par kil. et locomotive a été de 0 fr. 42.94. En supposant que les convois aient été en moyenne de 36 tonnes, c'est une dépense de 1 cent. 19 par tonne et par kil. En 1842, elle avait été, sur les chemins de fer aboutissant à Paris, de 1 cent. 60. L'économie, comme on voit, est considérable; seulement, il est à regretter que nous ne connaissions pas la vitesse moyenne des convois du chemin de Strasbourg. Profitons de l'occasion que nous offre cette dernière remarque, pour dire que les comptes-rendus des administrations des chemins de fer

On compte en Angleterre 7 locomotives par 2 myriamètres; en Belgique et en France, 3 locomotives par myriamètre; en Allemagne, 1 locomotive 1,5 par mille allemand ou 7 kil. 66.

D'après le résultat de la dernière adjudication pour le chemin du Nord (sept. 1844), une machine locomotive avec son tender et pièces de rechange coûte, en France, au minimum 44,800 fr., et au maximum 52,900 f. (52). Les locomotives anglaises employées sur le chemin belge ont coûté, en moyenne, 37,715 fr.

sont fort incomplets au point de vue de la science. Nous ne faisons d'exception que pour le chemin d'Orléans, et nous recommandons comme modèle aux autres administrations le rapport aux actionnaires de ce chemin pour 1844. On y trouve tous les renseignements qui peuvent intéresser le savant et le praticien.

(52). En 1844, l'assiette et le montant des droits à l'importation sur les locomotives étrangères ont été changés. Jusqu'en 1837, elles avaient payé un droit *ad valorem* de 30 p. °/₀, comme les machines à vapeur fixe. Une ordonnance du 15 mars de cette année, pour favoriser les compagnies de chemins de fer qui se formaient alors, rangea les locomotives dans la classe des machines à dénommer, et imposées au droit de 15 p. °/₀ seulement. Aux termes de la nouvelle législation, les locomotives et les tenders devront payer : les premières, 65 f. ; les secondes, 45 f., par 100 kilog., soit :

Pour une locomotive pesant 14 tonnes. . . . 9,100 fr.
Pour un tender pesant 5 tonnes 1/2. . . . . 2,475
Total. . . . 11,575 fr.

En supposant qu'une machine anglaise de ce poids vaille, en arrivant dans nos ports, 40,000 fr., elle pourra entrer au prix total de 51,575 fr.

sans le tender, et 41,989 fr. avec le tender; les loco-motives belges 37,787 fr. en moyenne, sans le tender, et 41,971 f. avec le tender (53).

Dans l'opinion de beaucoup d'ingénieurs, le nom-bre de machines nécessaire à une bonne exploitation doit être compris entre le double et le triple de celles qu'on est obligé d'allumer chaque jour. En ne con-fiant une locomotive qu'à un seul machiniste par jour, dit M. Bineau, comme il convient de le faire, l'activité journalière d'une machine est limitée au temps de travail du machiniste, soit à huit heures environ. On peut donc demander journellement un travail de 100 kil. aux machines qui transpor-tent la houille à la vitesse de 12 kil., et de 240 à 320 kil. à celles qui entraînent les convois de voya-geurs, à la vitesse de 30 à 40 kilom. par heure (54). Comme leur travail journalier moyen n'est que de 50

---

(53). Une locomotive pèse ordinairement 18 tonnes, et le tender, lorsqu'il est plein, 10 tonnes. Voici la décomposition du poids total d'un convoi de marchandises composé comme le train normal du chemin de Rouen :

| | |
|---|---|
| Locomotive. . . . . . . . . . | 18 tonnes. |
| Tender (plein). . . . . . . . | 10 |
| 25 wagons pesant à vide. . . . | 68 |
| Charge utile. . . . . . . . . | 100 |
| Total. . . . | 496 tonnes. |

(54). Le parcours moyen, par jour, des machines en service sur le chemin de Paris à Orléans, a été, en 1844, de 180 kil.

pour les premières, et de 100 pour les secondes, il en résulte que celles-ci ont de un à deux jours de repos pour un jour d'activité; c'est, en effet, là, le résultat habituel de la pratique, à l'exception des premiers mois, pendant lesquels toutes les machines, étant neuves, n'ont besoin que de légères réparations. D'autres auteurs indiquent un parcours moyen annuel possible plus considérable. Sur les *chemins du Gard*, en 1842, 13 machines ont effectué un parcours de 381,531 kil., ce qui donne, en moyenne, par machine, 29,348 par an; sur le chemin de *Saint-Étienne à Lyon*, le parcours moyen, en 1842, a été de 24,400 kil. par an; sur le chemin de fer de *Montpellier à Cette*, il a été de 20,600 kil.; sur les *chemins de l'Alsace*, également de 20,600 kil., en 1842, et de 19,712 en 1844; sur le *chemin de Corbeil* de 19,000 kil.; sur les chemins de *Saint-Germain et Versailles* (rive droite) de 21,700 kil.; sur le *chemin de Versailles* (rive gauche) de 18,000 kil.; sur les *chemins belges* de 18,800; sur les *chemins anglais* de 25 à 30,000 kil. le parcours maximum a été ainsi qu'il suit en 1842, pour les chemins suivants :

| | |
|---|---|
| Chemin du Gard. . . . . . . . . | 33,524 kil. |
| Id. de l'Alsace. . . . . . . . | 25,588 |
| Saint-Germain et Versailles. . . . . . | 23,753 |
| Versailles (rive gauche). . . . . . . | 16,063 |
| Chemins belges. . . . . . . . . | 26,505 [55]. |

(55). Les réparations courantes des machines locomotives sont

PARCOURS PARTIEL. L'expérience a démontré que le parcours partiel (ou le transport des voyageurs et des marchandises aux stations intermédiaires) sur les

faites par les mécaniciens eux-mêmes, pendant les intervalles de marche. Ainsi, dans un mois, une machine fonctionne 15 à 18 jours et reste ensuite à l'atelier pour y subir ces menues réparations. Elles consistent dans le nettoyage de la chaudière ou l'enlèvement des dépôts produits par une eau impure, le resserrement des garnitures, la reconstruction des joints en mauvais état, le remplacement de viroles de tubes, l'entretien du mécanisme des garnitures de piston des attelages, le renouvellement des boîtes à graisse, le recerclage des roues, et dans toutes les réparations qui peuvent se faire en peu de temps et n'exigent pas la démolition de la machine.

On entend par grandes réparations le changement d'un foyer, d'une garniture de tubes ou d'une paire de cylindres. Elles entraînent une reconstruction partielle de la machine et emploient un temps assez considérable.

Il est de bonne administration, dit M. Jules Pétiet, de n'employer que le nombre de machines nécessaires pour faire le service *sans fatigue*. On fatigue une machine quand on l'emploie seule dans un long trajet, parce que, dans le cours de ce trajet, il peut arriver quelque dérangement insignifiant à son mécanisme qui, n'étant pas réparé sur-le-champ, s'aggrave quelquefois et donne lieu à des accidents. Aussi ne fait-on pas marcher les locomotives plus de 60 à 80 kil. sans les arrêter pour les visiter. Une bonne machine peut faire de 60 à 80,000 kil. sans avoir besoin de grandes réparations, pourvu que l'on fasse usage d'eau de bonne qualité.

Les frais d'entretien des machines et tenders se sont élevés, en 1844, sur le chemin d'Orléans à 0,330, et sur le chemin de Londres à Birmingham, en 1843, à 0,3549.

chemins de fer est au moins égal au parcours total,
toutes les fois qu'ils traversent une contrée bien peu-
plée. Voici quelques documents à ce sujet, pour les
chemins de l'Europe et des États-Unis.

| CHEMINS. | RAPPORT | |
|---|---|---|
| | du parcours partiel à la circulation générale. | des voyageurs du parcours partiel à tous les voyageurs. |
| Français. . . . | 0,53 | 0,61 |
| Belges. . . . . | 0,65 | 0,72 |
| Anglais. . . . | 0,52 | 0,79 |
| Allemands. . . | 0,50 | 0,75 |
| Américains. . . | 0,35 | 0,63 |

Les chemins de fer français sur lesquels le parcours
partiel est le plus faible sont : Les chemins de *Montpellier à Cette* (0,20), de *Versailles* (rive gauche)
(0,21), *Saint-Germain* (0,27), *Versailles* (rive droite)
(0,28).

Ainsi le parcours partiel le plus fort a lieu, comme
il fallait s'y attendre, sur les chemins à parcours développé. C'est ce qu'on vérifie, en effet, sur les routes de Strasbourg et de Lyon où il est, en moyenne,
de 85 p. %.

Il a été remarqué que le parcours partiel est plus
considérable pour les voyageurs de 2ᵉ et 3ᵉ classes
que pour les autres; c'est ce que démontre le tableau
suivant qui indique la distance moyenne parcourue
par chaque voyageur des trois classes :

| Lignes. | Première classe. | Deuxième classe. | Troisième classe. |
|---|---|---|---|
| | kil. | kil. | kil. |
| Paris à Corbeil. . . | 20,4 | 20,0 | 19,5 |
| Lyon à St.-Étienne. | 34,0 | 33,4 | 22,0 |
| Strasbourg à Bâle. . | 45,5 | 33,3 | 26,9 |
| Le chemin belge. . | 54,5 | 39,0 | 26,5 |

Le parcours moyen sur les deux lignes d'Orléans et de Corbeil, formant ensemble 153 kilom., a été de 47 kil. 55.

ACCIDENTS. Terminons par le document suivant qui nous paraît de nature à faire cesser les craintes exagérées que des accidents, déplorables sans doute, mais chaque jour plus rares, ont fait concevoir sur les dangers de la locomotion sur la voie de fer.

BELGIQUE. De 1835 à 1839, période pendant laquelle les chemins n'avaient qu'une voie et les gares d'évitement n'étaient autres que les gares de station, on ne compte que 15 personnes tuées et 16 blessées, et sur ces deux chiffres, 3 voyageurs seulement ont été tués et 2 blessés. Sur 6,609,215 voyageurs transportés, il n'y a eu que 1 mort sur 2,203,215 voyageurs. Les 6,609,645 voyageurs belges représentent le chargement complet de 380,482 diligences de 20 places, ou le travail d'une diligence partant tous les jours au complet pendant 900 ans.

En 1840 et 1841, le nombre des voyageurs s'est élevé à 5 millions; le chiffre des victimes a été de 19 tués et 27 blessés. En 1842, la circulation a été de 2,716,755 et le chiffre des victimes de 14 :

| CATÉGORIES D'ACCIDENTS. | 1841. | | 1842. | |
|---|---|---|---|---|
| | Tués. | Blessés. | Tués. | Blessés. |
| 1<sup>re</sup> catégorie { Accidents d'une nature générale. Voyageurs.. . . . . . . . | 1 | 6 | » | 2 |
| 2<sup>e</sup> catégorie { Victimes de leur imprudence. Voyag. . | 2 | 4 | » | 1 |
| Personnes traversant la voie. . . . . . . . | 2 | 9 | 2 | » |
| Suicides. . . . . . . | 3 | 7 | 1 | » |
| 3<sup>e</sup> catégorie { Employés des chemins de fer. . . . . | 11 | 1 | 4 | 4 |
| Total. . . . . . . . . | 19 | 27 | 7 | 7 |

ANGLETERRE. Voici un relevé pour 42 mois, du 1<sup>er</sup> août 1840 au 1<sup>er</sup> janvier 1844. Il faut observer qu'en Angleterre, la vitesse est moyennement plus grande qu'en France et en Belgique. Les accidents sont divisés en trois catégories : 1° Sortie des rails, collisions des convois, éboulements, bris d'essieu; 2° accidents du fait des personnes victimes, soit en descendant d'un convoi en marche, soit en y montant, soit enfin en traversant la voie au moment du passage d'un convoi; 3° accidents dont les victimes sont les agents des chemins de fer.

Accidents sur 50 chemins de fer, de 1840 à fin de décembre 1841.

| | | | |
|---|---|---|---|
| 1<sup>re</sup> catégorie. · 57 accidents. | 46 tués. | 203 blessés. |
| 2<sup>e</sup> » 52 » | 23 » | 30 » |
| 3<sup>e</sup> » 95 » | 46 » | 62 » |
| Total. . . 204 accidents. | 115 tués. | 295 blessés. |

Pour 15 millions de voyageurs transportés, c'est
1 mort pour 326,086 dans la 1<sup>re</sup> catégorie; 1 mort
pour 652,172 pour les 2 catégories; 1 mort pour
217,536 voyageurs, et pour les trois catégories, 1 mort
pour 130,455. Il faut remarquer que la 1<sup>re</sup> catégorie
est la seule significative.

En 1841, on a constaté ¼ d'accidents de moins qu'en
1840. Pour 1841, on trouve, parmi les causes d'accidents, les indications suivantes : Trois fois, *sauté
hors du wagon pour rattraper son chapeau*; douze
fois, *sauté hors du wagon*; six fois, *écrasé en traversant la ligne à l'arrivée d'un convoi*; plusieurs fois,
*tué en dormant sur les rails* ou *tombé du haut des voitures où il était monté sans permission*.

En 1842, sur 61 chemins de fer qui ont transporté
18 millions de voyageurs, et dont le parcours a été
chaque semaine de 273,000 kil., ou plus de sept fois
le tour de la terre, les accidents sont devenus encore
plus rares.

| 1<sup>re</sup> catégorie. | 19 accidents. | 5 tués. | 14 blessés. |
|---|---|---|---|
| 2<sup>e</sup> » | 47 » | 26 » | 22 » |
| 3<sup>e</sup> » | 77 » | 42 » | 35 » |
| Total. . . | 133 accidents. | 73 tués. | 71 blessés. |

Sur les 5 victimes de la 1<sup>re</sup> catégorie, une seule avait
pris toutes les précautions convenables et n'avait
aucune imprudence à se reprocher; ce serait donc,
dans ce cas, 1 mort pour 18 millions de voyageurs;

mais en prenant les chiffres tels qu'ils sont, on trouve que dans la 1re catégorie il y a eu 1 mort pour 3,600,000 voyageurs, et environ 1 blessé pour 1,200,000 voyageurs. Dans la 2e catégorie, 1 mort pour 692,076 voyageurs, et pour les deux réunies 1 mort pour 580,645 voyageurs. Dans les 3 catégories réunies, 1 mort sur environ 250,000 voyageurs.

En 1843, les résultats sont encore plus rassurants.

| | | | |
|---|---|---|---|
| 1re catégorie. | 5 accidents. | 3 tués. | 3 blessés. |
| 2e » | 41 » | 24 » | 17 » |
| 3e » | » » | » » | » » |
| Total. . . 46 accidents. | | 27 tués. | 20 blessés. |

En recherchant les causes de ces accidents, on trouve que 18 personnes ont été tuées ou blessées, en traversant la voie, malgré le règlement, et que 7 d'entre elles étaient ivres; 2 individus tués étaient sourds et muets; 2 voyageurs ont été tués et 5 ont été blessés en voulant descendre du train ou y monter pendant qu'il était en mouvement; 2 ouvriers, dont 1 ivre, ont été tués sur la ligne.

FRANCE. *Chemins de Paris à Saint-Germain et à Corbeil.* Sur ce dernier chemin, du 10 septembre 1840, époque de son ouverture, au 30 juin 1843, il a circulé 2,200,000 voyageurs, dont 1 seul a été blessé; aucun n'a été tué. — Sur le chemin de Paris à Saint-Germain, du mois d'août 1837, jusqu'en décembre

1844, on a transporté plus de 6 millions de voyageurs, dont 1 seul a été tué en 1842. Les blessures et contusions ont été dans la proportion de 1 voyageur blessé pour près de 100,000.

D'après un relevé officiel pour le 1er semestre de 1843, sur les six chemins qui aboutissent à Paris, et dont le développement total est de plus de 340 kil. du 1er au 30 juin 1843, il a circulé 18,446 convois chargés de 1,889,718 voyageurs; le parcours a été de 510,215 kil. ou environ 127,554 lieues, et dans tout ce temps et ce parcours, aucun voyageur n'a été tué ni blessé; les trois seules victimes étaient des agents des compagnies.

Mettons en regard de ce résultat le tableau des victimes faites par les voitures circulant dans Paris, en 7 ans, de 1834 à 1840 :

| | | |
|---|---|---|
| 1834. | 134 blessés. | 4 tués. |
| 1835. | 214 » | 12 » |
| 1836. | 220 » | 5 » |
| 1837. | 361 » | 11 » |
| 1838. | 366 » | 19 » |
| 1839. | 384 » | 9 » |
| 1840. | 394 » | 14 » |

# TROISIÈME SECTION.

## CHEMINS CONCÉDÉS OU ADJUGÉS JUSQU'AU 1ᵉʳ JANVIER 1845.

### *De Rouen au Havre* (92 kil.).

FONDS SOCIAL : *prêt de l'État*, 10 millions ; *subvention*, 8 millions ; *id.* de la ville du Havre, 1 million.; *capital social*, 20 millions ; *total*, 39 millions.

TRACÉ GÉNÉRAL. Le chemin s'embranche sur celui de Paris à Rouen, au-delà du point de bifurcation ; le tracé traverse ensuite la Seine en amont du pont d'Orléans, passe sous la montagne Sainte-Catherine, franchit la vallée de Darnetal, et après avoir contourné la ville de Rouen par les boulevards, il s'élève sur le plateau de la Normandie qu'il traverse par Yvetot et la vallée de Bolbec, et arrive au Havre, après avoir touché Harfleur.

PRODUIT PROBABLE (d'après le rapporteur du projet de loi). Recette brute: *Voyageurs* : 1,320,000 francs.; *marchandises*, (en supposant que la compagnie réduise la moyenne du tarif à 12 cent. comme celle de Rouen), 3,168,000 fr., total, 4,488,000 fr. En déduisant 50 p. % pour la dépense, il reste un produit net de 2,244,000 fr., soit, pour un capital social de 20 millions, un peu plus de 11 p. %, pour les trois premières années. C'est à partir de ces trois premières années que devront commencer (voir le cahier des charges) le payement des intérêts du prêt fait par l'État et son remboursement.

SITUATION DES TRAVAUX. Au 1er août 1845, les travaux d'art étaient terminés, à très peu d'exceptions près; il en était de même des remblais, à l'exception de 90,000 mètres cubes à Maromme. On s'accorde à penser que la circulation aura lieu au commencement de mai 1846.

STATUTS. Les certificats d'actions ne seront échangés contre un titre définitif, qu'après payement du dernier dixième. Les cédants des actions non encore libérées sont garants solidaires de leurs cessionnaires, mais seulement jusqu'à concurrence des trois premiers dixièmes du prix des actions; à défaut de payement aux époques fixées, l'intérêt est dû à raison de 5 p. °/₀ pour chaque jour de retard, et les actionnaires seront soumis tant à l'action personnelle qu'à l'action réelle, lesquelles pourront être exercées simultanément ou divisément : la vente de l'action a lieu aux risques et périls de l'actionnaire retardataire. En cas de perte d'une action nominative, la société ne pourra être tenue de délivrer un titre nouveau que moyennant caution, et un an après la déclaration du propriétaire. Les actions au porteur perdues ne seront pas remplacées.— Le bénéfice net sera ainsi réparti : 1° Un prélèvement, à fixer chaque année par l'assemblée générale, pour former une réserve : 2° 5 p. °/₀ de l'excédant aux actionnaires sur le capital versé : 3° 1 p. °/₀ de ce capital à l'amortissement. 4° Le surplus sera divisé par vingtièmes, dont 16 aux actionnaires, 1 aux administrateurs et 3 aux fondateurs. Les actions amorties n'auront droit qu'au partage des vingtièmes. — La société est gérée par un conseil d'administration de neuf membres, propriétaires chacun de 100 actions, et rééligibles. Le minimum du vingtième attribué aux ad-

ministrateurs sera au moins de 65,000 fr. Les délibérations pour
être valables, devront être prises par trois administrateurs au
moins. — L'assemblée générale se compose de tout porteur de 20
actions possédées ou représentées; tout mandataire doit être actionnaire. L'assemblée sera régulièrement constituée lorsqu'elle
comptera 100 actionnaires présents, et représentant au moins le
quart du capital social; elle délibérera à la majorité des membres
présents. 20 actions ne donnent droit qu'à une voix, et le même
actionnaire ne pourra en avoir plus de cinq.

### De Marseille à Avignon (120 kil.).

FONDS SOCIAL. 20 millions.

PRODUIT PROBABLE. La circulation actuelle par la voie
de terre est de 164,000 voyageurs et 209,000 tonnes de marchandises.

TRACÉ GÉNÉRAL. Passe par Tarascon et Arles, et se
relie avec le chemin de Beaucaire à Nîmes.

SITUATION DES TRAVAUX. Au 1er avril 1845, les projets généraux et les plans parcellaires étaient approuvés sur une longueur de 115,550 mètres, et les terrassements à peu près terminés pour 70 kil.; l'ouverture, sur une longueur de 100 kil., est espérée pour
le printemps de 1847.

STATUTS. A défaut de payement du montant des actions, l'intérêt est dû à 5 p. %, pour chaque jour de retard; la vente de l'action, quand elle aura lieu, se fera aux risques et périls de l'actionnaire retardataire, sans préjudice du droit de la société de le
poursuivre personnellement. Les promesses d'actions ne pourront
être converties en titres au porteur, qu'après le payement des

trois premiers dixièmes du montant de chaque action. Elles ne seront converties en actions, qu'après le payement du dernier dixième. Il ne peut être réclamé aucun nouveau titre en remplacement d'un titre au porteur perdu. Un nouveau titre ne sera remis en remplacement d'une action nominative perdue, que deux ans après la déclaration du propriétaire par acte extrajudiciaire. — Les bénéfices nets seront ainsi répartis : 1° 1 1/2 p. °/₀ du capital social réalisé par les versements faits sur les actions, sera attribué à l'amortissement. 2° Un dixième du surplus sera prélevé pour former un fonds de réserve. 3° Ces deux prélèvements opérés, un premier dividende de 5 p. °/₀ sur le montant du capital versé sera réparti entre les actions amorties et non amorties. La portion de ce dividende afférente aux actions amorties sera versée à l'amortissement. L'excédant sera réparti entre toutes les actions amorties ou non ; dès que le fonds de réserve excédera 2 millions, le prélèvement de 10 p. °/₀ pourra être suspendu. — La société est gérée par un conseil d'administration de 24 membres, propriétaires chacun de 100 actions nominatives, rééligibles, et par un directeur. Les membres du conseil ne reçoivent que des jetons de présence, sauf décision contraire par l'assemblée générale pour ceux d'entre eux qui seraient chargés d'un service spécial ou permanent. Le directeur doit être propriétaire de 200 actions nominatives. Les délibérations du conseil sont prises à la majorité des membres présents ou représentés. Les membres présents doivent être au moins cinq. — L'assemblée générale se compose : 1° des actionnaires propriétaires de 40 actions nominatives depuis un mois, lesquelles n'auront qu'une voix par 40 actions, sans qu'ils puissent réunir plus de dix voix. 2° Des propriétaires de 80 actions au porteur, avec la même clause restrictive quant au nombre des voix que ci-dessus. Tout actionnaire peut se faire représenter par un mandataire actionnaire et membre de l'assemblée. L'assemblée délibère à la majorité des membres présents ou représentés.

*D'Orléans à Bordeaux* (475 kil. se répartissant ainsi : d'Orléans à Tours, 120 kil. ; de Tours à Poitiers, 109 ; de Poitiers à Angoulême, 118 ; d'Angoulême à Libourne, 97 ; de Libourne à Bordeaux, 31). Adjugé, le 8 octobre 1844, moyennant un rabais sur le maximum de durée de jouissance fixé par le cahier des charges (41 ans 16 jours), de 13 ans, 3 mois et 8 jours, ce qui réduit la durée de la concession à 28 ans 278 jours, mais seulement à partir de l'ouverture de la ligne entière.

FONDS SOCIAL. Le chemin d'Orléans à Tours n'aura pas coûté plus de 16 millions (le chiffre de l'allocation était de 17), même avec la construction d'une gare spéciale à Orléans, pour la part des dépenses afférente à l'État. Le coût de la section de Tours à Bordeaux est évalué (toujours pour la part contributive de l'État) à 54 millions. Le gouvernement a estimé à 70 millions (150,000 fr. par kil.) la somme à débourser par la compagnie pour achever le chemin; son capital n'est cependant que de 65 millions.

STATUTS. Le conseil d'administration est de dix-sept membres, dont neuf au moins doivent être Français, rééligibles, propriétaires chacun de 100 actions nominatives ; les administrateurs sont rétribués. Le vote par procuration est interdit. Tout porteur de 20 actions est membre de droit de l'assemblée générale. Elle est régulièrement constituée lorsque les actionnaires présents sont au nombre de trente, et représentent le dixième du capital au moins. 20 actions donnent droit à une voix, sans que le même actionnaire puisse avoir plus de cinq voix en son nom personnel, et plus de dix voix pour les actions qu'il représente. — Intérêt de 4 p. % aux actionnaires pendant la durée des travaux. — Après la mise en exploitation de la totalité du chemin, les bénéfices seront ainsi répar-

tis chaque année : 5 p. °/₀ des produits nets au moins à la réserve ;
4 et 3/4 p. °/₀ du capital social à l'amortissement; 4 p. °/₀ du capital social à titre de premier dividende aux actions; la portion reve-
nant aux actions amorties sera versée au fonds d'amortissement. Le
surplus sera divisé, par portion égale, entre toutes les actions. Le
fonds d'amortissement se composera : 1° du prélèvement 4 3/4 p. °/₀
dont il a été ci-dessus parlé ; 2° de l'intérêt des sommes versées au-
dit fonds ; 3° de l'intérêt de 4 p. °/₀ afférent aux actions amorties.
Les porteurs des titres à substituer aux actions amorties n'auront
plus droit au premier dividende de 4 p. °/₀. — Lorsque la réserve
s'élèvera à un million de francs, le prélèvement destiné à le former
sera suspendu.

TRACÉ GÉNÉRAL de la section d'Orléans à Tours.
Les quatre principales stations de cette section sont :
Orléans, Blois, Amboise et Tours. Les autres sont :
Lachapelle, Saint-Mesmin, Saint-Ay, Meung, Beau-
gency, Mer, Mesnard, Chouzy, Onzain, Vouvray et
Montlouis. Le tracé des autres sections est encore à
l'état d'étude.

PRODUIT PROBABLE. Le produit brut du trafic est
évalué par la compagnie adjudicataire à 28,400 fr.
par kil., soit 13,500,000 fr. La section d'Orléans à
Tours est comprise dans ce chiffre, pour une somme
de 5,488,000 fr. D'après les calculs du rapporteur du
projet de loi, le produit brut par kil. ne serait que de
17,870 fr., soit 11,570 pour le transport de 178,000
voyageurs (au prix moyen de 6 cent. 1/2), et 6,300 fr.
pour le transport de 42,000 tonnes de marchandises
à 15 cent.). Les dépenses (45 p. °/₀) étant estimées

à 6,075,000 fr., le produit net, d'après la compagnie, serait de 7,425,000 fr., ce qui, pour un capital de 62 millions, prix du forfait conclu avec les entrepreneurs, donne un produit industriel de 12 p. $^{o}|_{o}$, non compris les bénéfices qui résulteront de l'exploitation des tronçons livrés partiellement à la circulation, exploitation qui sera de cinq ans au moins pour la section d'Orléans à Tours, de quatre ans pour celle de Tours à Poitiers, et de trois ans, pour celle d'Angoulême à Bordeaux.

SITUATION DES TRAVAUX. La section d'Orléans à Tours a été livrée à la compagnie le 15 mai, et son ouverture est annoncée, au plus tard, pour le printemps de 1846.

*Chemin du centre* (232 kil.), adjugé, le 9 octobre 1844, moyennant un rabais de un mois sur le maximum de la durée de jouissance, qui était de 40 ans.

FONDS SOCIAL. La part contributive de l'État dans les dépenses a été fixée à 12 millions pour la section d'Orléans à Vierzon, à 7,800,000 fr. pour celle de Vierzon à Châteauroux, à 13 millions pour celle de Vierzon à Nevers. La somme jugée nécessaire pour terminer le chemin est évaluée à 32 millions; c'est le chiffre du capital de la compagnie.

STATUTS. Conseil d'administration de douze membres, propriétaires chacun de 100 actions nominatives, et dont les fonctions sont gratuites, sauf jetons de présence dont la valeur est fixée par l'assemblée générale. Ils sont rééligibles, et renouvelables par tiers d'année en année. — Direction composée d'un ou de plusieurs membres rétribués, porteurs chacun de 100 actions. La direction est placée sous l'autorité du conseil d'administration et administre en son nom. Les directeurs ont voix délibérative au conseil d'administration. — Tout porteur de 20 actions lui appartenant, ou lui ayant été remises pour être représentées, est membre de l'assemblée générale. — Intérêt de 4 p. % pendant les travaux. Après l'ouverture de la ligne entière, les bénéfices seront ainsi partagés : 1° 5 pour % des recettes nettes à la réserve, fixée au maximum à 500,000 fr. ; 2° 1 33/100° du capital social à l'amortissement ; 3° 3 p. % de premier dividende ou d'intérêt ; 4° un deuxième dividende, réglé de manière que l'amortissement et les dividendes réunis ne dépassent pas 8 p. %. — Les autres statuts comme pour le chemin précédent.

TRACÉ GÉNÉRAL. La section d'Orléans à Vierzon passe à ou près Solbris ; la section de Vierzon au confluent de l'Allier à ou près Bourges et s'arrête après la traversée de l'Allier ; la section de Vierzon à Châteauroux à ou près Issoudun. La section de Bourges sur Clermont est classée, mais sans allocation.

PRODUIT PROBABLE. 5,200,000 fr., soit 3 millions produits par le transport des voyageurs et le reste par le transport des marchandises. En évaluant la dépense à 50 p. %, le produit net est de 2,600,000 fr., ce qui donne un revenu de 7,88 du capital social, et 6,55 en déduisant 1,33 pour l'amortissement.

SITUATION DES TRAVAUX. *Section d'Orléans à Vierzon* (80,174 m.). Cette section sera probablement livrée à la compagnie à la fin de cette année. Les terrassements sont terminés sur une longueur de 60,000 mètres, il ne reste plus qu'à achever le souterrain de 12 à 1300 mètres, que les ingénieurs ont été obligés de substituer aux remblais entre Theillay et Vierzon. Cette station aura coûté 12,859,197 fr., (l'allocation votée par la loi du 11 juin 1842 était de 12 millions), dépense qui se divise ainsi : *Frais généraux*, 235,000 fr.; *terrains*, 1,034,571 fr.; *terrassements*, 4,484,752 fr.; *travaux d'art*, 4,858,900 fr.; *stations et bâtiments*, 1,230,000 f.; *rails et coussinets provisoires*, 915,974 f.

*Section de Vierzon à Châteauroux* (63,183 kil.), études et projets terminés. Quelques adjudications sont passées; mais le chemin ne pourra être livré qu'en 1847.

*Section de Vierzon à Bourges* (32,194 kil.), études terminées, adjudications passées jusqu'à Bourges. Cette portion de la section de Vierzon au confluent de l'Allier pourra être livrée au mois de mai 1846. Entre Bourges et le confluent de l'Allier, les études sont terminées.

TRACÉ DÉTAILLÉ. Les traités de ces deux dernières sections prennent leur origine commune à l'extrémité de la gare de Vierzon, sur la route royale n° 20, s'abaissent immédiatement sur la vallée de l'Yèvre, qu'ils traversent ensemble au-dessus du confluent avec le Cher et restent confondus dans leur parcours jusqu'à 1 kil. environ au-delà du canal de Berry, qu'ils franchissent un peu en aval de la Forge; alors seulement ils se séparent. Le tracé vers Bourges s'élève par une pente douce sur les plateaux de la rive gauche de l'Yèvre, passe à Fouëcy, touche les dernières maisons de Mehun, et parvenu au-delà de Marmagne, franchit de nouveau, en face du domaine Souzy et à 4 kil. environ en aval de Bourges, le canal et la rivière. Il se dirige alors vers l'hôpital général, le laisse avec la ville, un peu sur sa droite, et vient rencontrer, à l'extrémité du faubourg Saint-Privé, la route royale nº 140, où s'arrête la 1re section.

Partant du point de bifurcation, le tracé de la ligne de Châteauroux s'incline vers l'ouest, passe le Cher à Charost, se dirige sur Chéry, traverse l'Arnon en amont de ce bourg, et passant à Reuilly, longe la rive gauche de cette rivière jusqu'à son confluent avec la Théols qu'il franchit sous le château de la Ferté. Remontant alors ce dernier cours d'eau, il en côtoie la rive droite jusqu'à Issoudun, assis aux pieds des coteaux. D'Issoudun se portant sur Châteauroux, le tracé laisse cette ligne sur la gauche, et remontant par la rive opposée le vallon du ruisseau de Neuvy-Pailloux', franchit à 400 mètres à l'ouest du château de Montaboulin le faîte qui sépare les bassins du Cher et de l'Indre; il passe ensuite par Bitray et s'en écarte aussitôt pour se rapprocher de Châteauroux, qu'il aborde à l'extrémité des promenades, à 500 mètres au plus de la place du théâtre.

*D'Amiens à Boulogne* (125 kil.), adjugé, le 15 octobre 1844, moyennant un rabais de un mois sur le maximum de la durée de jouissance, qui était fixée à 90 ans.

FONDS SOCIAL. 37,500,000 fr.

TRACÉ GÉNÉRAL. S'embranche à Amiens, sur le chemin de Paris à la frontière belge, suit d'abord la rive gauche, puis la rive droite de la Somme, va passer à Abbeville, Étaples, et arrive à Boulogne, au lieu dit Capecure.

PRODUIT PROBABLE. La circulation actuelle est de 13,597 voyageurs parcourant la ligne entière, et se répartissant entre 8 points intermédiaires, ou de 1,699,632 parcourant 1 kil., et de 22,429 tonnes de marchandises.

STATUTS. Conseil d'administration de neuf membres, propriétaires de 100 actions nominatives, renouvelables par tiers, rééligibles, et rétribués. — Tout actionnaire propriétaire de 20 actions depuis quinze jours au moins, est membre de droit de l'assemblée générale. — Intérêt de 4 p. % pendant les travaux. Partage des bénéfices : 1/3 p. % du fonds social à l'amortissement ; 5 p. % des produits nets à la réserve, fixée à 500,000 fr. L'excédant distribué aux actionnaires à titre d'intérêt et de dividende. — Les autres statuts comme pour le chemin précédent.

*De Montereau à Troyes* (97 kil.), adjugé, le 26 février 1845, au rabais de 24 ans sur 99, ce qui réduit la durée de la jouissance à 75 ans.

FONDS SOCIAL. 20 millions.

TRACÉ GÉNÉRAL. S'embranche sur le chemin de Paris à Lyon, se dirige par la vallée de la Seine et passe à ou près Nogent.

PRODUIT PROBABLE : 1,865,948 francs. *Dépenses,* 839,676 fr.; *bénéfice,* 1,026,272 fr., ou 4,93 p. %. Se construit à une seule voie, avec terrassements pour deux; ouverture probable au printemps de 1847. Ce chemin paraît destiné à recevoir une extension considérable, deux compagnies se formant, l'une pour soumissionner une ligne de Troyes à Mulhausen, par Bar-sur-Aube, Chaumont et Langres; l'autre pour continuer la ligne de Bruxelles à la frontière française et la prolonger dans le centre de la France, de manière à réunir, par un rail-way transversal, les lignes de Reims, Strasbourg, Troyes et Lyon.

STATUTS. Conseil de douze membres, porteurs de 50 actions nominatives, renouvelables par tiers, d'année en année. Fonctions gratuites et jetons de présence. —Tout propriétaire, depuis quinze jours au moins, de 20 actions nominatives actives, ou de 40 actions amorties, est membre de droit de l'assemblée générale. — *Idem* de tout porteur de 40 actions, amorties ou non, ayant déposé ses titres quinze jours avant l'assemblée générale. — Tout actionnaire ayant droit de voter pourra se faire représenter par un mandataire actionnaire lui-même. Un actionnaire mandataire ne pourra réunir plus de cinq voix, y compris celles qui lui appartiennent. —Intérêt de 4 p. % pendant la durée des travaux. Répartition des bénéfices : 1o 1/12e des bénéfices nets à la réserve, fixée à 5 p. % du capital social ; 2o 20 centièmes et 83/100e pour 100 fr. du capital social à l'amortissement ; 3o 5 p. % de premier dividende aux actions non amorties ; l'excédant partagé également entre les actions actives et amorties.

*De Paris à Sceaux* (10 kil.), concédé le 5 septembre 1844.

FONDS SOCIAL : 3 millions en 6,000 actions de 500 fr.

TRACÉ GÉNÉRAL. Le tracé part du point voisin de la barrière d'Enfer, en dehors du mur d'octroi, et passe près d'Arcueil et de Bourg-la-Reine.

COUT DE CONSTRUCTION ET PRODUIT PROBABLE. 1º Le *coût de construction*. D'après la compagnie il peut être évalué ainsi :

| Terrains. | Terrasse-ments. | Ouvrages d'art. | Voie, ballast et accessoires. | Construc-tions. | Matériel roulant. | Autres frais. |
|---|---|---|---|---|---|---|
| f. | f. | f. | f. | f. | f. | f. |
| 480,000 | 344,000 | 299,000 | 636,000 | 275,000 | 389,000 | 577,000 |

Soit, un total de 3 millions.

2º *Produits*. La circulation totale a été évaluée par les documents officiels à 606,000 voyageurs. La compagnie ne s'évalue qu'à 485,000 par an, ou 1,330 par jour.

SITUATION DES TRAVAUX (au 10 juin 1845). La compagnie était, à cette époque, en possession de tous les terrains, et avait installé ses ateliers sur une partie de la ligne ; déjà même des ouvrages d'art importants étaient commencés.

La compagnie sollicite en ce moment le prolongement de son chemin sur Orsay et Lonjumeau, ce qui nécessiterait une addition au fonds social de 5,500,000 fr., dont 4,200,000 fr. pour Orsay, et 1,300,000 fr. pour Lonjumeau.

STATUTS. Jusqu'à l'ouverture de la ligne, il sera servi un intérêt de 4 p. % aux actionnaires. Les bénéfices se répartiront ainsi : 1° un vingtième à la réserve, qui ne devra pas dépasser 5 p. % du capital social ; 2° 1 p. % du capital social à l'amortissement ; 3° le surplus également entre toutes les actions. Lorsque l'amortissement aura atteint le dixième du capital social, il pourra être réparti entre toutes les actions à titre de remboursement. — La société est gérée par un conseil d'administration de cinq membres, propriétaires de 40 actions nominatives, renouvelables par cinquième d'année en année, rééligibles, et ayant droit à des jetons de présence (qui ont été fixés par l'assemblée générale du 10 juin dernier à 5 fr.).—L'assemblée générale se compose : 1° des actionnaires propriétaires, depuis dix jours, de 10 actions nominatives ; 2° des propriétaires de 20 actions au porteur. Tout actionnaire ayant droit de voter peut se faire représenter par un autre actionnaire membre de l'assemblée. Un actionnaire mandataire ne peut réunir plus de dix voix, y compris celles qui lui appartiennent personnellement. Il est compté, en cas de scrutin secret, à chaque actionnaire, une voix par dix actions nominatives, sans que le nombre de voix possédé par un individu puisse excéder dix. L'assemblée générale est régulièrement constituée, lorsque les actionnaires présents seront au nombre de trente, représentant au moins le quart des actions.

*Chemin atmosphérique* (entre Nanterre et le plateau de St-Germain), concédé le 10 septembre 1844 (12 kil.).

FONDS SOCIAL. *Capital*, 4 millions ; *subvention* de l'État, 1,800,000 fr. ; *subvention* de la ville de Saint-Germain, 200,000 fr. ; *total*, 6 millions.

TRACÉ GÉNÉRAL. Depuis Nanterre jusqu'à un point voisin de la gare du Pecq, les deux chemins seront communs, les tubes atmosphériques devant être placés sur l'une des deux voies du chemin de Saint-Germain. A l'extrémité du bois du Vesinet, à 1,500 mètres environ en deçà de la gare, le tracé quitte la voie actuelle, s'infléchit par une courbe à droite, traverse la Seine en aval du pont du Pecq et s'élève sur le plateau, à l'aide d'une pente moyenne de 2 centimètres et demi.

La dépense est évaluée à 4 millions.

## TABLEAU RÉCAPITULATIF

DES CHEMINS ADJUGÉS JUSQU'EN 1845.

| LIGNES. | Longueur | Fonds social. | Produit probable(56). |
|---|---|---|---|
| | k. | f. | |
| De Rouen au Havre. . . | 92 | 39,000,000 | 11 p. % |
| De Marseille à Avignon. | 120 | 20,000,000 | 10 » |
| D'Orléans à Bordeaux. . | 475 | 65,000,000 | 10 » |
| Chemin du Centre. . . . | 232 | 32,000,000 | 8 » |
| D'Amiens à Boulogne. . | 125 | 37,500,000 | de 3 à 4 » |
| De Montereau à Troyes. | 97 | 20,000,000 | 4,93 » |
| De Paris à Sceaux. . . | 10 | 3,000,000 | 5,60 » |
| Chemin atmosphérique. | 12 | 6,000,000 | 3 » |
| Totaux. . . . | 1,163 | 222,500,000 | 6,94 en moyenne |

(56) D'après les évaluations des compagnies et du gouvernement.

# QUATRIÈME SECTION.

## CHEMINS VOTÉS EN 1845.

*De Paris à Strasbourg* (584 kil.), avec embranchement sur Metz et de Metz à Sarrebruck.

TRACÉ. Il part du faubourg Saint-Antoine, arrive à 153 mètres au-delà du boulevard extérieur, s'infléchit légèrement vers l'ouest, par une courbe de 2,000 mètres de rayon, traverse le canal Saint-Denis et la route royale de Paris à Lille, passe au sud de Bobigny et de Bondy, au nord de Noisy-le-Sec, entre Cagny et Villemonble, près du château de Chenay, descend dans la plaine de Chelles, où il franchit à niveau la route royale n° 34, de Paris à Vitry par Sézanne, et se maintient jusqu'à Lagny, entre cette route et la Marne. Le tracé passe ensuite dans la ville de Meaux, entre le canal de l'Ourcq et la Marne, et remonte le cours de cette rivière jusqu'à Vitry-le-Français, en passant à La-Ferté-sous-Jouarre, Château-Thierry, Épernay et Châlons. Au-delà de Vitry, le chemin entre successivement dans la vallée de la Saulx, puis dans celle de l'Ornain, qui le conduit à Bar-le-Duc, passe de l'Ornain à la Meuse, par le faîte de Lunéville et de Liverdun, touche la ville de Toul, et descend ensuite la vallée de la Moselle jusqu'à son confluent avec la Meurthe à Frouard, pour remonter jusqu'à Nancy la vallée de cette dernière rivière.

De Nancy, le tracé se dirige, par la vallée de la Meurthe, sur le village de Varangeville, continue de remonter la Meurthe, va passer, soit au sud, soit au nord de Lunéville; pénètre dans la vallée de la Vezouze qu'il suit jusqu'à Morainville; entre à ce point dans le vallon du ruisseau des Amis qui le conduit au faîte d'entre le Sanon et la Sarre; de là, il va traverser l'étang de Gondrexange, se développe sur la rive gauche du vallon de ce nom, et pénétrant ainsi dans la vallée de la Sarre, touche Sarrebourg, et après avoir traversé la Sarre entre Sarrebourg et Wegerstein, se rend à Hommarting, puis se dirige sur Strasbourg.

*L'embranchement de Metz à Sarreburck* (78,158 mètres dont 5 sur le territoire prussien) se détache de la ligne de Paris à Metz, à 1 kil. de la station, sous l'esplanade, va passer sous Montigny, à Frontigny, Courcelles-sur-Nied, Jaury, Anverville, Remilly, Faulquemont, Saint-Avold, Freyming et Forbach; il traverse, entre la Moselle et la Sarre, 4 bassins secondaires : la Seille, la Nied française, la Nied allemande, et enfin la Rosselle.

ÉTAT DES TRAVAUX. Au 1er janvier 1845, la section de Hommarting à Strasbourg était à peu près terminée; le souterrain, d'environ 2,700 mètres, qui traverse la chaîne des Vosges, était percé de l'une à l'autre

12.

de ses extrémités et revêtu sur une assez grande longueur. Les travaux relatifs à la partie du chemin qui longe la vallée de la Zorn, sont poursuivis avec une grande activité.

DÉPENSE PROBABLE. A la charge de l'État, 100,200,000 fr.; de la compagnie adjudicataire, 82,040,000 fr.; total, 182,040,000 fr.

REVENU PROBABLE. Revenu brut par kil., 25,000 fr.; revenu net (en déduisant 45 p. % pour les dépenses), 13,750, soit un produit de 3,9 p. %, pour un capital de 182 millions et de 9 p. %. pour un capital (celui de la compagnie) de 88 millions (en ajoutant 4 p. % pour les intérêts à servir aux actionnaires pendant les travaux); mais la compagnie devant exécuter à ses frais les embranchements de Metz et de Sarrebruck, dont le coût est évalué, pour le premier, à 16,368,000 fr.; pour le deuxième, à 26,400,000 fr., ce qui oblige la compagnie à réunir un capital de près de 125 millions; le revenu n'est plus que de 7 p. %. Avec un amortissement de 1 p. %, le capital peut être remboursé en 41 ans.

*De Paris à Lyon* (avec embranchement sur Grenoble) *et de Lyon à Avignon* (742 kil., dont 509 de Paris à Lyon, 96 pour l'embranchement, et 137 de Lyon à Avignon).

TRACÉ DE LA LIGNE PRINCIPALE. La gare de départ du chemin est établie à Paris sur le boulevard Contrescarpe, en face du bassin de la Bastille. Il franchit sur des ponts la plupart des rues qui descendent de la rue de Charenton vers la rivière, et ensuite le boulevard extérieur, entre les barrières de Bercy et de Charenton. Il passe derrière la grande rue de Bercy, et va couper l'enceinte continue des fortifications de Paris, entre les deuxième et troisième bastions. Il traverse le village de Charenton, les deux bras de la Marne, et se tient jusqu'à Villeneuve-Saint-Georges, à droite et à peu de distance de la route royale n° 5 de Paris à Genève. Il entre ensuite dans la vallée de l'Yères qu'il remonte jusqu'au bord du plateau de la Brie, près Combes-la-Ville, et va ensuite passer la Seine au village du Mée, au-dessous de Melun. Placé dès lors sur la rive gauche de la Seine qu'il ne quitte plus, il se tient sur le plateau qui domine les escarpements dont la rivière est bordée, passe à 1,200 mètres de Fontainebleau, côtoie Moret, descend dans la vallée de la Seine pour longer les dernières maisons de Montereau, et va joindre auprès du village de Labrosse la limite des deux départements de Seine-et-Marne et de l'Yonne. Il laisse ensuite la rive gauche de la Seine pour suivre jusqu'à Laroche la rive gauche de l'Yonne, en touchant Villeneuve-le-Guyard, Pont-sur-Yonne, Sens et Joigny. Il entre dans la vallée de l'Armançon, touche les petites villes de Brinon, Tonnerre, Aisy; entre, au-dessous de Montbard dans la vallée de la Brenne; passe dans la vallée de l'Oze qu'il remonte jusqu'au village de Blaisy-Bas, traverse en son terrain le faîte des montagnes de la Côte-d'Or, et descend jusqu'à Dijon les coteaux abruptes et tourmentés du versant de la Méditerranée. La section de Dijon à Châlons suit la rive droite de la Saône jusqu'à Lyon, touchant successivement les villes de Tournus, Mâcon, Villefranche, et placée sur les derniers contre-forts de la chaîne de montagnes qui sépare le bassin de la Saône du bassin de la Loire. — Le chemin de fer traverse la ville de Lyon et se trouve, au sortir de cette ville, sur la rive gauche du Rhône, pour s'y maintenir jusqu'à Avignon. Longeant jusqu'à Vienne le pied des coteaux qui bordent la rive gauche du Rhône, il est assis à Vienne dans le lit même du fleuve, franchit le coteau de Saint-Rambert, passe à Saint-Vallier, Tain, Valence, Montélimart, Orange, et rejoint enfin à Avignon le chemin en construction qui complète la grande ligne de Paris à Marseille.

DÉPENSES PROBABLES (de Paris à Lyon seulement, non compris l'embranchement).

| Expropriations et indemnités. | Terrassements. | Ouvrages d'art. | Constructions. | Somme à valoir. | Par kilom. | Pose de la voie et matériel d'exploitation par kil. |
|---|---|---|---|---|---|---|
| f. | f. | f. | f. | f. | f. | f. |
| 19,585,346 | 28,220,755 | 27,803,249 | 10,853,554 | 9,115,444 | 187,943 | 150,000 |

PRODUIT PROBABLE. Par kil. 50,463 fr., dont 25,326 fr.

pour le transport de 389,634 voyageurs à 6 cent. 1|2, et 25,137 fr. pour le transport de 209,473 tonnes de marchandises. — En retranchant 45 p. % pour les dépenses, le revenu net serait de 27,754 fr. par kil. ou 7,92 p. % du capital dépensé.

La *dépense probable* pour le chemin de Lyon à Avignon est ainsi évaluée :

| Expropria-tions et indemnités. | Terrassements. | Ouvrages d'art. | Constructions | Somme à valoir. | Total par kil. en y ajou-tant le coût de la voie et des matériaux. |
|---|---|---|---|---|---|
| f. c. | f. c. | f. c. | f. c. | f. c. | f. |
| 5,605,251.55 | 11,621,455.86 | 10,128,244.02 | 7,145,872.85 | 4,191,906.55 | 317,514 |

Le *produit probable* est estimé à 46,786 fr. par kil., dont 13,390 pour le transport de 223,172 voyageurs, et 33,396 fr. pour le transport de 303,000 tonnes de marchandises. Déduction faite de 45 p. % pour les dépenses, le produit net est de 25,733 fr. et le revenu industriel de 7,79 p. %.

La *dépense probable* pour l'embranchement de Grenoble est estimée à 26 millions, soit, en tout, 102,890,000 fr. pour la construction de la ligne principale et de l'embranchement. Le produit net de l'embranchement n'étant évalué qu'à 638,916 fr., le produit net total est alors de 6,634,616 fr. ou 20,540 fr. par kil. et 6,45 p. % du capital dépensé.

SITUATION DES TRAVAUX. Ils seront achevés, au plus tard, à la fin de 1845, entre Dijon et Châlons. Le terrain a été exploré et les études de cabinet sont faites pour la partie comprise entre Paris et Dijon, d'une part, et Châlons et Dijon, de l'autre.

*De Paris à la frontière belge*, avec embranchement sur Calais et Dunkerque (483 kil., dont 336 kil. de Paris à Lille et à Valenciennes, et 147 de Lille à Calais et Dunkerque) (57).

TRACÉ DE LA LIGNE PRINCIPALE. Sorti de Paris par un point voisin de la barrière Saint-Denis (terrain St-Lazare), il se dirige vers la ville de ce nom, traverse la vallée de Montmorency, va passer à 1,500 mèt. environ de la ville de Pontoise; puis, remontant la vallée de l'Oise jusqu'à Creil, il entre en ce point dans le vallon de la Bièche dont il suit le cours, passe au pied de la montagne de Clermont, pénètre, après Fitz-James, dans la vallée de l'Aré, affluent de la Bresche qui le conduit au faîte d'entre l'Oise et la Somme, débouche dans la vallée de la Noye, puis dans celle de l'Avre, et arrive enfin à Amiens, après un parcours d'environ 147 kil. D'Amiens, il remonte la vallée de la Somme, jusqu'au delà de Daours, puis le vallon de l'Ancre, et s'élevant ainsi jusqu'au faîte qui sépare les eaux de la Somme de celle de l'Escaut, traverse ce

(57) Vient d'être adjugé (16 septembre) à un rabais de jouissance de 3 ans, ce qui porte la durée de la concession à 38 ans.

faite pour descendre dans la vallée de la Scarpe, touche Arras, puis Douai, et se divise, près de cette dernière ville, en deux tronçons, dont l'un se porte sur Lille et l'autre sur Valenciennes.

PRODUIT PROBABLE. Revenu brut : 1° de Paris aux deux points de la frontière belge, 19,347,880 fr.; 2° de Lille à Dunkerque et Calais, 2,267,274 fr.; total : 21,614,154 fr.—Déduction faite de 45 p. % pour les dépenses, il reste un produit net de 11,888,335 fr. ou 8 p. % d'un capital de 150 millions présumé nécessaire pour la construction du chemin. Avec un prélèvement de 1 p. % le capital doit être amorti en 33 ans.

### De Creil à Saint-Quentin (98 kil.).

TRACÉ. Par Noyon et la vallée de la Verse. *Produit probable* : 3,084,000 fr. ou 31,500 fr. par kil., et frais d'exploitation déduits, 1,696,200 fr., soit 5 et 1⁄2 p. % (déduction faite de 1⁄4 p. % destiné à l'amortissement qui s'effectue ainsi en 75 ans) pour un capital de 30 millions.

### De Fampoux à Hazebrouck (55 kil.) (58).

ÉTAT DES TRAVAUX DE LA LIGNE PRINCIPALE. En ce

(58) Vient d'être adjugé (16 septembre) à un rabais de jouissance de 37 ans 149 jours, ce qui porte la durée de la concession à 37 ans 216 jours.

moment, une double voie est établie de Paris à Clermont et d'Arras à Lille et Valenciennes, et une simple voie de Clermont à Arras, les crédits ayant été insuffisants pour la compléter. Les sections de Lille et Valenciennes sont livrées à la circulation. — D'Amiens à Arras, sur 64 kil. de développement, les travaux sont moins avancés ; mais ils seront terminés en 2 ans.

### De Tours à Nantes (192 kil.).

TRACÉ. Après avoir quitté la station de Tours, qui sera commune aux trois chemins d'Orléans, de Bordeaux et de Nantes, ce tracé suit la rive gauche de la Loire jusqu'à la commune de Cinq-Mars, traverse la Loire en ce point, s'établit sur la rive droite du fleuve et y reste jusqu'à Nantes. Il passe à Saumur, Angers, Ingrande et Ancenis.

PRODUIT PROBABLE. La dépense à la charge de l'État (terrains, terrassements et ouvrages d'art ) s'élèvera, d'après les adjudications passées, à environ 30 millions ou 160,000 fr. par kil. — La dépense pour le ballast, la fin de la voie et le matériel, est évaluée à 140,000 fr. par kil. au moins, soit environ 27 millions; total, 57 millions, et 60 millions en évaluant à 4 ans la durée des travaux, et en supposant qu'un intérêt de 4 ans soit versé aux actionnaires pendant les travaux ; ce serait 320,000 fr. par kil. pour une compagnie qui se chargerait de tous les travaux. Le revenu brut est évalué à 4,000,000 fr. ou 23,437 fr. par kil., et net à 12,890 fr., ce qui donne seulement un intérêt de 4 p. °/₀ sur le capital, si la compagnie fait tous les frais, et 8,7 p. °/₀ si elle ne doit dépenser que 140,000 fr. par kil; mais, dans ce cas, l'obligation de rembourser à l'État le prix des terrains, ou 30,000 fr. environ par kil., réduit le bénéfice net à 7, 3 p. °/₀.

*De Dieppe au chemin de Rouen à Paris* (49,585 mètres).

TRACÉ. Se développe, à partir de Malaunay, sur les coteaux qui bordent la rive droite de la rivière de Clères et dessert les communes de Thouville, Letose, Clères et Grogny; et franchit ensuite, par un souterrain de 1435 mètres, le faîte qui sépare le versant de la Manche du versant de la Seine, puis il entre, à Saint-Victor, dans la vallée de la Scie, qu'il suit jusqu'au village du Petit-Appeville; là, il traverse, par un souterrain de 1600 mètres, le côteau qui sépare la vallée de la Scie de la vallée d'Arques, et il aboutit enfin à Dieppe, sur le quai du bassin à flot, à 5ᵐ70 au-dessus de la basse mer.

*Dépense probable*, pour 2 voies, 15 millions; pour 1 voie, avec gares d'évitement, 12,400,000 fr.

*De Fécamp au chemin de Rouen à Paris* (21,045 mètres).

TRACÉ. Il part de Fécamp, à 23 mètres au-dessus du niveau des quais du port; il s'élève ensuite sur le plateau par le vallon d'Ignanville, et se porte sur le moulin des Mazettes; en ce point, il se divise en 2 lignes, l'une qui descend vers Bolbec, en passant à 17 mètres au-dessous du chemin de Rouen au Havre, et l'autre qui relie le chemin de Fécamp avec celui du Havre.

DÉPENSE PROBABLE. Pour 1 voie, 4,609,000 fr.

PRODUIT PROBABLE. Pour les deux embranchements ci-dessus (Dieppe et Fécamp), *brut*, 1,395,000 fr., *net*, 697,500 fr. ou 4 p. % sur un capital jugé nécessaire de 17 millions.

*D'Aix au chemin de Marseille à Avignon* (24,240 mètres).

TRACÉ GÉNÉRAL. Il part d'Aix en un point à déterminer; suit la direction de la vallé d'Arc, passe par le col des Quatre-Tours, et se porte sur Rognac, où il se rattache au chemin de Marseille. Une seconde branche de raccordement sera dirigée sur Tarascon, suivant un tracé à déterminer.

*Dépense probable*: pour 1 voie, 7 millions.

*Produit probable.* —La circulation est évaluée à un mouvement journalier de 536 voyageurs et 1050 tonnes de marchandises.

# CINQUIÈME SECTION.

## CHEMINS PROJETÉS OU ÉTUDIÉS SOIT PAR LE GOUVERNEMENT, SOIT PAR DES PARTICULIERS.

### De Paris à Caen.

TRACÉS. Ils sont au nombre de quatre présentés par diverses compagnies.

Le premier, plaçant les départements de Seine-et-Oise, de l'Eure et du Calvados en communication directe avec Paris, part de Saint-Germain ou de Versailles ( rive droite) et passe à ou près Évreux, Conches, Beaumont, Bernay, Orbec, Thiberville, Lisieux, Saint-Pierre sur Dives, Mézidon, Moult, Argence, Grentheville et Caen. Ce tracé peut se relier au chemin de Rouen par deux embranchements; l'un partant de Bernay, et passant par Vivonne, l'autre partant d'Évreux et passant par Louviers. Enfin, d'après une variante, le chemin, au lieu de partir de Versailles ou de Saint-Germain, se détacherait du chemin de Rouen à Mantes. La longueur totale serait de 237 kil., le tracé ayant son point de départ à Saint-Germain ou Versailles et n'ayant aucun point de communication avec le chemin de Rouen. Le tracé partant de Mantes pour passer par Thiberville, et négligeant Orbec, est de 242 kil., en desservant Orbec, de 245 kil. et enfin, en partant de

Saint-Germain ou de Versailles et desservant Orbec, de 240 kil. D'après l'auteur de ce projet (compagnie Letellier), le capital social devrait être de 80 millions en comptant 4 p. % d'intérêt aux actionnaires pendant les travaux. D'après l'acte constitutif de cette compagnie, les produits nets seraient ainsi divisés : 1° un amortissement de 1 p. %, 2° un intérêt de 5 p. % avec actions ; 3° l'excédant partagé en vingtième, dont dix-neuf aux actions et un à l'auteur du projet à titre rémunératoire.

Le second tracé (projet présenté par la compagnie de Rouen) consisterait en une ligne qui, partant du chemin de Rouen, passerait à ou près Elbeuf, avec embranchement sur Louviers, et se rendrait à Caen, en passant aux environs d'Orbec, entre Bernay et Lizieux; sa longueur est de 243,800 mètres.

Le troisième tracé part de Chartres, se rend à Alençon et de cette ville pousse un embranchement sur Caen. Par cette combinaison, Caen ne se relierait pas au chemin de Rouen ; mais cet inconvénient serait compensé par l'avantage d'être mis en communication avec Alençon, le Mans, Rennes et Tours, par un chemin de 574 kil. que la même compagnie (compagnie dite de l'Ouest) offre d'exécuter.

Enfin la commission chargée de l'examen du projet de loi relatif au chemin de Paris à Rennes, a proposé à la Chambre de classer un chemin allant

directement de Paris à Cherbourg, par Bernay et
Caen, avec embranchement partant de Rouen pour
s'y rattacher, et un autre chemin transversal de Caen
à la Loire, par Alençon et le Mans; c'est la ligne de la
compagnie de l'Ouest prolongée jusqu'à Cherbourg.
Ce chemin aurait environ 720 kil.

*De Versailles à Rennes* (le projet de loi est resté à l'état de rapport).

Un projet de loi présenté par le gouvernement et
amendé par la commission dans le sens que nous venons d'indiquer, propose d'accorder à une compagnie
formée des compagnies des deux chemins de Versailles,
l'exploitation d'une ligne partant de Versailles et se rendant à Rennes par le Mans ou Alençon et Laval (59); la
longueur de ce chemin serait de 361 kil., et comme il
est placé sous le régime privilégié de la loi du 11 juin,
la compagnie n'aurait à réunir, pour une dépense
de 140,000 fr. par kil., qu'un capital de 47 millions.
Le produit étant évalué, *brut*, à 18,000 fr., *net*, à
9,000 fr., l'intérêt serait de 6 p. % avec un amortissement de $^1/_2$ p. %. Par le même projet de loi, les
deux chemins de Versailles rentreraient dans le droit
commun actuel, en ce qui concerne le transport des

(59) La commission a laissé intacte cette partie du projet; elle
s'est bornée à proposer le classement de la ligne de Cherbourg et
du chemin transversal de Caen à la Loire.

marchés, bestiaux et objets divers, le transport des militaires, des voitures cellulaires, des dépêches, et l'établissement des lignes télégraphiques électriques ; enfin
la concession des deux chemins serait réduite à 55 ans.

TRACÉ. 1° De *Versailles à Rambouillet* (23,598 mètres). Le chemin part de Saint-Quentin, et après s'être
élevé sur le plateau de Trappes, il longe le côté gauche
de la route royale n° 10, et arrive à Coignière, en passant près de Trappes et du château de la Verrière. Le
tracé se maintient constamment sur la gauche de la
route royale n° 10, et traverse la vallée de l'Arretoire.

2° De *Rambouillet à Chartres* ( 38,025 mètres).
Le tracé se maintient sur le plateau de Rambouillet,
jusqu'au parc du château des Voisins, descend la
vallée de la Guesle sur le flanc du coteau, traverse
la vallée de Guénégas, près de son embouchure
dans la vallée de la Güesle, et arrive à Épernon à l'extrémité du faubourg Grand-Pont, en traversant la vallée
de la Droue ; de là, le chemin passe en déblai la route
départementale n° 16, traverse le parc de Laveau, contourne le village de Paty, et s'infléchissant ensuite
parallèlement à la route royale n° 10, longe cette route
sur 600 mètres de longueur ; après quoi il va toucher
la culée droite des aqueducs de Maintenon, traverse la
rivière de Voise et se dirige en ligne droite sur le village de Menoisin qu'il contourne par une double
courbe. De là le tracé se maintenant sur le flanc du

coteau, va traverser la rivière d'Eure, et remontant le cours de cette vallée, il arrive à Chartres au faubourg Saint-Jean. La dépense de l'État est évaluée, d'après les adjudications, à 3,667, 773 fr.—Les travaux seront terminés, au plus tard, au commencement de 1847.

3° De *Chartres à Laval.*—Deux tracés sont à l'étude ; l'un par Alençon, partant de Chartres, passerait à ou près Courville, Pontgouin, Longny, Tourouvre, le Niesle-sur-Sarthe, Alençon, Frenay, Évron, Monsurs, Laval et Argentré ; l'autre, par le Mans, passerait par Nogent, La Ferté, et rejoindrait le premier à Laval. La longueur par Alençon est de 209 kil., par le Mans, de 210 kil.

La *dépense*, par Alençon, serait (y compris un tunnel de 3,300 mètres), de 61 millions ; par le Mans, de 51,300,000 fr. ; les *produits* sont évalués, par Alençon, à 4,100,000 fr. ; les *frais d'exploitation* seraient de 50 p. % par Alençon et de 40 seulement par le Mans (études du gouvernement).

### De Paris à Cherbourg.

TRACÉ. Ils sont au nombre de quatre ; l'un s'embranche, aux environs d'Elbeuf, sur le chemin de Paris à Rouen ; l'autre s'en sépare à Mantes ; par le troisième, le tracé du chemin de Caen se rattacherait, avant Alençon, au tracé de la ligne de Paris à Brest ; par le quatrième (proposé par la commission du projet de loi de Paris à Rennes), le chemin serait direct de Paris à

Cherbourg, par Bernay et Caen, avec embranchement sur le chemin de Rouen. Par la première direction, la longueur serait de 294 kilom. 1/2 ; par la deuxième, de 315 kil. ; par la troisième, de 278 kil. ; par la quatrième, de 372 kil., non compris l'embranchement sur le chemin de Rouen, et de 520 kil., y compris l'embranchement.

*De Bordeaux à Cette* (a été l'objet d'un projet de loi, en 1835, qui est resté à l'état de rapport.)

TRACÉ. Il part de Bordeaux (du quartier sud), traverse la plaine de la Garonne jusqu'à Langon, s'infléchit, après le passage de cette ville, pour suivre jusqu'à Castets, les contours des coteaux et se prolonge ensuite parallèlement au canal latéral jusque vis-à-vis la Réole, où il franchit la Garonne et s'établit sur la rive droite pour ne plus la quitter. De là, il va passer à Lamotte, s'élève sur le plateau de la haute plaine, devant Saint-Bazeille, et longe Marmande et Tonneins, pour descendre, en ce point, dans la plaine insubmersible ; il traverse ensuite le Lot, au-dessous du pont d'Aiguillon, contourne les coteaux entre Aiguillon et Port-Sainte-Marie, débouche dans la plaine de Saint-Hilaire, arrive à Agen et se prolonge ensuite le long de la rive droite du fleuve, en passant à Laspeyres, la Magistère et Valence. Il franchit le Tarn au-dessus de Moissac, traverse en remblais la plaine submersible, passe près de Castel-Sarrasin et se dirige ensuite sur Montauban par Ville-Dieu. De Montauban, le tracé se dirige vers la forêt de Montech, où il franchit le faîte qui sépare le bassin du Tarn de celui de la Garonne, se rapproche du canal latéral, vers Montbartier et le suit jusqu'aux limites du département de la Haute-Garonne ; il touche à Grisolles, coupe la route royale de Paris à Toulouse, avant et après Castelnau, franchit, au-delà de ce bourg, la rivière de l'Hers, passe près de Saint-Jory et atteint Toulouse, à l'extrémité du faubourg Matabiau. En sortant de Toulouse, il se développe dans la vallée de l'Hers, et côtoie le canal du Midi jusqu'au faîte de Naurouse. Au delà, deux directions ont été étudiées par les vallées du Treboul et du Fresquel, dont les deux bassins se réunissent vers Villepinte, au-delà de Castelnaudary. A partir de l'embouchure du Treboul dans le Fresquel, le tracé ne quitte plus cette dernière vallée et aboutit aux environs de Carcassonne. Au-delà, le tracé suit la rive droite de l'Aude jusqu'à Saint-Coual, va passer à Foncouverte, se porte sur Narbonne, par Montredou, franchit l'Aude au-dessous de Cuxac et touche à Béziers, d'où il arrive à Cette par Agde ou par Pézenas.—La longueur (en passant par Agde) est de 481 kil., et avec l'embranchement de Castres, sur un point le plus voisin possible de Castelnaudary, de 526 kil.— *Coût probable*, 320,000 fr. le kil., ou 154 mill. pour la ligne entière. *Produit probable brut,* de 18 à 20,000 fr.

*De Dijon à Mulhouse et de Gray sur Besançon (228 kil.).*

TRACÉ. 1° De *Dijon à Mulhouse.* Le tracé s'embranche à Dijon sur le chemin de Paris à Lyon ; de Dijon, il se porte sur Besançon par Auxonne et Dôle. A partir de Besançon, il remonte la vallée du Doubs en passant par ou près Baume-les-Dames et Montbéliard, va toucher Béfort, et de Béfort se dirige sur Mulhouse par Atkirch. A Mulhouse, il se met en communication avec le chemin de Strasbourg à Bâle, suivant un tracé à déterminer ultérieurement. 2° De *Gray sur Besançon.* Le tracé s'embranche à ou près Besançon, sur le chemin de Dijon à Mulhouse, à un point à déterminer, passe par Marnay et aboutit à Gray en un point non encore fixé. — *Coût probable,* 72 mill. (y compris l'intérêt à 4 p. %, à servir aux actions pendant les travaux). *Produit probable, brut,* 28,000 fr. ; *net,* 15,800 fr. ou 5 p. % du capital.

*Du bec d'Allier à Clermont et de Châteauroux à Limoges (suite du chemin du Centre).*

TRACÉ. 1° *Du bec d'Allier à Clermont.* Il part du bec d'Allier, remonte la rive droite de la rivière, en passant à Villeneuve, Moulins, Ressay et la Vieille-Peste ; en ce point, il traverse l'Allier et arrive à Saint Pourcain par la plaine qui borde la rive droite de la Sioule; il passe diagonalement dans la plaine qui sépare la Sioule de l'Andelot, et suit la rive gauche de cette rivière depuis Ambon jusqu'à Gannat. Le tracé se dirige ensuite sur Saint-Genest, contourne la butte et le village de Montpensier, traverse la route royale n° 9, de Paris à Perpignan, à la sortie d'Aigueperse, et touche Riom à l'extrémité du faubourg de la Bade; il atteint le bourg de Gerzat, contourne Montferrand, et arrive à Clermont dans l'angle des deux routes royales n° 9 et n° 89, près de la barrière de Paris.—Longueur, 151 kil.—On étudie, à la demande de Nevers, un autre tracé par lequel le chemin, après avoir traversé l'Allier, se porterait sur Nevers, remonterait la Loire après avoir touché cette ville, et s'élevant par la vallée de la Châtre sur le plateau qui sépare la Loire de l'Allier, irait rejoindre cette dernière rivière avant d'arriver à Moulins.

*2" De Châteauroux à Limoges.*

2 tracés et 4 variantes. *Première variante,* par Saint-Gauthier, Argenton, Reyberolles, Chamboron, Laurières et Ambazac (152 kil.). *Deuxième variante,* par Saint-Gauthier, Argenton, Rocherolles, Saint-Sulpice et Ambazac (140 kil.). *Troisième variante,* par Bouësse, le Pin, Reyberolles, Chamboran, Laurières et Ambazac (140 kil.). *Quatrième variante,* par Bouësse, le

Pin, Rocherolles, Saint-Sulpice et Ambazac (135 kil.).

Deux directions principales sont à l'étude. Par l'une, le tracé s'embranche à Nantes, sur la ligne de Paris à l'Océan, et suit à peu près le canal de Nantes à Brest. Par l'autre, le tracé se dirige de Paris sur Brest, par Chartres, Laval, Rennes, Pontivy, en s'éloignant peu de la route de terre. La première direction se partage en 3 sections : la section de Nantes à Vilaine, d'une longueur de 40,693 m. ; la section de Vilaine à la limite du Finistère (158,979 m.); la section de la limite du Finistère et des Côtes-du-Nord à Brest, soit par la montagne, soit par le canal (116 kil.). Longueur totale de la première direction, 352,903 m. La deuxième direction se partage en quatre sections : 1° de Versailles à la vallée de l'Huisne, par Chartres et Alençon, ou par Chartres et le Mans (128,273 m. dans le 1er cas, 123,560 m. dans le 2e); 2° de la traversée de l'Huisne à celle de la Mayenne, par le tracé d'Alençon (91,800 m.), ou par le tracé du Mans (64,000 m.); 3° de la traversée de la Mayenne, à la limite du département d'Ille-et-Vilaine, par Rennes et Montfort (121,884 kil.); 4° de la limite d'Ille-et-Vilaine à Brest (30,008 m.). Longueur totale (2e direction), par le Mans, 598,889 m. (tracé facile et peu dispendieux); par Alençon, 598,102 m. (tracé difficile et coûteux).

*De Rennes à Nantes.*

L'embranchement se ferait sur celui de Paris à Brest, au-delà de Rennes, et se réunirait à celui de Nantes à Brest, à la hauteur de Saint-Nicolas de Redon (71,250 m.).

*De Nantes à Saint-Nazaire* (53,423 mètres).

Le tracé part de l'extrémité de Nantes ; il s'étend sur les plaines de la rive droite de la Loire, franchit la rivière du Brivet et se trouve alors à la hauteur du bassin à flot projeté à Saint-Nazaire, et y arrive en suivant une ligne parallèle à ce bassin.

*De Bordeaux à Bayonne* (classé par la loi du 11 juin), ou ligne d'Espagne.

Divers tracés ont été étudiés par le gouvernement et l'industrie particulière. *Études du gouvernement :* deux directions entre Bordeaux et Mont-de-Marsan ; la première passant par Langon (130 kil.) ; la deuxième passant par la vallée du Ciron, n'ayant que 117 kil., mais traversant des localités moins populeuses. De Mont-de-Marsan à Bayonne, également deux directions ; l'une suivant les vallées de la Midouze et de l'Adour (103 kil.) ; l'autre s'écartant de l'Adour, vers le château de la Roche, passant au col de la Taillade, et rejoignant le premier tracé au village de Saint-Barthélemy (115,800 m.). D'après un tracé étudié par un ingénieur civil, la ligne se rendrait directement sur Bayonne et pousserait deux embranchements, l'un sur Mont-de-Marsan, l'autre sur Dax.—*Coût probable*, (d'après ce projet) 23 millions pour la ligne principale, et 5 millions pour les embranchements; total, 28 millions. *Produit probable brut*, 2,462,783 fr. *net* (60 p. % pour les frais d'exploitation), 1 million ou un peu plus de 3 p. %, si la compagnie fait tous les travaux; mais si le chemin bénéficie de la loi du 11 juin, 7 p. % du capital engagé.

### *Deuxième chemin de l'Ouest.*

TRACÉ. La ligne part du chemin de Tours à Bordeaux et se dirige sur Niort, La Rochelle et Rochefort; elle se compose de 3 sections entre Poitiers et la limite du département de la Vienne. De Poitiers, le tracé franchit le col de Sables, traverse le Clain, gagne la vallée de Fontaine-le-Comte, traverse, à Croutelle, la route royale n° 10, s'élève sur les plateaux, descend dans la vallée de la Vonne, qu'il franchit aux environs de Lusignan, pour remonter sur les plateaux et gagner Couillé. Il passe à Souilloux, Ville-Dieu, suit les coteaux de la rive droite de la Sèvre, la franchit près de Saint-Maixant, de là remonte sur les plateaux et arrive à Niort, après avoir franchi la vallée secondaire entre Niort et La Rochelle. Les études sont incomplètes.

*De Saint-Quentin à Maubeuge* (étudié et demandé par une compagnie).

En prolongeant le tracé de Saint-Quentin à Maubeuge, on rencontre la ligne belge récemment concédée de Charleroy à Erquelines et celle de Charleroy à Liége, actuellement en voie de construction, et enfin la ligne de Liége à Aix-la-Chapelle et Cologne, se prolongeant jusqu'à Berlin. Par le chemin de Saint-Quentin à Maubeuge, la distance entre Paris et Cologne ne serait que de 517 kil., tandis que, par la ligne d'Amiens et de Douai, selon que l'on passe, d'une part, par Valenciennes et Bruxelles, ou par Lille et Gand, la distance varie de 685 à 543 kil. La distance de Paris à Bruxelles est également abrégée; en effet, par Creil, Saint-Quentin, Maubeuge, Erqueline, le trajet n'est que de 338 kil.; en passant, au contraire, par Amiens, Douai, Valenciennes et Mons, le trajet est de 370 kil., et, par Lille, de 407 kil.

*De Sédan à la frontière belge.*

Par Reims, Sédan, Mézières et Rocroy. Ce chemin rencontre, près de la frontière, la ligne belge de Sambre-et-Meuse, récemment concédée, qui touche à Charleroy.

*De Marseille à Toulon.*

Le tracé part de la gare de départ du chemin de

Marseille à Avignon, franchit la route royale n° 8 bis
et le ruisseau du Jarret, entre dans la vallée de l'Hu-
veaune, qu'il traverse à la hauteur de Saint-Marcel,
coupe la route royale n° 8, la longe jusqu'en vue
d'Aubagne, atteint le col de Messugnier qu'il passe en
souterrain, descend successivement dans le bassin de
Cassis et dans celui de la Ciotat. Dans le département
du Var, le tracé, à partir du hameau des Garcins, se
développe sur le versant méridional de la vallée de la
Lecque, passe entre les villages de Cadières et du
Castellet, suit la rivière du grand Vallat, traverse le
contrefort qui sépare le bassin de Bandol de celui de
Saint-Nazaire, puis la rivière de Reppe, franchit, au
point le plus bas, la chaîne de montagnes qu'on trouve
entre Saint-Nazaire et Toulon, passe la rivière neuve
sous le fort Malbousquet et aboutit aux glacis de
Toulon, près de la porte de France.

### *De Marseille à Aix.*

Le tracé se confond jusqu'à Rognac, avec le chemin
de Marseille à Avignon. De Rognac à Aix, le tracé
s'élève constamment jusqu'au col des Quatre Tours.
De ce col à Aix, le tracé, après avoir suivi la rive
gauche de l'Arc, jusqu'à la hauteur de Roque-Favour,
franchit cette rivière en viaduc, se développe derrière
les coteaux de Saint-Pons, traverse la plaine basse
où coule le ruisseau de Malvalla, passe au-dessous du

château de Galice, traverse en souterrain la barre de la Boujarelle et arrive à Aix au-dessous du terre-plein connu sous le nom de la Rotonde (24,840 mèt.).

*De Lyon à Genève, Grenoble et Chambéry* (étudié par des particuliers).

DEUX TRACÉS. Le premier exclusivement établi sur le département de l'Ain, se dirige de Lyon sur Pont-d'Ain, où il se bifurque en deux rameaux, dont l'un traverse Bourg et atteint Màcon, où il se soude au chemin de Paris à Lyon, l'autre court sur Genève en passant par Nantua. D'après une variante, le tracé passerait par la vallée de Saint-Rambert, et laisserait Nantua pour se diriger, en passant près de Belley, sur la première destination. Le deuxième tracé, établi en partie sur le département de l'Ain, en partie sur celui de l'Isère, se dirige de Lyon sur Laverpillière en passant par Heyrieux. Au village de Saint-Germain, à 5 kil. à l'est de Laverpillière, le chemin se bifurque; un des rameaux atteint Grenoble en passant par Bourgoin, Latour-du-Pin, Fitillieu, Virieu, Lemps, Rives, Voiron et Voreppe; l'autre se dirige sur Genève en passant par Saint-Chef, Morestel et Bragnier, où il traverse le Rhône pour se maintenir sur la rive française qu'il suit à peu près constamment jusqu'à l'entrée sur le territoire de Genève. Ce rameau jette sur Chambéry un embranchement de 35 kil. qui suit la rive orientale du lac du Bourget. Longueur du tracé par l'Isère, 633 kil. (ce dernier tracé a été recommandé à l'attention du gouvernement par le conseil municipal de Lyon. Séance du 20 février 1845.)

*Chemin de ceinture autour de Paris.*

Se divise en trois parties : La 1re passe à l'est de Paris, reliant le chemin de Rouen à ceux de Belgique et d'Orléans; l'avant-projet est terminé, la longueur (dans l'intérieur de l'enceinte fortifiée) est de 15,328 m. La dépense, pour deux voies, est évaluée à 542,000 f. par kilomètre; la 2e relie le chemin d'Orléans à la rive gauche ainsi que les deux chemins de Versailles entre eux, et traverse la vallée de la Bièvre. *Longueur,* 6,221 mètres; *dépense,* 530,000 fr. par kil.; la 3e est comprise entre les deux chemins de Versailles; elle traverse la Seine au Point du Jour, à Auteuil, en empruntant la partie du Bois de Boulogne qui a été détachée par le mur d'enceinte; les études sont très avancées.

# APPENDICE.

## AUTRES VOIES DE TRANSPORT.

### CANAUX, FLEUVES, RIVIÈRES ET ROUTES.

———

### FRANCE.

1° Canaux établis ou achevés par l'État, en exécution des lois d'emprunt des 5 août 1821 et 14 août 1822 (60).

Les tarifs de ces canaux sont réglés d'après la ca-

(60) Il n'est pas inutile de rappeler l'historique législatif de ces canaux : les lois du 5 août 1821 prescrivirent l'achèvement du canal du Rhône au Rhin et de celui de la Somme, la création du canal des Ardennes, la canalisation de la rivière d'Isle et le perfectionnement de la navigation entre le canal de Beaucaire et le canal des Deux-Mers. — La loi du 14 août 1822 ordonna l'établissement du canal d'Aire à la Bassée et du canal latéral à la Loire, l'achèvement des canaux de Bretagne, du canal d'Arles à Bouc, du canal du Nivernais, du canal du Berry, et le perfectionnement de la rivière du Tarn.—La navigation de la rivière d'Isle fut entreprise au moyen d'un emprunt au taux de 10 p. °/₀ pendant 19 ans, pour intérêt et amortissement. Une compagnie obtint la concession du canal d'Aire à la Bassée. Le perfectionnement de la navigation entre

pacité, le poids, le volume et le nombre; leur produit appartient à l'État, et la perception s'opère par les préposés du gouvernement.

le canal de Beaucaire et celui des Deux-Mers fut entrepris au moyen d'un emprunt, et l'abandon du péage aux prêteurs pendant un laps de temps qui ne pouvait excéder 60 ans. Pour établir les autres canaux, l'État fit divers emprunts à des compagnies, qui obtinrent un intérêt et une part dans le revenu. L'intérêt des sommes empruntées, en vertu des lois de 1821, fut de 6 p. %, augmenté de 1/2 ou 1 p. % après l'achèvement des canaux, et, en quelques cas, de 1 ou 2 p. % si la confection des canaux venait à éprouver des retards. — L'intérêt des sommes empruntées, en vertu de la loi de 1822, fut de 5,10 à 5,33 p. %, dut être augmenté de 1/2 p. % après l'achèvement des canaux. La part des bénéfices nets laissée aux compagnies est de moitié, et la jouissance doit commencer après l'amortissement des sommes prêtées, et durer pendant 40, 50 ou 99 ans. Il a été stipulé que si les fonds fournis par les compagnies n'étaient pas suffisants, les travaux seraient terminés aux frais du gouvernement, qui ne prélèverait sur les revenus des canaux aucun intérêt des capitaux qu'il débourserait, comme il ne devait prélever aucun intérêt sur les capitaux déjà dépensés. Les sommes prêtées par les compagnies se sont élevées à 127,900,000 fr. — En accordant aux bailleurs de fonds une part dans les bénéfices des canaux, les lois de 1821 et 1822 leur ont donné, par cela même, un droit d'intervention dans le règlement des tarifs. Le gouvernement ayant éprouvé à plusieurs reprises la plus vive résistance de la part des compagnies à une réduction devenue nécessaire des droits, n'a pas trouvé d'autre moyen de la faire cesser que de se faire donner par une loi la faculté de racheter, pour cause d'utilité publique, les actions de jouissance représentatives des droits qui sont attribués à ces compagnies. Cette loi a été votée en 1845 et promulguée le 29 mai.

| CANAUX. | Longueur en mètres. | Coût au 1er janv. 1843. | Date du commencement des travaux. | Date de l'ouverture sur toute la longueur. | Nombre des tonnes transportées en 1844. | Produit brut, y compris les droits de péche et de francs-bords en 1844. |
|---|---|---|---|---|---|---|
| Du Rhône au Rhin. | 350,922 | 28,225,834 | 1800 | décembre 1834. | 113,610 | 795,395 |
| De la Somme et de Manicamp. . . | 156,832 | 12,945,651 | 1770 | avril 1837. | 155,893 | 325,930 |
| Des Ardennes. . . | 105,725 | 14,343,379 | 1822 | id. | 43,274 | 113,631 |
| De la rivière de l'Isle. . . . . | 141,000 | 5,361,432 | id. | depuis plusieurs années. | 38,546 | 49,774 |
| De Bourgogne. . . | 242,044 | 55,241,636 | 1775 | id. | 110,426 | 1,128,644 |
| De Nantes à Brest. | 366,180 | 46,406,045 | 1806 | presque fini. | 40,816 | 79,455 |
| D'Ille et Rance. . | 84,797 | 14,240,019 | 1804 | décembre 1835. | 1,500 | 33,038 |
| Du Blavet. . . . . | 59,568 | 5,397,162 | 1802 | fini récemment. | 5,475 | 44,079 |
| D'Arles à Bour. . | 47,338 | 11,476,240 | id. | juin 1834. | 190,990 | 466,223 |
| Du Nivernais. . . | 174,616 | 32,651,991 | 1784 | fini récemment. | 35,950 (62) | 120,649 |
| Du Berry. . . . . | 320,000 | 25,254,031 | 1808 | décembre 1841. | 80,000 (63) | 219,874 |
| Latéral à la Loire. | 198,465 | 31,344,404 | 1823 | 1840. | 109,945 | 310,463 |
| Navigat. de l'Oise. | 133,600 | 5,644,468 (61) | id. | 1836. | 628,500 | 696,846 |

(61) Le prix total de ces quatorze lignes navigables, au 1er janvier 1845, est de 288,532,009 fr., mais dans cette somme ne sont pas comprises les dépenses déjà faites pour ceux des canaux qui avaient été commencés antérieurement aux lois de 1821 et 1822. Il faut remarquer, en outre, que ces quatorze lignes, quoique termi

2° Canaux votés par les lois des 19 juillet 1837, 3 juillet 1838 et 8 juillet 1840.

| CANAUX. | Longueur en mètres. | Fonds votés jusqu'à ce jour. | Dépenses faites au 1er janvier 1845. | Époque probable de l'achèvement. |
|---|---|---|---|---|
| | | f. | f. | |
| De la Marne au Rhin (64) | 347,765 | 45,000,000 | 38,563,458 | 1847 |
| Latéral à la Garonne. . . | 204,253 | 43,552,361 | 40,430,552 | » |
| De la Seine à la Marne. | 58,150 | 13,000,000 | 8,362,458 | 1846 |
| De la Haute-Seine. . . | 43,966 | 3,500,000 | 3,035,000 | 1845 |
| Deux canaux latéraux à la Marne. . . . . . . | 76,000 | 11,000,000 | 10,194,178 | 1845 |
| Latéral à l'Aisne. . . . | 51,500 | » | » | terminé |

3° Canaux concédés à perpétuité et exécutés par des compagnies. Les tarifs sont réglés d'après la charge possible des bateaux, pour le canal d'Aire à la Bassée, et la perception s'effectue sur la charge réelle, pour la Dropt canalisée, les canaux de Givors, de Grave, du Midi et de Roubaix.

nées, ne sont pas encore perfectionnées. Si on évalue à 12 millions la somme nécessaire pour les derniers travaux, on arrive à un chiffre total de 300 millions. Les devis primitifs évaluaient la dépense à 125 millions. En ne tenant pas compte des dépenses faites avant 1822, le coût moyen par kilomètre reviendrait à 126,000 fr.

(62) Par suite d'un vote des chambres, en 1844, ce canal doit s'arrêter à Nancy.

(63) Ce canal n'est encore en perception que pour les deux sections d'Auxerre à Lachaise, et de Chatillon à Decise.

(64) N'était en perception, en 1844, que pour les sections de Montluçon à Saint-Amand et de Bourges à Tours.

| CANAUX. | Longueur. | Date des concessions |
|---|---|---|
| Canalisation de la Dropt. . . . . | 80,000 | 1821 |
| De Briare (65). . . . . . . | 55,153 | 1599 et 1607 |
| De Grave (près Montpellier). . . | 9,200 | 1666 |
| Du Midi et embranchements. . . | 297,083 | id. |
| D'Orléans. . . . . . . . | 77,304 | 1679 |
| De Lunel. . . . . . . . | 10,000 | 1718 |
| De Loing. . . . . . . . | 56,553 | 1719 |
| De Givors. . . . . . . . | 17,808 | 1761 |
| D'Aire à la Bassée. . . . . | 41,000 | 1822 |
| De Roanne à Digoin (66). . . . | 55,072 | 1827 |
| De Roubaix. . . . . . . . | 13,346 | 1837 |

4° Canaux concédés temporairement, ayant été commencés, avant la révolution, par les États, les villes, ou les particuliers; et achevés, à la paix, par des compagnies, moyennant des concessions temporaires.

| CANAUX. | Longueur. | Date des concessions. | Durée des concessions. |
|---|---|---|---|
| | | | ans. |
| De Saint-Quentin. . . . . | 54,829 | 1827 | 22 |
| De Deule et de Lys. . . . | 116,784 | 1825 | 29 |
| Des Étangs. . . . . . | 15,410 | 1821 | 29 |
| De Luçon. . . . . . . | 15,230 | 1824 | 44 |
| D'Hazebrouck. . . . . . | 25,329 | 1835 | 35 |
| De Beaucaire. . . . . . | 90,535 | 1801 | 80 |
| De Coutances. . . . . . | 5,632 | 1836 | 49 |
| De Crozat. . . . . . . | 54,351 | 1829 | 99 |
| Dunkerque à Furnes. . . . | 13,303 | 1828 | 68 |
| Canalisation de la Scarpe. . | 35,000 | 1835 | 68 |
| Canalisation de la Sensée. . | 26,700 | 1848 | 99 |
| De l'Ourcq et de Saint-Denis. | 100,522 | 1848 | 99 |
| De Saint-Martin. . . . . | 6,600 | 1821 | 99 |
| De la Dive. . . . . . . | 40,011 | 1825 | 90 |
| Canalisation de la Sambre. . | 54,060 | 1826 | 99 |

(65) A coûté 9 millions et rapporte, net, 345,189 fr.

(66) A coûté 11 millions et rapporte, net, 26,000 fr.

| CANAUX. | Longueur. | Date des concessions. | Durée des concessions. |
|---|---|---|---|
| | | | ans. |
| De la Sambre à l'Oise. . . | 66,067 | 1833 | 99 |
| De Vire à Taute. . . . . | 30,638 | 1835 | 99 |
| De la Teste. . . . . . | 140,000 | 1834 | 99 |
| De Préaven, La Nieppe et de Labourre. . . . . | 19,484 | » | 99 |
| De la Drome. . . . . . | 37,000 | 1828 | 99 |
| Du Layon. . . . . . . | 60,000 | 1774 | 40 |
| Pont-de-Vaux. . . . . . | » | » | » |
| Vézère et Corrèze. . . . . | » | » | » |

Les tarifs sont réglés sur la charge possible des bateaux pour les canaux de Crozat, de la Deule, de Dunkerque à Furnes, de Luçon, pour la Lys canalisée, les canaux de Saint-Quentin et de Sensée, et sur la charge réelle pour les autres.

5° Canaux appartenant entièrement à l'État.

| CANAUX. | Longueur. | CANAUX. | Longueur. |
|---|---|---|---|
| | mètres. | | mètres. |
| D'Urdre. . . . . . . | 4,700 | De Calais. . . . . . | 29,542 |
| De Béthune. . . . . | 24,629 | Canalisation de l'Aa. | 29,315 |
| De Bergues à Dunkerque. | 8,701 | De la Colme. . . . . | 24,785 |
| De Bergues à Furnes. | 13,800 | De Courlavaut. . . . | 40,000 |
| De Bourbourg. . . . | 24,462 | De Guines. . . . . . | 6,120 |
| De Saint-Omer. . . | 16,294 | Du Centre (67). . . | 116,842 |
| De Brouage. . . . . | » | De Neuf-Fossé. . . . | » |

Le tarif est basé sur le poids, la mesure et certaines dénominations locales, pour le canal du Centre;

(67) Ce canal rapporte, brut, en moyenne, 410,417 fr.

sur la charge réelle, pour celui de Brouage, et d'après la charge possible des bateaux, pour les autres.

La longueur totale des canaux ou rivières canalisées est d'environ 4,345 kilom.; dans ce chiffre ne sont pas compris les 624,134 mètres, formant l'étendue des lignes en construction aux frais de l'État, ni la longueur de celles que construit, depuis 1830, l'industrie particulière.

DÉPENSES D'EXPLOITATION. Elles se composent des frais d'entretien et d'administration. Les premières sont évaluées à 1 fr. et au plus à 1 fr. 50 cent. (68) par mètre courant; les secondes à une somme à peu près égale. La dépense totale, pour les canaux d'Orléans et du Loing, a été en moyenne, de 2 fr. 50, de 1810 à 1830, et de 2 fr. 45, de 1830 à 1840. Pour le canal de Briare, elle s'est élevée à 2 fr. 89, de 1835 à 1839; il est vrai que ce canal, le premier qui ait été établi en France, est celui qui a le plus grand nombre d'écluses et dont, par conséquent, les frais d'entretien et d'administration doivent être le plus considérables. On peut évaluer à 2 fr. la dépense totale pour les canaux construits ou achevés depuis 1822, ces lignes navigables ayant été construites plus solidement et avec le secours d'une science plus avancée. Nous voyons, en effet, que l'entretien, en 1844, n'a pas coûté plus de 1 f. 02.

(68) Sur le canal du Midi, le mieux administré des canaux français, les frais d'entretien sont de 1.35 par mètre.

TARIFS. Voici le tarif des droits légaux par kil. et tonneau de 1,000 kilog., sur les principaux canaux français pour les articles les plus importants :

| OBJETS. | Canal du Midi. | Canal de Briare. | Canal du Centre. | Canal St-Quentin. | Canaux de 1821 et 1822. |
|---|---|---|---|---|---|
| Fumier , sable et gravier. . | 0.020 | 0.045 | 0.020 | 0.010 | 0.010 |
| Houille. . . . | 027 | 020 | 045 | 020 | 048 |
| Farine. . . . . | 080 | 054 | 040 | 020 | 087 |
| Blé. . . . . . | 080 | 054 | 040 | 020 | 067 |
| Vin. . . . . . | 080 | 120 | 040 | 020 | 081 |
| Fer. , . . . . | 080 | 144 | 040 | 020 | 060 |
| Tissus. . . . . | 080 | 080 | 040 | 020 | 088 |
| Bois de charp. (par mèt. cub. ou kilolitre). | 066 | 049 | 016 | 008 | 040 |
| Planches, chevrons (*Idem*). | » | 014 | 012 | 006 | 040 (⁶⁹) |

La moyenne, par tonneau et par kil. pour ces canaux, ceux de 1821 et 1822 exceptés, est de 0,044.

FRET. Le fret et le péage qui sont ordinairement réunis sur les chemins de fer, sont séparés sur les canaux français. Le fret varie beaucoup; mais il paraît certain que, sur les canaux bien entretenus, cet élément de dépense varie entre 2 et 3 centimètres par

(69) Ce tarif est le tarif légal maximum ; il n'a jamais été appliqué ; mais quoique inférieurs à ce maximum, les droits actuels (qui viennent d'être réduits par une décision dont la légalité est contestée, parce qu'elle a été prise sans le consentement des compagnies) sont encore relativement fort élevés.

tonne et par kil., en supposant le halage fait par des hommes, car le fret s'élève beaucoup, quand on suppose la traction opérée par des chevaux. Ainsi le prix de traction sur les canaux d'Orléans et de Lourcq, y compris l'entretien et le loyer du bateau, le salaire des mariniers, est de 2 fr. 80, tandis que le fret sur les canaux du Nord, où l'on emploie les chevaux, est de 3 fr. 60 cent., dont 2 fr. 35 c. pour le salaire des mariniers et le loyer du bateau, et 1 fr. 25 pour le halage proprement dit, nourriture des chevaux, etc. En réunissant les droits de navigation et de fret, on arrive, pour le transport sur les canaux, à une dépense moyenne totale de 0,06 à 0,07 par tonne et kil. (70).

CHOMAGE. 1° *Pour cause de gelée.* Sur le canal du Midi, la gelée ne suspend pas la navigation plus de

---

(70) Dans une brochure célèbre, M. Collignon, ingénieur en chef des ponts-et-chaussées, évalue cette dépense, en moyenne, à 0,0535, dont 0,0295 pour le fret ou le prix de transport, et 0,0240 pour droits de navigation. Mais les intérêts, ni l'amortissement du capital ne sont compris dans cette dépense. D'après M. Teysserenc, dans son ouvrage sur les travaux publics, en joignant cette dépense aux frais d'exploitation proprement dits, le coût général du transport d'une tonne revient, sur les canaux, à 0,4630, avec une vitesse de 3,600 mètres à l'heure, et à 0,5630 pour une vitesse de 6,000 mètres. Cette dernière dépense se décompose ainsi : entretien et administration, 0,0830 ; halage, 0,1800 ; intérêts et amortissement, 0,3000 ; total, 0,5630.

huit jours. Au nord de la France, sur le canal de Mons à Condé, la durée moyenne annuelle de la clôture du canal, pour cause de gelée, pendant cinq années, de 1834 à 1839, a été de 24 jours. Sur le canal latéral à la Loire, qui a une partie de son parcours dans un pays montagneux et froid, le chômage n'est pas de plus d'un mois. Sur le canal de la Somme, le chômage a été de 25 jours, mais sur la haute Somme seulement. Il a été de 3 jours, pour le canal des Ardennes, en 1843 et 1844, de quelques jours également pour celui de Bourgogne, en 1843. 2° *Pour cause de réparations*. Les réparations comprenant le curage général exigent vers la fin de l'été, ou pendant l'automne, un chômage assez long. Sur le canal du Midi, ce chômage, qui est de six semaines, avait lieu, jusqu'à ces derniers temps, une fois tous les deux ans; il a été rendu triennal, et on espère pouvoir en reculer le retour d'une année de plus. Il y a lieu de croire que les canaux de 1821 et 1822 seront amenés à ce régime, lorsqu'ils seront devenus étanches et que les remblais auront pris leur assiette définitive.

### Cours d'eau naturels navigables.

La France possède en outre 8,906 kil. de cours d'eau naturels navigables, se répartissant ainsi entre les rivières et fleuves suivants : « La *Loire* (900 kil.), navigable facilement en avril, mai, octobre et novembre, — en voie d'amélioration depuis 1836. La *Saône* (460 kil.), navigation régulière à partir de Gray seulement. Le *Rhône* (760 kil.) Le défaut d'un chemin de halage continu rend la navigation de ce fleuve difficile et dangereuse à la remonte. Il n'a que 75 centim. d'eau à l'étiage, sur les hauts-fonds, ce qui est insuffisant pour les bateaux fortement chargés. Les travaux qui s'effectuent en ce moment pour améliorer ce fleuve, ont pour but 1° de le border d'un chemin de halage continu; 2° de barrer ses bras secondaires et de réunir toutes ses eaux dans un seul lit ; 3° de l'encaisser pour que le lit devienne invariable et proportionné au volume de ses eaux. La *Garonne* (620 kil.), navigable seulement à partir du confluent du Solat, dans la haute Garonne. Le *Lot* (406 kil.), l'un des principaux affluents de la Garonne, navigable sur une étendue de 272 kil. du pont de Lévignac (Aveyron), jusqu'à la Garonne, près d'Aiguillon. On l'améliore sur cette étendue. Le *Rhin* (1500 kil.). Des travaux concertés avec les États limitrophes s'effectuent en ce moment; ils ont pour but 1° de concentrer les eaux du fleuve dans un lit unique; 2° de fixer définitivement les rives; 3° de protéger le territoire contre ses débordements, travaux très lents, les crédits étant insuffisants. L'*Isère* (164,000 mètres de la limite de la France, à son embouchure dans le Rhône). Navigable depuis le pont de Montmélian, en Savoie. Les travaux qui s'exécutent

14.

en ce moment ont pour but 1° la fixation du lit de la rivière, la suppression des bras secondaires, l'atterrissement de ses rives, la propulsion des graviers qu'elle charrie, et l'amélioration de la navigation. L'*Allier* (320 kil.) Travaux dans le but 1° d'empêcher l'interruption de la navigation pendant les basseseaux; 2° de régulariser son lit majeur. La *Sèvre Niortaise et ses affluents.* Navigable depuis Niort jusqu'à la mer. Ses affluents navigables sont le Mignon, l'Autise et la Vendée. Travaux : curage du lit et établissement de chemins de halage. L'*Escaut* (72 kil.) a été complétement amélioré de 1836 à 1840. La *Moselle.* Navigable à son confluent avec la Meurthe, près de Frouard. Travaux : perfectionnement des chemins de halage et amélioration du lit, pour augmenter dans les hauts-fonds la profondeur du mouillage. L'*Ill.* Amélioré complétement en 1840 La *Baïse.* Navigable de Nérac à son embouchure dans la Garonne. L'*Adour.* Navigable depuis Saint-Sever jusqu'à son embouchure, à Bayonne 114 kil.). La *Midouze.* Navigable de Mont-de-Marsan, à son confluent avec l'Adour (43 kil.). La *Meuse* (261 kil.) Travaux : amélioration du chemin de halage; approfondissement et redressement du lit, entre Sédan et la frontière belge. *Marne* (347 kil.). Travaux : deux canaux latéraux, l'un, entre Vitry et Dizy, près d'Épernay (Marne), l'autre entre Meaux et Chalifert (Seine-et-Marne). La *Seine* (680 kil.). Tra▪

vaux incomplets. — Crédits insuffisants. — Projet de perfectionnement de la traversée de Paris adopté par l'Administration. L'*Yonne.* Navigable 4 ou 5 mois de l'année, entre Auxerre et Montereau.—Travaux ayant pour but de rendre cette rivière navigable en tout temps, à l'aide de barrages, et d'améliorer les chemins de halage. *Vilaine* (239 kil.) Améliorée entre Rennes et Redon. *Charente.* Travaux qui la rendront navigable, comme autrefois, de Cognac à son embouchure dans l'Océan. *Dordogne* (457 kil.). Navigable en montant jusqu'à Souillac, et en descendant, à partir d'Argentat; complétement améliorée. Le *Tarn.* Navigable à partir de la plaine de l'Albigeois, canalisé (en vertu de la loi du 14 août 1822) entre Albi et Guillac; à peu près amélioré sur le reste de son parcours navigable. La *Saône* (460 kil.). Travaux pour régulariser le lit et les rives. L'*Aisne.* Amélioré par un canal latéral entre Vieux-lez-Asfeld et Condé, et canalisé entre Condé et l'Oise. Travaux achevés.

DROITS DE NAVIGATION. Les marchandises ont été partagées en 2 classes pour la perception du droit de navigation. La première comprend tous les objets encombrants; la deuxième, les marchandises non ou moins onéreuses. Le droit par tonne et par kil. est, *à la descente*, pour la première classe, de 0,0020, pour la deuxième, de 0,0040; à la *remonte* sur la haute Seine et ses affluents, pour la première classe, de 0,0020 ; pour la deuxième, de 0,0040 ; sur tous les autres fleuves et rivières, pour la première, de 0,0025, pour la deuxième, de 0,0050. Les bois en train payent par stère, sur la haute Seine, 0,0004, sur tous les autres fleuves, 0,0010. — *Fret.* Sur les rivières, le fret proprement dit est d'un quart moins élevé à la descente, et à la remonte, de moitié environ plus élevé que sur les canaux. — Le prix moyen des places sur les bateaux employés au transport des voyageurs sur les rivières, est, par kil., de 0,0592, pour les premières; de 0.04 pour les deuxièmes; de 0,0270 pour les troisièmes.

Parmi les études de navigation qui se font en ce moment et pourront être réalisées dans un avenir plus ou moins éloigné, nous citerons les lignes projetées, qui sont : 1° la canalisation de la Dordogne depuis Libourne jusqu'à Souillac ; 2° un canal de jonction de la haute Dordogne avec la Loire supérieure ; 3° un canal de jonction de la basse Dordogne à la basse Loire ; 4° la navigation de la Vienne ; 5° un canal de la Vienne à la Maine ; 6° la navigation de la Mayenne et de la Sarthe ; 7° un canal de jonction de la Mayenne et de la Sarthe à l'Orne ; 8° la navigation de l'Orne ; 9° un canal de Marans à Nantes ; 10° id. de Marseille au port de Bouc ; 11° un canal de jonction de la Saône à la Marne, par la vallée de l'Amance ; 12° id. à la Meuse ; 13° id. à la Moselle et à la Meurthe ; 14° un canal latéral à la Meuse ; 15° un canal de jonction de l'Aisne à l'Oise, par la vallée de la Lette : 16° la navigation de la basse Yonne ; 17° de Seine de Nogent à Paris ; 18° canaux des grandes et des petites Landes ; 19° un canal latéral au Rhône entre Tarascon et Arles ; 20° des canaux de jonction de la Vienne au Cher et du Cher à l'Allier ; 21° la navigation de la Sèvre, de Marans à Niort et canal de jonction de la Sèvre au Clair ; 22° canal de jonction de la Creuse au Cher ; 23° canal du Cotentin à travers la presqu'île de la Manche ; 24° canal de jonction du canal de Nantes à Brest au port de Saint-Brieuc ; 25° la navigation de la Seine, du confluent de la Marne à la mer.

En 1843, la navigation à vapeur s'est effectuée avec 242 bateaux, répartis entre 20 départements. Les appareils moteurs consistaient en 394 machines ayant ensemble une force de 12,748 chevaux-vapeur équivalant à 38,244 chevaux de trait (le cheval-vapeur étant représenté par 75 kilog. élevés à 1 mètre par seconde) ou à 267,708 haleurs de bateaux. Sur ces 394 machines (accusant une force moyenne de 32 ch. 61) 271 dont la force moyenne était de 32 à 37 chevaux, fonctionnaient à basse pression, et l'on en comptait 123 à haute pression, dont la force moyenne était de 32 ch., 85. Quant à la force motrice des 242 bateaux, elle était, en moyenne, de 52 ch. 90, par bateau, et le tonnage moyen de ces bateaux était de 73 tonnes. —

La consommation moyenne de la houille, par heure et par cheval, a été de 5 k. 25 pour les machines à basse pression, et de 5,46 pour les machines à haute pression. Les 242 bateaux ont été consacrés aux services suivants : 111 au transport des passagers et des marchandises ; 78 au transport des passagers ; 42 à la remorque ; 1 à la remorque et au transport des marchandises ; 3 à la remorque et au transport des passagers ; 7 à la remorque et au transport des voyageurs et des marchandises.— Le nombre des voyageurs transportés en 1843, a été de 2,591,965, et le poids des marchandises de 1,306,349 tonneaux, se répartissant ainsi qu'il suit entre nos trois mers, nos fleuves et nos rivières (71).

(71) La navigation, dans les trois mers, se compose des lignes suivantes :

### MANCHE.

| | Passagers. | Marchand. | | Passagers. | Marchand. |
|---|---|---|---|---|---|
| Du Havre à St-Péters-bourg. . . | 1,410 | 2,810 | Du Havre à Cherbourg. . | 540 | 750 |
| — à Hambourg. | 1,034 | 9,579 | — à Caen. . . | 23,208 | 11,110 |
| — à Rotterdam. | 2,689 | 5,832 | — à Honfleur. | 1,000 | » |
| — à Londres. . | 2,350 | 8,000 | — à Bordeaux. | 800 | » |
| — à Morlaix. . | 2,800 | 7,500 | Calais à Douvres. | 4,100 | » |

### OCÉAN.

| | Passagers. | Marchand. |
|---|---|---|
| De Nantes à Bordeaux. . . . . . . . . . | 2,863 | 382 |
| — à Lorient. . . . . . . . . . | 1,060 | 180 |
| De Brest à Port-Launay. . . . . . . . | 9,461 | 443 |
| De La Rochelle à l'île de Ré. . . . . . | 20,000 | 250 |

### MÉDITERRANÉE.

| | Passagers. | Marchand. | | Passagers. | Marchand. |
|---|---|---|---|---|---|
| De Marseille à Cadix. . | 1,024 | 3,047 | De Marseille à Arles. . . . . . . . | 3,777 | 28,481 |
| à Naples. . | 3,679 | 2,388 | De Cette à Ogloux. . | 62,736 | 25,500 |
| à Alger. . | 2,975 | 7,870 | De Bastia à Marseille. | 3,000 | 200 |
| à Livourne | 1,054 | 1,600 | — à Livourne | | |
| à Agde. . | 9,386 | 18,924 | et Ajaccio. . . . . | 71,000 | 180 |

| Mers. | Bateaux. | Tonnages. | Passagers. | Tonnes de marchandises. |
|---|---|---|---|---|
| Manche. . . . . . . . | 20 | 3,087 | 38,908 | 45,571 |
| Océan. . . . . . . . . | 7 | 478 | 33,384 | 955 |
| Méditerranée. . . . . | 42 | 1,880 | 158,631 | 153,193 |
| Total. . . . | 69 | 5,445 | 230,923 | 199,719 |

| Fleuves, rivières. | Bateaux. | Tonnages. | Passagers. | Tonnes de marchandises. |
|---|---|---|---|---|
| Seine. . . . . . . . . | 33 | 2,672 | 465,846 | 1,867 |
| La Rance. . . . . . | 2 | 60 | 16,000 | » |
| Le Rhin. . . . . . . | 10 | 408 | 25,112 | 5,115 |
| Moselle. . . . . . . | 4 | 323 | 37,844 | 292 |
| La Loire. . . . . . | 41 | 966 | 682,740 | 522,456 |
| La Garonne. . . . . | 30 | 1,811 | 875,000 | 8,750 |
| Le Rhône. . . . . . | 36 | 2,358 | 62,000 | 472,150 |
| La Somme. . . . . . | 17 | 1,287 | 497,000 | 96,000 |
| Totaux. . . . | 242 (72) | 9,885 | 2,361,542 | 1,106,630 |

(72) D'après M. De Reden, qui assure avoir puisé aux sources officielles, en 1844, le nombre des bateaux à vapeur de tous les états européens était de 2,350 à 2,400, réunissant une force totale de 250,007 chevaux environ, chaque bateau ayant, en moyenne, une force de 93 chevaux. Ces bateaux avaient coûté une somme totale de 712,320,000 fr. Ils se répartissaient dans les proportions suivantes entre les divers états :

| | |
|---|---|
| Angleterre. . . . . . . . . . . . . | 60 p. %. |
| France.. . . . . . . . . . . . . | 22 |
| Allemagne. . . . . . . . . . . . | 8 |
| Russie. . . . . . . . . . . . . | 2 3/4 |
| Hollande. . . . . . . . . . . . | 2 1/2 |
| Autres états réunis. . . . . . . . . | 4 1/4 |
| | 100 |

En 1814, l'Angleterre, toujours d'après le même auteur, possé-

La longueur de la ligne parcourue a été de 1,214 myriamètres pour la navigation maritime, et de 252 myriamètres pour la navigation fluviale.

Le progrès de la navigation à vapeur, en France, a été constant. En 1835, elle n'employait que 73 bateaux et 90 machines ayant une force totale de 2,635 chevaux. Elle n'avait transporté cette même année que 1,038,916 passagers et 38,140 tonneaux de marchandises.

### Routes.

La France possédait, au 1ᵉʳ janvier 1843, 8,680 lieues (61,000 kil.) de routes royales et départementales, et 771,460 kil. de chemins vicinaux de grande communication. Avec une superficie de 52,941,300 hectares, c'est un kilomètre de route pour 64 hectares.

Le coût de construction moyen d'une route royale non pavée est de 6 à 14,000 fr. le kil., selon les difficultés que présente le sol. Une route royale pavée coûte en moyenne 45,000 fr. Le chiffre d'entretien, par mètre courant d'une route quelconque, a été, en 1844 (*Compte-rendu des ponts et chaussées*), de 0,618, pour

---

dait de 6 à 700 bateaux, ayant une force totale de 128,000 chevaux ; la France, de 230 à 270, ayant une force de 38 à 48,000 chevaux ; l'Allemagne, 180 bateaux de rivière et 77 destinés aux voyages maritimes, ayant une force totale de 19,600 chevaux ; la Russie, 92 bateaux de rivière et 56 de mer, ayant une force de 8,900 chevaux ; la Hollande, 48 de rivière et 23 de mer, ayant une force totale de 5,500 chevaux.

une route pavée de 0,796, et pour une route empier-
rée, de 0,596. Cette dépense se décompose ainsi :

|  | Route pavée. | Route empierrée. | Ensemble des routes. |
|---|---|---|---|
| Matériaux. | 0.359 ou 43 p. °/₀ | 0.268 ou 45 p. °/₀ | 0.278 ou 44,9 p. °/₀ |
| Main-d'œu- vre. . . . | 0.363  44,2 | 0.254  42,8 | 0.266  43 |
| Access. . . | 0.074  12,2 | 0.074  12,2 | 0.074  12,2 |

Enfin la dépense accessoire se répartit ainsi : terrassements et réparation d'ouvrages d'art : 4,3 p. °/₀;
frais de conduite et de surveillance : 5,7 et dépenses
diverses : 2,2; total : 12,2 p. °/₀.

Ajoutons que l'entretien de nos routes, coûte en
moyenne, par an, 20 millions, non compris les fonds
consacrés aux lacunes, ni les fonds extraordinaires,
ni les fonds dits de la deuxième catégorie.

Voici, pour plusieurs époques, le mouvement des
prix du transport des voyageurs à une lieue par les
messageries : 1789, 1 fr.; 1810, 75 c.; 1825, 60 c.;
1832, 40 c.; 1840, 35 c. Le prix moyen des diverses
places, dans les diligences, est actuellement, par lieue
de 4 kil., de 55 cent. pour le coupé, de 47 pour l'intérieur, et de 40 pour la rotonde; moyenne, 40 c. ou
10 cent. par kil. La vitesse qui, en 1785, était de 5 kil.
à l'heure, est depuis 1843, de 14 à 15 kil. Le prix du
transport par la malle-poste est aujourd'hui de
18 c. 1/3 par kil.; la vitesse qui, en 1814, ne dépas-

sait pas 7 kil. en moyenne, est actuellement de 20 kil.

Le prix du transport des marchandises a également diminué dans de fortes proportions; en ce moment, le transport d'une tonne de marchandise, sur les routes qui ne sont pas en concurrence avec un chemin de fer, coûte, par kil., *messageries*, 1 fr. 12 c.; *roulage accéléré*, 40 c.; id. *ordinaire*, 35 c.

## BELGIQUE.

Ce royaume possède 707,083 mètres de canaux construits ou en construction, dont les principaux sont : de *Bois-le-Duc à Maëstricht* (commencé en 1807, achevé sous le gouvernement néerlandais), 22,800 m., de *Bruges à l'Écluse* (1810-1818), 10,600 m.; de *Bruges à Ostende* (construit de 1622 à 1666) 231,300 m. ; de *Caraman* (commencé et fini en 1814), 800 m. ; *de Charleroy à Bruxelles* (commencé en 1827 et fini en 1833; appartient à la ville de Bruxelles), 59,942 m.; de *Gand à Bruges* (1379-1751), 42,376 m.; de *Gand à Ternensen* (1551-1562-1825-1827), 21,000 m.; de *la Liéve* (1231-1252), 41,100 m. ; de *Louvain* (1750-1753), 29,500 m.; du *Moerdych*, 10,800 m.; du *Moervaert* (1547-1548-1778), 21,171 m.; de *Mons à Condé* (1807-1814), 17,888 m.; de *Plasschendaele à Nieuport* (1639-1640), 21,255 m.; de *Pommerœul à Antoing* (1823-1826), 23,051 m.; de *Stekenen* (1315), 4,720 m.; de *Villebrock à Bruxelles* (1550-1561). — Ces canaux sont compris dans le bassin de l'Escaut. On compte, en outre, dans le bassin de l'Aa, 65,330 m., et dans le bassin de la Meuse (en y comprenant la Sambre canalisée), 108,843 m. de canaux. Le reste est en contruction.

PÉAGES. Les canaux belges appartenant tous à l'État ou à des villes et des provinces, les tarifs doivent être naturellement très bas.

Sur le canal de Bruxelles à Charleroy le tarif moyen, en supposant un chargement de plus de 800 kil. par mètre cube; est de 0,0081, si le chargement est de moins de 800 kil. par mètre cube, de 0,0063. Sur le canal de Pommerœul à Antoing, le droit est, pour le parcours entier, de 0,0257. Sur le canal de Bruxelles à Charleroy, le péage moyen, en supposant un parcours total, est de 0,0163; sur celui de Maëstricht à Bois-le-Duc, il est de 0,0096; sur la Sambre canalisée, il est de 0,02 pour les objets encombrants. L'extrême modération de ces tarifs exerce l'influence la plus favorable sur la circulation; ainsi, en 1843, les canaux ont transporté à 1 kil., de 140 à 150 millions de tonnes de marchandises. La navigation seule du canal de Bruxelles au Ruppel est de 750,000 tonneaux, soit pour effet utile total, 40,500,000 tonneaux transportés à 1 kil.; et celle du canal de Bruxelles à Charleroy, de 160,000. Mais il faut dire aussi que sur les canaux régis par l'État, la dépense excède quelquefois la recette, comme, par exemple, sur celui de Terneuse, et sur le canal de Bois-le-Duc à Maëstricht. Sur le canal de Bruxelles à Charleroy, l'un des plus productifs, la dépense n'est que de 10 à 11 p. % de la recette.

Les fleuves et rivières de la Belgique ont une étendue navigable de 469,850 mètres, se répartissant ainsi : *le Demer*, 31,000 mètres; *la Dendre*, 67,650 m.; *la Durme*, 22,200 m.; *la Dyle*, 22,000 m.; *l'Escaut*, 212,000 m.; *la Lys*, 90,000 m.; *la Nèthe*, 13,000 m.; *le Rupel*, 12,000 m.; total, 469,850 mètres.

Total du réseau de navigation intérieure belge, 1,176,933 mèt.

Les routes belges se divisent en routes royales, provinciales et concédées ou à barrières.

| Routes. | Pavées. | Empierrées. |
|---|---|---|
| Royales. . . . . . | 234,259 mètres. | 376,964 mètres. |
| Provinciales. . . . | 444,084 | 266,346 |
| Concédées. . . . | 146,965 | 209,961 |
| | 825,308 mètres. | 853,271 mètres. |

## ANGLETERRE.

Le Royaume-Uni des îles britanniques possède environ 4,500 kil. de canaux; 3,600 kil. se trouvent dans l'Angleterre proprement dite et le pays de Galles. La moyenne du coût de construction est, d'après quelques auteurs, de 135,000 fr. par kil.; elle s'élève beaucoup plus haut, selon d'autres. Les canaux anglais ne valent pas les canaux français pour la commodité de leur section et pour la disposition générale de leurs tracés ; mais leur sont supérieurs par la richesse de leur alimentation, par la moindre hauteur des faîtes à franchir et surtout par la continuité des lignes navigables. Les canaux anglais sont presque tous fort courts ; chaque ligne se compose de plusieurs canaux placés à la suite l'un de l'autre, et la longueur totale de la ligne est ordinairement bornée, à cause de la faible étendue du territoire et surtout de sa forme resserrée qui permet d'atteindre rapidement, en partant de l'intérieur, le littoral ou les centres d'industrie.

PÉAGES. La composition des classes pour la perception du droit est très variée ; cependant elles sont généralement au nombre de trois : la 1re comprenant les objets les plus encombrants ; la 2e des objets moins pondéreux ; la 3e les produits manufacturiers, les denrées alimentaires et les matières premières d'un faible poids. Pour les objets de la 1re classe, le droit par tonne (1,000 kil.) et par kilom., varie de 0,032 à 0,097 ; pour la 2e classe, de 0,064 à 0,193 ; pour la 3e, de 0,129 à 0,258. Les maxima fixés par le parlement vont souvent jusqu'à 0,386. Sur le canal calédonien, le seul qui appartienne à l'État, le péage est de 0,016. Comme on le voit, ces tarifs (le dernier excepté) sont énormes et laissent bien loin derrière eux-mêmes les tarifs des canaux français de 1821 et 1822.

En 1841, l'Angleterre possédait 168,578 kil. de

chemins de voitures. Pour une superficie de 15,023,230 hectares, c'est 1 kil. de route pour 89 hectares.

## ÉTATS-UNIS D'AMÉRIQUE.

A la fin de 1842, les États-Unis comptaient 6,974 k. de canaux ayant coûté environ 100,000 fr. par kil.; les canaux en construction ont une longueur de 3,797 kil.

PÉAGES. Le péage moyen, par tonne (française) et kil., est, pour la 1re classe (produits encombrants), de 0,017; pour la 2e (produits agricoles, houille, fonte moulée, fer à la descente, plâtre, ardoises, tuiles) de 0,033; pour la 3e (fer à la remonte, tissus, épiceries, denrées coloniales) de 0,066. Pour le bois, le droit est, en moyenne, de 0,014 par mèt. cube.

M. M. Chevalier, dans son livre *des Voies de communication aux États-Unis*, a fait ressortir par le tableau suivant les différences qui existent entre la France, la Belgique, l'Angleterre et les États-Unis, quant à l'étendue des canaux :

|  | Par myriam. carré. | Par million d'habitants· |
|---|---|---|
| Belgique. . . . . . | 2,40 kil. | 168 kil. |
| Etats-Unis. . . . . | 0,44 | 597 |
| Angleterre. . . . . | 1,44 | 167 |
| France. . . . . . . | 0,82 | 126 |

# BIBLIOGRAPHIE CHOISIE

## DES CHEMINS DE FER.

———

### 1833.

Instruction sur les Routes, les Chemins de fer, les Canaux et Rivières, à l'usage de l'Ecole d'application d'Etat-Major; par M. Augoyat. 1 vol. in-8°.

### 1834.

Leçons faites sur les Chemins de fer à l'École des Ponts-et-Chaussées, en 1833 et 1834; par M. Minard. 1 vol. in-4°.

### 1835.

De l'utilité des Chemins de fer pour la défense du territoire; par Lamé et Clapeyron. Broch. in-8°.

Note sur la Comparaison des avantages respectifs des diverses lignes de Chemin de fer et sur l'emploi des locomotives; par Navier. 1 vol. in-8°.

Notice sur les Chemins de fer de l'Amérique du Nord (Extrait de la Revue d'Édimbourg). Broch. in-8°.

Revue des questions les plus importantes sur l'Établissement des Chemins de fer, en France. 1 vol. in-4°.

Ce que doivent être les Chemins de fer en France, par Arnollet. 1 vol in-8°.

Preposition de nouveaux rails pour les Chemins de fer; par
    Dausse. 1 vol. in-8°.

Chemins de fer,—Courbes à très petits rayons (système Lay-
    gnel). 1 vol. in-8°.

## 1836.

Chemins de fer américains ; par Guillaume-Tell Poussin.
    1 vol. in-4°.

Des Chemins de fer. De leur influence sur l'agriculture,
    l'industrie et le commerce. Broch. in-8°.

Des Chemins de fer; par Marivault. Broch. in-8°.

Considérations générales sur l'Etablissement des Chemins de
    fer; par Henry. Broch. in-8°.

Quelques idées sur les Encouragements à accorder aux
    Compagnies concessionnaires des Chemins de fer ; par
    Bartholony. Broch. in-8°.

Considérations sur les trois Systèmes de Communication
    intérieure, au moyen des Routes, des Chemins de fer et
    des Canaux ; par Nadault de Buffon. 1 vol. in-4°.

## 1837.

De la Dépense et du Produit des Canaux et des Chemins de
    fer; par Pilet Will. 1 vol. in-8°.

Des Chemins de fer considérés comme moyen de défense
    du territoire français; par Félix Renouard. Broch. in-8°.

## 1838.

Du meilleur système à adopter pour l'exécution des travaux
    publics en France, et notamment des grandes lignes de
    Chemins de fer. 1 vol. in-8.

De la législation des Chemins de fer en France et en Angle-gleterre ; par Achille Guillaume. 1 vol. in-8°.

Lois européennes et américaines sur les Chemins de fer; par Smith. 1 vol. in-4°.

Guide des Actionnaires des Chemins de fer; par Gaubert jeune. 1 vol. in-18.

Considérations sur l'Établissement des Chemins de fer en France; par Milleret. Broch. in-8°.

Recherches sur les conditions et le meilleur mode d'exécu-tion des Chemins de fer; par A. Castillon du Portail. 1 vol. in-8°.

Chemins de fer. De leur exécution par l'industrie particu-lière; par Jules Séguin. Broch. in-8°.

Système de voitures pour Chemin de fer de toute courbure ; par Claude Arnoux. Broch. in-8°.

## 1839.

Des Travaux publics en Belgique, et les Chemins de fer en France ; par E. Teysserenc. 1 vol. in-8°.

Examen comparatif de la question des Chemins de fer, en 1839, en France et à l'étranger, et de l'intervention du gouvernement dans la direction et l'exécution des travaux; par Guillaume-Tell Poussin.

Du meilleur système à adopter pour l'exécution des travaux publics, et notamment des grandes lignes de Chemins de fer ; par F. Bartholony. 2 vol. in-8°,

L'Industrie des Chemins de fer, ou Dessins et description des principales machines locomotives, etc. ; par MM. Ar-mengaud. 1 vol. in-4°.

De l'Influence des Chemins de fer et de l'art de les tracer et de les construire ; par Séguin aîné. 1 vol. in-8°.

Des Chemins de fer en France, et de la crise qui paralyse les Compagnies; par J. Milleret. Broch. in-8°.

Notice sur les grands chantiers de Terrassements; par Carl Etzel. Broch. in-4°, avec 26 pl.

Notice sur les Chemins de fer anglais; par M. Perdonnet. 1 vol. in-8°.

## 1840.

Esprit et Méthodes comparés de l'Angleterre et la France dans les entreprises de Travaux publics; par Charles Dunoyer. 1 vol. in-8°.

Histoire et Description des voies de communication aux États-Unis; par Michel Chevalier. 1 vol. in-4°. (Les deux derniers ont été publiés en 1841 et 1843).

De la Législation et du mode d'exécution des Chemins de fer; par Pecqueur. 1 vol. in-8°.

Traité historique et pratique des Machines locomotives; par F. Guyonneau de Pambour. 1 vol. in-8°.

Système de voitures pour Chemins de fer; par Claude Arnoux. Broch. in-8°.

Des courbes de Chemin de fer; par Renaud de Vilback. Broch. in-8°.

Système de voitures pour Chemins de fer de toutes courbures. Rapport par Fèvre. Broch. in-8°.

Lettre sur sa mission en Angleterre (Chemins de fer) adressée à M. Dufaure, par M. E. Teisserenc.

Notice sur les Chemins de fer anglais; par Guillaume-Tell Poussin. 1 vol. in-8°.

Chemins de fer de l'Angleterre; par Bineau, ingénieur en chef des ponts-et-chaussées. 1 vol. in-8°.

Guide du mécanicien conducteur de machines locomotives; par E. Flachat et J. Petiet. 1 vol. in-12.

## 1841.

Science pratique des Chemins de fer, traduit de l'anglais de
S. C. Brees. 1 vol. in-4°.

Des moyens d'établir un réseau complet de Chemin de fer ;
par J. Milleret. Broch. in-8°.

Calcul sur la sortie de la vapeur dans les machines locomotives ; par Jeanneney. 1 vol. in-8°.

De l'Établissement des Chemins de fer sur les berges des
canaux. Broch. in-8°.

Traité de la Législation et de la Jurisprudence des Chemins
de fer ; par H. Nogent Saint-Laurent. 1 vol. in-8°.

## 1842.

De la politique des Chemins de fer ; par Edmond Teisserenc.
1 vol. in-8°.

Moyen d'exécution des grandes lignes de Chemins de fer ;
par M. Émile de Girardin. Broch. in-8°.

Les Chemins de fer et les Postes ; par M. Joubaud. Brochure in 8°.

Railways atmosphériques ; par Samuda. 1 vol. in-8°.

Influence du parcours partiel sur les Chemins de fer ; par
Minard, ingénieur en chef des mines. Broch. in-8°.

Des Chemins de fer et du réseau proposé par le Gouvernement ; par M. Muret de Bord, député. Broch. in-8°.

Propositions soumises à M. le ministre des Travaux publics,
sur le classement des Chemins de l'État, ou railways
royaux ; par Raymond Mangeot, ingénieur en chef des
ponts-et-chaussées. Forte broch. in-8°.

Considérations militaires et commerciales sur les Chemins de
fer ; par Bussières. Broch. in-8°.

Des machines à vapeur aux États-Unis, principalement en ce qui concerne les Chemins de fer; par E. Duval. 1 volume in-8°.

Essai sur les grandes lignes de communication en France; par M. Barrillon. 1 vol. in-8°.

Art du nivellement et application de cet art à la construction des Routes, Chemins de fer, etc.; par Dubreuil. Grand in-8°.

Des Chemins de fer de l'Europe centrale, considérés comme lignes stratégiques; par A. Jardot. 1 vol. in-8°.

Recueil des Décrets et Ordonnances, Instructions, etc., sur les Machines à feu fixes ou locomotives; par Tremtsuk. 1 vol. in-8°.

Tableau de l'état actuel et des progrès probables des Chemins de fer d'Allemagne; par Paul Bourgoin. 1 vol. in-8°.

## 1843.

Portefeuille de l'ingénieur des Chemins de fer. 1 vol. in-8° avec atlas in-folio; par MM. Polonceau et Perdonnet (se continue).

Lettre de M. F. Bartholony à M. Dufaure, rapporteur de la Loi des Chemins de fer dans la session de 1842. Broch. in-8°.

Mémoire sur l'exploitation des Chemins de fer en général. Broch. in-8°.

Des Chemins de fer; par M. le comte Daru. 1 vol. in-8°.

Histoire des Chemins de fer; par Darnis. 2 broch. in-8°.

Rapport adressé au ministre des Travaux publics sur les Chemins de fer; par E. Teisserenc. 1 vol. in-4°.

Railway reform (traduction du Journal des Chemins de fer), ou considérations sur la nécessité de réformer le système qui a créé et dirige les Chemins de fer en Angleterre. 1 vol. in-8°.

Deuxième lettre à un député; par F. Bartholony.

Observations sur les Mémoires relatifs à l'importance du parcours partiel sur les Chemins de fer; par Courtois. Broch. in-8°.

Statistique raisonnée de l'exploitation des Chemins de fer. 1 vol. in-8°.

Théorie pratique sur les tiroirs des machines à vapeur. 1 vol. in-8°.

Second Mémoire sur l'importance du parcours partiel sur les Chemins de fer; par M. Minard, ingénieur en chef des ponts-et-chaussées. Broch. in-8°.

Accident du 8 mai 1842. Examen des questions techniques; par Jules Petiet, ingénieur chargé de l'exploitation du Chemin de la rive gauche. 1 vol. in-4°.

## 1844.

Du système de concession des Chemins de fer dans leur rapport avec les intérêts de l'État; par Barrillon. Broch. in-8°.

Examen critique du mode de concession des Chemins de fer consacré par la loi du 11 juin 1842; par Teysserenc. Broch. in-4°.

Encyclopédie des Chemins de fer; par Félix Tourneux, ancien élève de l'École Polytechnique. 1 vol. in-12.

Des pentes sur les Chemins de fer de grande vitesse; par M. Minard. Broch. in-8°.

Mémoire à consulter sur les Chemins de fer en général et sur le système Jouffroy en particulier. 1 vol. in-4°.

Cinq brochures sur le système Jouffroy; par MM. Jouffroy et Arnollet.

Système Latour–Dumoulin père et fils, pour prévenir tous les accidents sur les Chemins de fer; par M. J. Arago. Broch. in-8°.

Deux brochures sur le système atmosphérique, l'une de M. Arnollet, in-8°, l'autre de M. Alphonse Lauvray, in-4°.

Rapport sur le Chemin atmosphérique de Dalkey à Kingstown, en Irlande; par M. Mallet, inspecteur divisionnaire des ponts-et-chaussée. Broch. in-8°.

Tableau comparatif et figuré des divers systèmes de Chemin de fer. In-plano d'une feuille.

Études sur les Machines locomotives; par Félix Mathias. In-8°, avec 12 planches in-folio.

Résultats économiques des Chemins de fer; par F. Bartho-!oay. Forte broch. in-8°.

État et compte-rendu des Chemins de fer allemands, anglais, français, belges et américains; par M. Beil (traduit de l'allemand).

Chemins de fer. Les divers systèmes comparés; par la Compagnie fermière de Lyon. Broch. in-8°.

Exposé des faits et principes sur lesquels repose la solution des principales questions que soulèvent les Chemins de fer; par Berthault Ducreux, ingénieur en chef des ponts-et-chaussées.

Tube propulseur Halette. Forte broch. in-8°.

Des conséquences du voisinage des Chemins de fer; par Minard. Broch. in-8°.

Des Chemins de fer. Une opinion sur leur organisation en service public; par M. E. Blanc. Forte broch. in-8°.

Chemins de fer; De la nécessité de ne pas s'en dessaisir, dans l'intérêt de la puissance publique, de nos finances et de notre commerce ; par M. Muret de Bord, député. Broch. in-8°.

Du système de fermage simple des Chemins de fer comparé au système de fermage avec fourniture et pose des rails ; par M. Bartholony.

Des prix de transports sur les Chemins de fer de la Belgique, en 1842 et 1843 ; par Ad. Jullien, ingénieur en chef des ponts-et-chaussées.

## 1845.

Mémoire sur les éboulements. Appendice du *portefeuille de l'ingénieur du Chemin de fer*, traduit de l'anglais ; par MM. Polonceau et Perdonnet. 1 broch. in-8°.

Recueil complet des Lois, Règlements, Ordonnances, Cahiers des charges, Statuts, etc., sur les Chemins de fer. 1 vol. in-8° (1re partie).

De l'établissement des Chemins de fer en France (5e et dernière publication) ; par Milleret, ancien député.

Histoire et Description des Chemins de fer en Allemagne, comparés au système suivi en France, en Angleterre et en Belgique ; par Ed. Teysserenc. 1 vol. in-8°.

Antagonisme des Chemins de fer et des Canaux ; par le même. Broch. in-8°.

Les Canaux et les Chemins de fer ; par M. Collignon, ingénieur en chef des ponts-et-chaussées. 1 vol. in-8°.

Des Chemins de fer en France (tracé, construction, exploitation, etc.); par Lobet. 1 vol. in-12.

Recherches expérimentales sur les Machines locomotives ; par MM. Gouin, ingénieur du matériel de la rive droite, et Lechatellier, ingénieur des mines.

Notes diverses sur les Chemins de fer en Angleterre, en Belgique et en France; par M. Ad. Jullien, ingénieur en chef.

De la Législation et de l'Administration des Chemins de fer en Allemagne; traduit de l'allemand par M. Tourneux. 1 vol. in-8°.

---

# OUVRAGES EN LANGUES ÉTRANGÈRES.

## OUVRAGES ANGLAIS.

Les voies de communication en Irlande; par Cundy. 1 vol. in-8°.

Des moyens de comparer les avantages respectifs des différentes lignes de Chemins de fer et de l'emploi des machines locomotives; par J. M. Neil. 1 vol. in-8°.

Traité pratique sur les Chemins de fer et les voitures destinées à les parcourir, indiquant les principes qui doivent servir à évaluer leur force, 1823; par Tredgold. 1 vol. in-8°. (Traduit en français, en 1825, par Duverne, sous le titre de : Traité pratique des Chemins de fer, etc. 1 v. in-8°.)

Traité pratique des Chemins de fer; par Wood. 1838. 1 volume in-8°.

Traité pratique de la construction et de la formation des Chemins de fer; par Jas, 1839.

Histoire et Description du Chemin de Londres à Birmingham; par Bourne. 1 vol. in-folio. 1839.

Traité pratique de la construction et de l'exploitation des Chemins de fer; par le lieutenant Peter Lecount, ingénieur civil. 1 vol. in-8°. 1839.

Le calculateur des Chemins de fer, ou le Guide de l'ingénieur et du constructeur; par Jas. 1 vol. in-8°. 1839.

Origine et histoire de la Machine à vapeur; par Hodge. 1 vol. in-8°. 1840. (Traduit en français et complété par des extraits d'autres auteurs, sous le titre de Machines à vapeur américaines).

Chemin atmosphérique de Clegg et Samuda (traduit en français).

La Machine à vapeur, la Navigation à vapeur et les Chemins de fer mis à la portée de tout le monde; par le docteur Lardner. 1 vol. in-8°. 1840.

Chemins de fer du Royaume-Uni; par Wishaw. 1 vol. in-8°. 1840.

La Locomotive mise à la portée de tout le monde; par William Templeton. 1 vol. in-12. 1841.

Second rapport des Commissaires chargés d'étudier un système général de Chemin de fer pour l'Irlande. In-folio. 1842.

Les Chemins de fer belges, en 1842; par Edward Dobson. 1 vol. in-8°. 1843.

Législation des Chemins de fer anglais; par M. L. Shelford, 1 vol. in-8°.

### OUVRAGES ALLEMANDS.

Des diverses natures de Chemin de fer et leurs principes fondamentaux; par Crelle. 1 vol. in-4°.

Manuel pratique des Routes et des Chemins de fer; par Klaus. 2 vol. in-8°.

Le livre des Chemins de fer allemands; par le comte de Reden.

Situation et carte des nivellements sur les chemins de fer de l'État bavarois, de Munich à Hof; leur histoire, leur description technique et leur exploitation (Stuttgard 1845).

Le chemin de fer de Baltimore à l'Ohio, sur l'Alleghanys, avec une étude sur les pentes et les courbes de ce chemin, et des recherches sur la force des principales locomotives de l'Amérique du Nord, et en usage sur divers chemins de fer (Vienne 1845).

---

# PUBLICATIONS PÉRIODIQUES.

## EN FRANCE.

Journal des Chemins de fer, paraissant tous les samedis, depuis le 1er janvier 1842. In-4°.

Le Moniteur Industriel, paraissant les jeudis et les dimanches, format des journaux quotidiens.

Journal de l'Industriel et du Capitaliste, de 1830 à 1840; année pendant laquelle il a cessé de paraître. 10 vol. in-8°.

La Locomotive, paraît depuis un an.

Le journal des Travaux publics, paraissant deux fois la semaine.

Les Annales des Ponts-et-Chaussées, paraissant tous les deux mois.

Les Annales des Mines (id.).

Revue générale d'Architecture et de Travaux publics, paraissant tous les mois, depuis le 1er janvier 1840. In-4°.

Paris Industriel, Moniteur des Chemins de fer, paraît depuis quelques mois. Format des journaux quotidiens.

## EN BELGIQUE.

Épistemonomie, Bulletin de tous les articles qui intéressent les Chemins de fer, pris indistinctement dans les journaux de tous les pays.

## EN ANGLETERRE.

The railways times, paraissant toutes les semaines. In-4°.
The railway express.
The railway chronicle.
The railway mail.
The railway herald.
The railway world.
The railway director.
The railway telegraph.
The railway record.
The railway register.
Herapath's railway.
The irish railway.
The scottish railway.
The north bristish railway.
The Manchester the railway investment guide.
The civil engineer and architect's journal. Paraît chaque
   mois. In-4°.
The mechanich's magazine.
The engineer and surveyor's magazine, railway journal.
   Paraît tous les mois. In-4°.
Transaction de la société des ingénieurs civils.
Papiers trimestriels à l'usage des ingénieurs.

## EN ALLEMAGNE.

Der locomotive.
Der Eisenbach zeitung. Se publie à Stuttgard et paraît toutes
   les semaines, depuis un an.
Dinglers Polytechnischer journal. Se publie à Stuttgard.

# POST–SCRIPTUM.

## PIÈCES ET DOCUMENTS.

----

### I.

*Coût détaillé d'un kilomètre de chemin de fer, d'après les dépenses faites aux chemins d'Orléans, de Rouen et de Montpellier à Nîmes.*

|  | fr. |
|---|---|
| Les indemnités ont coûté sur le chemin d'Orléans par kilomètre | 53,000 |
| Sur celui de Rouen | 36,000 |
| Sur celui de Nîmes | 30,000 |
| Total. | 119,000 |
| Dont la moyenne est de 39,670 fr., soit. | 40,000 |

| Le cube des terrassements a été au chemin d'Orléans, par mètre courant, de | $33^m.00$ |
|---|---|
| A celui de Rouen de | $25^m.50$ |
| A celui de Nîmes de. | $22^m.10$ |
| Total | $80^m.60$ |
| Moyenne 26,86, soit | $27^m.00$ |

| Les prix ont été : | fr. |
|---|---|
| Pour le chemin d'Orléans de. | 1,50 |
| Pour celui de Rouen de | 1,68 |
| Pour celui de Nîmes de | 1,45 |
|  | 4,63 |
| Moyenne. | 1,54 |

On aura pour un kilomètre de terrassements :

$$27 \times 1 \text{ fr. } 5 \times 1000 = 41,580 \text{ fr.}, \text{ soit.} \qquad 41,600 \text{ fr.}$$

Les ouvrages d'art ont coûté par kilomètre sur le chemin d'Orléans. . . . . . . . . . . . . . . . . . . . . 35,000

(Ce prix comprend tous les ouvrages.)

Sur le chemin de Rouen (ce prix ne comprend pas les quatre grands ponts) . . . . . . . . . . . . . . . . 25,000

Sur celui de Nîmes (ce prix ne comprend pas le via-duc de Nîmes) . . . . . . . . . . . . . . . . . . . . 32,000

Total . . . . . . . . . 92,000

Moyenne 30,667, soit. . . . . . . . . . . . . . . 31,000

*Détail d'un mètre courant de voie.*

Détail pour 4ᵐ.50 :

Les rails pesant 30 kilogrammes le mètre courant, le poids des deux rails pour les 4ᵐ.50 sera de 270 kilogrammes, lesquels à 0 f., 34 vaudront. . . . . . . . . . . . . . — fr. 91,80

8 coussinets pesant moyennement chacun 10ᵏ.50, et ensemble 84 kilogrammes à 0ᶠʳ,26. 21,84

16 chevilles pesant chacune 0ᵏ.30 et ensemble 4ᵏ.80 à 0ᶠʳ.65 le kilogramme. . . . . . 3,12

8 coins en bois de chêne à 0ᶠʳ.20 l'un . . . 1,60

Chaque traverse d'un équarrissage de 0ᵐ.17 sur 0ᵐ.27 et 2ᵐ.50 de longueur, cubera 0.115, et les quatre traverses ensemble 0.46, lesquels à 90 fr. le mètre cube, compris transport, débitage et pose de coussinets, valent . . . . 41,40

Total pour 4ᵐ.50 courants de voie simple. 159,76

et pour un mètre courant. . . . . . . . . . . 35,10

Pose du mètre courant de voie . . . . . 1,20

Prix du mètre courant de voie simple posée. . . . . . . . . . . . . . . . . . . . . 36,70

fr.
et pour deux voies. . . . . . . . . . . . . . . . . . 73,40

A quoi il faut ajouter : 1° le ballast. Quand le ballast provient de sable ou de pierres trouvés dans les déblais, il est employé sur toute la largeur du chemin parce qu'il n'est pas très coûteux. Son cube par mètre courant sur 0ᵐ.60 d'épaisseur est alors de 5ᵐ.30; mais quand il faut aller le chercher au loin, on en réduit le

*A reporter.* . . . 73,40

*Report.* . .    73,40

cube à ce qui est strictement nécessaire. Au chemin d'Orléans on s'est trouvé dans ce cas ; on n'en a employé que 4 mètres par mètre courant. On peut supposer que les 5ᵐ.30, ou les 4 mètres coûtent par mètre courant. . . . . . . . . . . . . . . . . . . . . . . . . . 16,00

2° La valeur des voies de service dans les gares et à leurs abords. Celle de changements et croisements de voies. En portant à cet effet 1/5 du prix ci-dessus de 78ᶠʳ.40, on a . . . . ; . . . . . . . . . . . . . . 14,70

Au chemin d'Orléans, le prix de ces objets est entré dans la dépense pour une plus forte proportion.

Prix du mètre courant de voie double. . . . . . . . 104,10

et pour un kilomètre . . . . . . . . . . . . . . . 104,000ᶠ

Les constructions ont coûté au chemin de fer d'Or-    fr.
léans par kilomètre. . . . . . . . . . . . . . . . . 9,000

Reste le matériel d'exploitation.

Il est reconnu que, pour être bien fait, le service des chemins de Rouen et d'Orléans exigerait 60 locomotives, lesquelles avec les accessoires, coûteraient au moins 3,000,000 fr. En prenant 135 kilomètres pour leur longueur moyenne, on doit attribuer à chacun de ces kilomètres une valeur locomotive de . . . 23,000

Avec ces données, on établit ainsi le prix du kilom. de chemin de fer à locomotives.    fr.

Indemnités. . . . . . . . . . . . . . . . . . . . . 40,000
Terrassements . . . . . . . . . . . . . . . . . . . 41,500
Ouvrages d'art. . . . . . . . . . . . . . . . . . . 31,000
Double voie y compris le ballast et le service des gares . . . . . . . . . . . . . . . . . . . . . . . . 104,100
Ateliers et dépôts de machines. . . . . . . . . . . 9,000
Locomotives . . . . . . . . . . . . . . . . . . . . 23,000

Total. . . . . . . . . . 248,700

Pour avoir le prix total du kilomètre, il faudrait ajouter pour frais d'administration et de personnel gares, barrières et wagons, suivant ce qui a été dépensé au chemin d'Orléans pour ces objets . . . . . . 59,000

Prix total pour un kilomètre de chemin déduit des chemins de Rouen, d'Orléans et de Nîmes . . . . . . 307,700

Soit . . . . . . . . . . 310,000

## II.

### *Exploitation des chemins anglais pour le 1ᵉʳ semestre de 1845.*

Leur produit, pour le 1ᵉʳ semestre de 1845, a dépassé le semestre correspondant de 1844, d'une somme de 12,500,000 fr. Cet excédant, devant au moins se reproduire, pour le second semestre, si on en juge par le bénéfice des deux premiers mois, l'excédant de produits de l'année 1845 sera de 25 millions. En supposant que les frais d'exploitation (qui ont diminué sur toutes les lignes dans le 1ᵉʳ semestre de 1845) absorbent sur cet excédant une somme de 4,100,000 fr., il restera un bénéfice net de 21,900,000 fr. Cet excédant de bénéfice par rapport à l'année précédente représente une plus value des actions égale à 400 millions de francs, au taux de 5 p. % et de 500 millions à 4 p. %.

## III.

### *Les canaux et les chemins de fer en Angleterre.*

Les avantages respectifs des chemins de fer ont été l'objet, omme on sait, à l'occasion de la brochure de M. Collignon, d'une vive polémique. Voici plusieurs faits officiels recueillis en Angleterre qui sont de nature à jeter quelques lumières sur la question :

La transformation en chemins de fer des canaux suivants a été décidée par les propriétaires réunis en assemblée générale :

1° *Kennet* et *Avon*. Ne fait plus ses frais depuis l'ouverture du Great Western. Son dividende qui était avant de 7 p. % (175 fr. par action de 2,500 fr.) s'est successivement réduit à 7 livr. 6 den. (9 fr. 35). 2° Le *canal du Régent*. Les transports sont tombés à un chiffre insignifiant, depuis l'ouverture des chemins de Londres et Birmingham et de l'Eastern counties railway. 3° Le *canal de Surrey*. Ne peut plus résister à la concurrence des chemins de fer de Brighton, Douvres, Croydon et Greenwich. 4° Le canal d'*Ellesmère* et *Chester*. 5° Le canal de

Birmingham et *Liverpool*. 6° Le canal de *Shrewsbury* et *Mont-gomerishyre*. 7° Le *Chard*, canal près Bristol. 8° Le *Bridge-water and Taunton*, canal.

Voici quelques autres indications sur l'influence qu'avait exercée, dès 1844, la concurrence des chemins de fer sur la circulation des canaux :

Le *Grand-Jonction canal* a un parcours de 145 kilomètres entre Londres et Birmingham ; pendant les trois années qui ont précédé l'ouverture du rail-way, son produit annuel a été en croissant, de 4,368,000 à 4,950,000 fr.; depuis que le chemin de fer est en exploitation, ce produit a décliné de 3,029,000 à 2,826,000 fr. Les actions de ce canal qui étaient cotées 3,750 fr. en 1802, sont tombées à 2,500 fr. C'est le chiffre du capital d'émission des actions. Les actions du canal de *Mersey et Yrvell* cotées 31,250 fr. en 1830, sont tombées à 9,000 fr. en 1844. *Coventry*, qui a été jusqu'à 30,000 fr., est descendu à 7,875 fr. *Warwick à Birmingham* est descendu de 8,250 à 4,500 fr. ; *Worcester à Birmingham*, de 2,000 fr. à 1,225 fr. ; *Kennet et Avon*, de 625 fr. à 325 fr. ; *Rochdnle*, de 3,750 à 1,350. Ce canal a 53 kilomètres de longueur, et le rail-way de Manchester à Leeds lui est parallèle sur tout son parcours; dans les trois années qui ont précédé la mise en circulation du chemin de fer, le revenu annuel a varié de 1,552,000 à 1,482,000 fr., et depuis l'ouverture du chemin, de 788,000 à 679,000 fr. Le *Kenet et Avon canal* et le *Wilks et Berks canal* sont tous deux en concurrence avec le *Great-Western* rail-way; depuis l'ouverture de ce chemin de fer, le revenu du premier de ces canaux est tombé de 1,168,000 à 801,000 fr., et celui du second de 483,000 à 212,000 fr. Le *Forth et Clyde canal* a vu ses revenus baisser de 1,563,000 à 1,056,000 fr.; et l'*Union canal*, qui relie Édimbourg au Forth et Clyde canal, a vu tomber son produit de 300,000 fr. à 107,000 fr. Le plus grand nombre des canaux anglais se trouve pourtant encore dans une situation prospère, ainsi qu'il résulte du tableau ci-après (1er octobre 1845).

16

CANAUX.

| NOMS des Compagnies | Actions | Divi-dende annuel. | Prix. | NOMS d. Compagnies | Actions | Divi-dende annuel. | Prix. |
|---|---|---|---|---|---|---|---|
| | L. | | | | L. | | |
| Ashtn et Oldh. | 97 | 3l.5s.po | 72 | Monmouthsh | 100 | 9l. | 160 |
| Ashby-d-la-Z. | 113 | 4l. | 70 | Mntgomrysh | 100 | 5l. | 98 |
| Barnsley. . . | 160 | 12l. | 180 | Macclesfield. | 100 | — | 15 |
| Basingstoke. . | 100 | — | 5 | Neath. . . . | 100 | 20l. | 365 |
| Brknk et Abrg | 150 | 5l. | 85 | Nottingham. | 150 | 12l. | 260 |
| Cromford. . . | 100 | 18l. | 150 | Peak Forest. | 78 | 3l. | 10 |
| Dudley. . . . | 100 | 4l. | 80 | Regent's. . . | 33 | 1l. | 25½ |
| Derby. . . . . | 100 | 8l. | 103 | Rochdale. . . | 85 | 4l. | 54 |
| Ellsmre et Chs | 133 | 4l. | 58 | Shropshire. . | 125 | 8l. | — |
| Erewash. . . . | 100 | 32l. | 300 | Somrset Coal | 150 | 7l.10s. | 123 |
| Forth et Clyd. | 100 | 4l. | 105 | Do. Lk Fd St | 12 | 6l.p.c. | 11 |
| Grand Junctn. | 100 | 7l. | 100 | Stffrd et Worc | 140 | 28l. | 440 |
| Grand Union. | 100 | 1l. 10s. | 25 | Shrewsbury. | 123 | 15l. | 230 |
| Glamorgnsh. . | 172 | 13⅝l. | 210 | Stourbridge. | 145 | 20l. | 360 |
| Glstr et Brkly. | 100 | | 8 | Strtfrd on Av | 79 | 1l.10s. | 27 |
| Grantham. . . | 150 | 12l. | 100 | Severn and | | | |
| Huddersfield. . | 57 | — | 20 | Wye Rail. . | 26 | 1l.8s. | 29 |
| Kennt et Avn. | 39 | 7s. 6d. | 13¼ | Trnt et Mr- | | | |
| Lancaster. . . | 47 | 1l. 10s. | 40 | sey, ½ sh. . | 50 | 30l. | 145 |
| Leeds et Livrp. | 100 | 34l. | 500 | Thams et Med | 19 | — | 10 |
| Leicester. . . | 140 | 10l. | 105 | Worcester et | | | |
| Leicstr et Nth. | 83 | 4l. | 60 | Birming. . | 78 | 4l. | 49 |
| Loughborogh. | 142 | 70l. | 1050 | Wilts et Brks | 67 | 1l.4s. | 11 |

## IV.

## DOCUMENTS RÉCENTS ET OFFICIELS SUR QUELQUES CHEMINS D'AUTRICHE ET DE BAVIÈRE.

### AUTRICHE.

1° *De Vienne à Glognitz.* (75 kil. 33, à 1 voie; ouvert le 5 mai 1842).

#### FRAIS DE CONSTRUCTION.

| Terrains et Indemnités. | Terrasse-ments. | Ouvrages d'art. | Voie et pose. | Construc-tions. | Matériel d'exploitation | Frais généraux. |
|---|---|---|---|---|---|---|
| f. | f. | f. | f. | f. | f. | f. |
| 1,572,565 | 3,575,655 | 3,203,414 | 6,931,726 | 5,444,122 | 4,918,990 | 1,587,981 |

Total : 24,134,467 fr., ou 320,890 fr. par kil.

ACQUISITIONS DE TERRAINS. Elles ont été faites pour 2 voies, au prix de 113,420 f. 70 c. par mètre. Il a fallu, par kil. moyen, une contenance de 6 hectares 39. — TERRASSEMENTS. Ont été préparés pour deux voies. Ils ont coûté, par mètre cube, 0 f. 86; le mètre courant de chemin a coûté, pour terrassements, 48 f. 19 ; par kilom. moyen; on a eu 55,795 mètres de terrassements. — BALLAST. Se compose d'une couche de gravier de 0 m. 632 d'épaisseur. — RAILS. Pèsent 26 kil. par mètre courant. Voici le prix du mètre courant de voie simple en place :

Rails sur mètre courant. . . . . . . . . . . . . : 28ᶠ.00
Bois . . . . . . . . . . . . . . . . . . . . . . 10 .79
Coussinets, broches, etc. . . . . . . . . . . . . 2 .67
Aiguilles, changements de voie, etc. . . . . . . . 3 .21
Pose et ajustement. . . . . . . . . . . . . . . . 2 .68
                                                  ――――――
                                                  47ᶠ.35

MATÉRIEL D'EXPLOITATION. 30 locomotives (dont 16 anglaises, 3 américaines et 11 allemandes) du poids de 11 tonn. 20 à 12 tonn. 86, ayant coûté, en moyenne avec leurs tenders, 58,022ᶠ 88 — TARIFS ( en 1844).

Voyag. { Voitures-salons. . . . . . . . . . 0ᶠ.1254 par kil.
          1ʳᵉ classe. . . . . . . . . . . 0 .1449
          2ᵉ classe. . . . . . . . . . . 0 .0863
          3ᵉ classe. . . . . . . . . . . 0 .0570

Chaque voyageur a droit au transport gratuit de 28 kil. de bagage.

March. { 1ʳᵉ classe. . . . . . . . . 0ᶠ.1129 par t. et kil.
          2ᵉ classe. . . . . . . . . 0 .1232

Dans ces prix sont compris les frais de charge et décharge. La 1ʳᵉ classe se compose des produits agricoles les plus encombrants; la 2ᵉ des objets manufacturés, denrées coloniales et produits agricoles les moins encombrants. — VITESSE. 27 kil. 39 à l'heure, y compris 23 temps d'arrêt. — FRAIS D'EXPLOITATION. Par kilom. moyen:

|  | 1842. | | 1843. |
|---|---|---|---|
|  | 1er semestre, | 2e sem. | 1er sem. |
| Combustible. . . . . . . . | 0f.575 | 0f.650 | 0f.632 |
| Entretien des locomotives. | 0 .163 | 0 .209 | 0 .218 |
| Chauffeurs et machinistes. | 0 .136 | 0 .089 | 0 .107 |
| Entretien des wagons. . . | 0 .109 | 0 .082 | 0 .126 |
| Graissage des locomotives et wagons. | 0 .081 | 0 .088 | 0 .057 |
|  | 1f.064 | 1f.118 | 1f.140 |
| Frais d'entretien . . . . . | 0 .246 | 0 .182 | 0 .198 |
| Frais généraux. . . . . . | 0 .862 | 0 .669 | 0 .669 |
|  | 1f.108 | 0f.851 | 0f.867 |
| Dépense totale. . . . . . . | 2f.172 | 1f.969 | 2f.007 |

(Traction. accolade pour les cinq premières lignes)

Le prix moyen du kilom. parcouru a été de 0f.0631 ; le parcours moyen pour chaque voyageur de 20 kilom. 01, représentant 26.57 pour 0⁄0 du parcours total. Les locomotives ont parcouru, en moyenne, de 15 à 17,000 kilom. par an.

CIRCULATION. 1,306,951 voyageurs, et 16,294 tonnes de marchandises, en 1841-42. 1,479,245 voyageurs, et 67,436 tonnes en 1843-44. — PRODUIT en 1841-42 : *brut*, 1,849,288f. DÉPENSES : 979,759f ou 52.98 pour 0⁄0; *net*, 869,529f, ou 3.14 pour 0⁄0 du capital dépensé. En 1843 : *brut*, 2,223,947f. DÉPENSES : 1,070,736f, ou 48 pour 0⁄0 des recettes ; *net*, 1,153,210f, ou 4.68 pour 0⁄0 du capital.

2° *Chemin du Nord* : 308 kilom. 30. — Ouvert partiellement de 1837 à 1842; à 1 voie, avec terrassements pour 2).

FRAIS DE CONSTRUCTION.

| Terrains et Indemnités | Terrassements et ouvrages d'art. | Voie et pose. | Constructions. | Matériel d'exploitation. | Frais généraux. | Total. |
|---|---|---|---|---|---|---|
| f. | f. | f. | f. | f. | f. | f. |
| 5,342,286 | 10,144,610 | 13,775,056 | 4,478,240 | 4,312,522 | 842,167 | 38,894,881 |

ou 126,159f par kilom.

ACQUISITION DE TERRAINS. Le prix moyen de l'hectare a été de 1,170 fr. — TERRASSEMENTS. Le prix du mètre cube de déblai a été de 0,267, en terrain ordinaire, et de 0,419, quand la fouille atteignait une profondeur de 3$^m$.80. Le mètre cube de remblai a coûté 0,463, pour une hauteur moyenne de 2$^m$.84. — BALLAST. Une couche de gravier de 0$^m$.27 d'épaisseur. — RAILS. Du poids de 40 kil. par mètre courant : ont coûté (les rails d'origine anglaise) 0$^f$.66 le kil. (de fabrication autrichienne) 0$^f$.604. — MATÉRIEL D'EXPLOITATION. 42 locomotives et 33 tenders (dont 29 anglaises, 5 américaines, 6 belges) ayant coûté 52,581 fr. par locomotive munie de son tender ; 129 diligences et 448 wagons de marchandises.

TARIFS.

|  |  |  |
|---|---|---|
| | 1$^{re}$ classe......... 0$^f$.1404 par voyageur et kil. | |
| Voyageurs. | 2$^e$ classe......... 0 .0878 — | |
| | 3$^e$ classe ......... 0 .0585 — | |

Chaque voyageur a droit au transport gratuit de 22$^k$.40 de bagages.

|  |  |
|---|---|
| Marchandises. | 1$^{re}$ classe......... 0$^f$.108 par tonne et kil. |
| | 2$^o$ classe......... 0 .135 — |
| Marchandises encombrantes ......... 0 .213 — | |

Dans ces prix sont compris les frais de charge et décharge. — VITESSE MOYENNE. Elle est pour les voyageurs, arrêts compris, de 25$^k$.80.

EXPLOITATION par kil. moyen parcouru :

|  | 1840-41 | 1841-42 | 1843 |
|---|---|---|---|
| Combustible......... | 1$^f$.300 | 1$^f$.113 | 0$^f$.632 |
| Entretien des locomotives et tenders....... | 0 .280 | 0 .318 | 0 .259 |
| Machinist. et chauffeurs. | 0 .096 | 0 .189 | 0 .174 |
| Entretien des wagons.. | 0 .232 | 0 .186 | 0 .322 |
| Graissage des locomotives et wagons....... | 0 .310 | 0 .075 | 0 .010 |
| | 2 .218 | 1 .881 | 1 .427 |

(Traction.)

Autres frais. 
{ 
Frais d'entretien de la voie.......... 0 .500   0 .503   0 .539
Frais généraux..... 0 .768   1 .189   1 .157
}

                              1 .268   1 .692   1 .696

Dépense totale ............. 3 .480   3 .573   3 .123

## BAVIÈRE.

*De Munich à Augsbourg* (60ᵏ66 — ouvert le 4 octobre 1840 — à 1 voie avec terrassements pour 2).

### FRAIS DE CONSTRUCTION.

| Terrains. | Terrassements et ouvrages d'art. | Voie et pose. | Constructions. | Matériel d'exploitation. | Frais généraux. | Total. |
|---|---|---|---|---|---|---|
| f. | f. | f. | f. | f. | f. | f. |
| 1,000,881 | 3,161,171 | 2,798,205 | 409,158 | 755,877 | 410,345 | 8,565,638 |

ou 141,207 fr. par kil.

ACQUISITION DE TERRAINS. 1 hectare moyen a coûté 9,896 fr. — TERRASSEMENTS. Ont coûté 50 fr. 49 par mètre courant. — VOIE ET POSE DE LA VOIE :

|  | Par mètre courant. |
|---|---|
| Rails (anglais du poids de 19ᵏ.84).. | 25ᶠ.41 |
| Traverses et coins................. | 3 .18 |
| Coussinets et broches.............. | 6 .09 |
| Changement et croisement de voie.. | 0 .22 |
| Pose et ajustement ................ | 4 .77 |
|  | 39 .67 |

MATÉRIEL D'EXPLOITATION. 8 locomotives (anglaises) munies de leur tender, 37 diligences, 31 wagons de marchandises et 10 plateformes.

### TARIFS : (en 1842).

Voyageurs. 
{ 
1ʳᵉ classe. . . . . . . . . . . . . . . . 0ᶠ.107
2ᵉ classe. . . . . . . . . . . . . . . . 0 .078
3ᵉ classe. . . . . . . . . . . . . . . . 0 .050
}

Pour les marchandises, le prix du transport est de 0ᶠ.32 par tonne et kil. pour les colis d'un poids inférieur à 14 kil. sans distinction de marchandises, non compris les frais de transport à l'embarcadère. Au-dessus de 14 kil., le prix varie de $0^r.0018$ à $0^r.009$ par kil. et colis.

### EXPLOITATION.

| | | |
|---|---|---|
| Traction. | Combustible . . . . . . . . . . . . . . . . | $0^r.381$ |
| | Entretien des locomotives . . . . . . . . . | 0 .233 |
| | Machinistes et chauffeurs. . . . . . . . . . | 0 .170 |
| | Entretien des wagons. . . . . . . . . . . . | 0 .194 |
| | Graissage. . . . . . . . . . . . . . . . . | 0 .064 |
| | | 1 .042 |

Entretien de la voie. . . . . . . . . . . . . . . . . . 0 .135
Frais généraux . . . . . . . . . . . . . . . . . . . . 1 .556

1 .691

Dépense totale par kil. parcouru . . . . . . . . . . . , 2 .733

Le combustible (bois de pin) a coûté par stère, tous frais compris, $5^r.51$. Il en a été consommé $0^{st}.0593$ par kil. soit une dépense de 0f.327.

CIRCULATION. En 1840 : 251,441 voyageurs et 2,800 tonnes de marchandises. RECETTES BRUTES, 582,526 fr. DÉPENSES, 344,696 fr. ou 59 p. %. PRODUIT NET, 237,830 fr. ou 2.78 p. % du capital dépensé.—En 1841 : 211,308 voyageurs et 6,048 tonnes de marchandises. RECETTES BRUTES, 585,377 fr. DÉPENSES, 317,447 fr. ou 54.23 p. %. PRODUIT NET, 267,930 fr. ou 3.12 p. %. — En 1842 : 205,829 voyageurs et 11,348 tonnes de marchandises. RECETTES BRUTES, 664,889 fr. DÉPENSES, 325,190 fr. ou 48.90 p. %. PRODUIT NET, 339,699 fr. ou .89 d. %. — En 1843 : 205,829 voyageurs ayant donné un produit de 453,858 fr.

## v.

## BELGIQUE.

### *Législation des chemins concédés à l'industrie en 1845.*

Voici les mesures générales votées par les chambres belges en 1845, pour empêcher l'agiotage sur les actions :

1º La compagnie doit déposer à la caisse des dépôts et consignations, comme garantie de l'exécution du cahier des charges, 10 p. °/₀ du capital social ; 2º aucune expropriation et aucuns travaux ne peuvent avoir lieu, avant que 10 p. °/₀ n'aient été versés sur les actions ; 3º aucune action ne peut être transférée, qu'après payement des 3 premiers dixièmes par l'actionnaire primitif; 3º aucune action ne peut être cotée avant l'entier achèvement des travaux.

## VI.

### *Consommation de la houille en France.*
#### Documents officiels publiés en 1845.

La consommation des combustibles minéraux en France pendant l'année 1843, s'est élevée à 5,293,508 tonnes. L'origine des combustibles consommés est indiqué dans le tableau suivant:

#### PRODUCTION INDIGÈNE.

|  | Tonnes. | |
|---|---|---|
| Bassins houillers de la Loire | 129,460 | |
| — de Valenciennes | 857,783 | |
| — d'Alais | 335,620 | 3,692,540 |
| — du Creuzot et Blanzy | 225,860 | |
| — d'Aubin | 143,092 | |
| 67 autres bassins carbonifères | 835,724 | |

#### IMPORTATION DES COMBUSTIBLES ÉTRANGERS.

|  | | |
|---|---|---|
| de Belgique | 991,861 | |
| de la Grande-Bretagne | 455,662 | 1,662,187 |
| des provinces Rhénanes | 213,014 | |
| de divers pays | 2,150 | |

EXPORTATION DES COMBUSTIBLES INDIGÈNES.

| | | |
|---|---:|---|
| En Belgique. | 31,289 | |
| Suisse. | 10,371 | |
| Sardaigne. | 6,988 | |
| Espagne. | 5,704 | |
| Deux-Siciles. | 883 | 61,719 |
| Allemagne. | 1,429 | |
| Algérie. | 801 | |
| Autres colonies françaises. | 2,447 | |
| Divers pays. | 1,807 | |

Différence représentant la consommation de la France. . . . . . . . . . . . . . . . . 5,293,508

Pour la première fois, depuis dix ans, il y a eu, en 1843, diminution dans la quantité de houille importée d'Angleterre, résultat qui semble devoir être attribué à l'augmentation qu'a subi, en 1842, le droit d'exportation de la houille dans la Grande-Bretagne. Ce droit ayant été nouveau aboli, au commencement de 1845, il est probable que l'importation des houilles de ce pays suivra de nouveau la progression régulière, constatée jusqu'en 1842 et qui a eu lieu dans les termes ci-après :

1832. . . 37,530 tonnes.
1842. . . 490,738
1843. . . 455,666

### Production de la houille en Angleterre.

L'Angleterre est le pays le plus riche sous le rapport du combustible minéral. On évalue à 1,572,641 hectares la superficie des bassins de l'Angleterre proprement dite et de l'Écosse ; l'Irlande ne renferme que du combustible de qualité inférieure et peu exploité. Le bassin de Northumberland et de Durham fournit environ chaque année 4,700,000 tonnes anglaises (la tonne anglaise vaut 1016 kil.) ; à Londres et au sud du royaume ; il exporte, en outre, un million de tonnes à l'étranger et dans les colonies anglaises. On a calculé qu'en continuant sa production sur le pied actuel, ce bassin pourrait alimenter l'Angleterre pendant 1,727 années. Le bassin de la Galles méridionale qui a cent milles de longueur et comprend une superficie de 1,200 milles carrés, contient 23 couches en exploitation qui, réunies, ont 95 pieds anglais d'épaisseur. Ce bassin, d'après la quotité de sa production actuelle, pourrait pourvoir, pendant 1,500 à 2,000 ans, aux besoins du Royaume-Uni.

D'après M. Mac Colloch, l'extraction de la houille en Angleterre est, en moyenne, de 28,575,000 tonneaux (anglais) ayant une valeur de 270 millions de francs. La production du fer de fonte et forgé en consomme 600,000 tonnes; la consommation domestique et les petites manufactures 18 millions; le reste se répartit entre les manufactures de coton, de laine, soie, lin, etc. (1,600,000 tonnes); les fonderies de cuivre, de bronze, etc. (925,000 tonnes); les salines, les poteries (350,000 tonnes); les chemins de fer et bateaux à vapeur (1,200,000 t.). En 1839, il est entré dans Londres, pour sa consommation, 2,638,256 tonnes.

Le prix de la houille, en Angleterre, est d'environ 8 shellings (10 fr.) par tonneau, sur les lieux.

### Production de la houille en Belgique.

La zone houillère de la Belgique se divise en deux bassins principaux; leur étendue est de 160 kilom., et leur superficie de 134,113 hectares. Leur production annuelle peut être évaluée à 4,000,000 de tonneaux; elle était officiellement de 3,260,271 t. en 1839, ayant produit une valeur de 42,818,180 fr.

D'après les renseignements recueillis par les ingénieurs des mines, le prix moyen de la houille a été, en 1830, de plus de 10 fr. le tonneau, et en 1838, de 13 fr. 13 c.; en 1843, il était descendu à 10 fr.

La production de la Belgique dépasse ses besoins; en effet, de 1836 à 1840, elle a exporté en moyenne, 772,694 tonneaux de houille, d'une valeur de 11,590,415 fr.

## VII.

*Production du fer en France en* 1843 (documents officiels publiés en 1845).

En France, l'industrie du fer continue à se développer rapidement. De 1819 à 1843, la quantité de fonte annuellement produite s'est élevée de 112,590 à 422,622 tonnes ; la production du fer forgé a augmenté, pendant le même intervalle, de 74,200 à 308,445 tonnes.

Les exploitations de minerais de fer et les industries accessoires ayant pour objet de rendre le minéral propre à la fusion et de le transporter aux usines, qui le transforment en fonte ou fer forgé, ont créé, en France, en 1843, une valeur totale (sur les lieux) de 15,490,410 fr., répartie comme il suit :

| | |
|---|---:|
| Redevance à l'État et aux propriétaires du sol. . . | 1,573,345 |
| Exploitation . . . . . . . . . . . . . . . . . . . | 5,651,798 |
| Lavage. . . . . . . . . . . . . . . . . . . . . . | 1,683,084 |
| Grillage. . . . . . . . . . . . . . . . . . . . . | 186,772 |
| Transport. . . . . . . . . . . . . . . . . . . . . | 6,394,511 |
| | 15,490,410 |

Cette production correspond, à très peu près, à la consommation des fonderies, qui s'est élevée à 1,202,021 tonnes valant 15,600,710 fr.

Le prix moyen du quintal (100 kil.) des minerais rendus aux fonderies et préparés pour la fusion a été, en 1843, de 1ᶠ.297 : les divers éléments de dépense mentionnés ci-dessus entrent dans ce prix et dans l'unité de valeur pour les proportions suivantes :

| | | |
|---|---:|---:|
| Redevance. . . . . | $0^f.132$ | $0^f.102$ |
| Exploitation . . . . | 0 .473 | 0 .365 |
| Lavage . . . . . . | 0 .140 | 0 .102 |
| Transport . . . . . | 0 .536 | 0 .413 |
| | 1 .297 | 1 .000 |

La production de la fonte s'est élevée, en 1843, à 422,622 tonnes : eu égard à la nature des moyens de production, ce total se subdivise ainsi qu'il suit :

Fonte d'affinage . . . 336,713
Fonte de moulage. . . 85,909
—————
422,622

La production du fer forgé, dont le chiffre total est de 308,445 tonnes s'est répartie ainsi qu'il suit entre les diverses méthodes de fabrication :

Affinage catalan et corse. . . . 10,845 tonnes.
— comtois. . . . . . . . 86,428 —
— wallon . . . . . . . . 5,515 —
— nivernais. . . . . . . . 806 —
— comtois modifié. . . . 11,136 —
— champenois. . . . . . 28,758 —
— anglais . . . . . . . . 158,836 —
— Traitement des riblons 6,121 —
—————
308,445 tonnes.

Les matières premières élaborées dans ces forges forment un total de 396,089 tonnes.

Les nombreuses industries qui ont pour objet d'élaborer les barres brutes de fer forgé et la fonte de fer, sous les formes qui ont dans le commerce l'emploi le plus usuel, comme petits fers, fers fendus, fil de fer, tôle, fer-blanc, moulage de la fonte de première et deuxième fusion, ont créé, en 1843, une valeur (sur les lieux de production) de 31,979,316 fr. Les quantités de gros fer consommées par ces industries s'élèvent à 125,050 tonnes. Ainsi sur la production totale de 308,445 tonnes de gros fer ou fer forgé, il ne reste disponible pour la consommation immédiate que 183,395 tonnes.

Les quantités de fonte brute consommées par l'industrie du moulage ont été :

Moulage en 1re fusion.... 55,052 tonnes.
— en 2e fusion.... 75,414 —
—————
130,466 tonnes.

En rapprochant les nombres qui viennent d'être présentés,

et, en tenant compte, en outre, de 4,685 tonnes de fonte, qui ont été consommées par les forges à acier, on trouve que la production des fontes indigènes ne pourrait suffire à alimenter les forges et ateliers de moulage de 1$^{re}$ et 2$^e$ fusion : le complément de leur approvisionnement annuel se compose en partie de fontes importées des pays étrangers, en partie de vieilles fontes recueillies à cet effet dans le commerce et provenant d'objets moulés hors de service.

Voici les chiffres officiels sur l'origine de cet approvisionnement pour 1843 :

| | |
|---|---|
| Fontes neuves indigènes. . . . . . . . . . . | 422,622 tonnes. |
| Fontes neuves étrangères. . . . . . . . . . . | 42,207 — |
| Vieille fonte recueillie dans le commerce. . . | 48,492 — |
| | 513,321 — |

Les quantités de fer de Suède, de Norwège et de Russie, importées en France pour la consommation intérieure, ont varié dans les proportions suivantes, de 1831 à 1842 et en 1843 :

| | |
|---|---|
| De 1831 à 1836. . . | 52,655 tonnes. |
| 1836 à 1842. . . | 51,668 — |
| En 1843 . . . . . . | 62,242 — |

La valeur totale créée en 1843 par les usines à fer, en y comprenant la fabrication et les élaborations principales de l'acier, s'élève à 152,413,345 fr., savoir :

| | |
|---|---|
| Extraction, préparation et transport du minerai. | 15,490,410 |
| Fabrication de la fonte . . . . . . . . . . | 49,367,136 |
| Fabrication du gros fer. . . . . . . . . . . | 48,208,217 |
| Élaboration principale du gros fer et de la fonte . | 31,979,316 |
| — de l'acier . . . . . . . . . | 7,367,966 |
| | 152,413,045 |

En 1843, la France possédait 597 hauts-fourneaux *pour la fabrication de la fonte brute* ou la fusion des minerais, dont 471 en activité; pour *la fabrication du gros fer*, 135 forges catalanes et corses employées au traitement direct des minerais, dont 107 en activité ; 1950 feux, foyers ou fours pour l'affinage de la fonte, dont 1451 en activité, et 516 montés d'après la méthode anglaise ; et enfin 47 fours ou foyers pour le traitement des riblons, dont 35 en activité ; pour les *élaborations principales du gros fer et de la fonte* et seulement en ce qui concerne la fabrication de la fonte moulée de 1re et 2e fusion, 737 hauts-fourneaux, fours ou cubilots, dont 670 en activité.

Pour 422,622 tonnes de fonte brute, 291,719 ont été obtenus avec l'emploi exclusif du combustible végétal et 130,903 avec du combustible minéral. Sur 308,445 tonnes de gros fer, 114,730 ont été fabriquées avec du combustible végétal et 193,715 avec du combustible minéral.

## ANGLETERRE.

En 1844, les hauts-fourneaux de la Grande-Bretagne ont produit 1,210,000 tonnes (anglaises) de fer. Voici, d'après le *Mining-Journal*, le chiffre de la production et de la consommation probable pour 1845 :

| | tonnes. |
|---|---|
| 1000 milles (1609 kil.) de chemins de fer destinés à être construits en 1845. — 250 tonnes par mille (1609m,314) pour rails. . . . . . . . . . . . . . . | 250,000 |
| Perte de 1/5 pour convertir la fonte en fer de rails . . . . . . . . . . . . . . . . . . . . | 50,000 |
| Pour les chairs (coussinets) . . . . . . . . . . . | 70,000 |
| Perte de 5 p. %₀ pour la conversion . . . . . . . | 3,500 |
| Fer pour les rail-ways votés en 1844, et en construction . . . . . . . . . . . . . . . . . . | 150,000 |
| Fer pour les wagons, stations, machines, plaques, etc., etc., à 300 tonnes par mille . . . . . . . . | 300,000 |
| Exportation d'après le chiffre de 1844, chiffre que les besoins du continent devront nécessairement accroître . . . . . . . . . . . . . . . . | 500,000 |
| Consommation du fer pour un autre emploi que celui des chemins de fer . . . . . . . . . . . . | 480,000 |
| | 1,803,500 |

En Angleterre le prix de la tonne de rails est actuellement (octobre 1845) de 275 à 300 fr. A la fin de 1844, il s'était élevé jusqu'à 325 fr.

## VIII.

### *Fret sur les lignes de navigation aboutissant à Paris.*

1º *Ligne du Nord* ( de la frontière de Belgique au bassin de La Villette ). Cette ligne suit : *le canal de Mons à Condé, l'Escaut,* les *canaux* de *Saint-Quentin,* du *Crozat* et de *Manicamp,* le *canal latéral* à *l'Oise, l'Oise, la Seine,* et le *canal Saint-Denis.* Elle offre un développement total de 344 k. 70.

Sur cette ligne, une tonne de houille coûte, en moyenne, 13 fr. 75. Le batelier reçoit donc, pour un bateau portant 150 tonnes de chargement effectif, une somme totale de 2,062 fr.

Le prix du transport, ramené à l'unité d'une *tonne transportée à 1 kil.,* revient sur la ligne du Nord à 0ᶠ0399, *y compris le retour à vide,* et il se compose ainsi :

Droits de navigation : . . . . . . . . . 0ᶠ.0175
Halage et frais de marine : . . . . . . 0 .0224
                                          ――――――
                                          0ᶠ.0399

2º *Ligne de Dunkerque à Paris* par les *canaux de Bourbourg* ou de la *Colme,* d'*Aire* à la *Bassée,* de la *Haute-Deule,* etc. (475 kil.).

On paye, pour le transport d'une tonne en bois de construction, 20 fr. pour tout le parcours, dont 8 fr. de droits, et 12 fr. pour transport et accessoires ; soit par tonne et par kilomètre, (avec un bateau de 150 tonnes) :

Droits de navigation. . . . . . . . . 0ᶠ.0175
Transport, etc. . . . . . . . . . . . 0 .0263
                                        ――――――
                                        0ᶠ.0438

3º *Ligne de Lyon à Paris,* par la *Saône, le canal de Bourgogne, l'Yonne et la Seine* (64 k.).

Le fret sur cette ligne est en général de 35 fr. pour une tonne de vin parcourant la distance entière. Le bateau *chargé de vins* qui suit le canal de Bourgogne, portant, terme moyen, 120 tonneaux, le prix par tonne à 1 kil., est de 0$^f$.0541, se décomposant ainsi :

Droits de navigation. { A l'aller en charge. . . . . 0$^f$.0189
Au retour à vide. . . . . . 0 .0002
Frais de marine. . . . . . 0 .0350
_____
0$^f$.0541

4° *Ligne de Lyon à Paris, par la Saône, le canal du Centre, le canal latéral à la Loire, les canaux de Briare et du Loing, et la Seine* (652 kil.).

Sur cette ligne, le prix de transport est moins élevé que sur le canal de Bourgogne. En effet, cette dépense se monte, pour la distance entière de Lyon à Paris, et pour chaque bateau portant, terme moyen, 75 tonneaux, à 1467 fr. 65 c., ce qui donne pour le transport d'une tonne à 1 kil. 0$^f$.0300; mais les tarifs élevés des canaux, particulièrement de Briare et du Loing, grèvent cette ligne de droits de navigation qui se montent, en total, pour chaque tonne parcourant la distance entière, à 34 fr. 3269, ou, par tonne à 1 kil., à 0$^f$.0526, ce qui porte, pour la ligne du Centre, le prix de la tonne transportée à 1 kil., à 0$^f$.0826. Les transports par la ligne de Bourgogne se faisant à raison de 0$^f$.0541, la ligne du Centre a été complétement déshéritée des rapports de Lyon vers Paris, depuis l'ouverture du canal de Bourgogne.

5° *Ligne de Roanne à Paris :* 1° *Par le canal de Roanne à Digoin, le canal latéral à la Loire, et les canaux de Briare et du Loing.* 2° *Par la Loire, les canaux de Briare et du Loing* (443 kil. 50).

Le prix du transport d'une tonne de Roanne à Paris, en suivant les canaux, serait de 31 fr. 30 c., si la concurrence de la Loire, entre Roanne et Briare, ne l'avait fait tomber à 28 fr., ou à 0$^f$.0631 par tonne et par kil. ( les bateaux portent 75 tonneaux ; ils sont en sapin et on les déchire à Paris). Ce prix se divise :

En droits de navigation. . . . . . . 0ᶠ.0308
En transports, accessoires compris. . 0 .0323
0ᶠ.0631

Il suit de là que les canaux de Roanne à Digoin et de Digoin à Briare ne sont que très rarement suivis par les transports de Roanne vers Paris. Ces canaux portent les compléments de charge des bateaux qui descendent la Loire pour prendre le canal de Briare, et ils font de plus tous les transports en remonte dans cette partie de la vallée de la Loire.

6° *Canal de l'Ourcq* (110 kil.).

Sa navigation se divise en deux services : l'un journalier, dit accéléré, principalement alimenté par les grains et farines expédiés de la Brie à Paris ; l'autre, non accéléré, qui fait les transports de matériaux, de combustibles, notamment des bois de la forêt de Villers-Coterets. Le chargement est de 90 tonnes. Voici le prix d'une tonne, par kilom., pour le service non accéléré :

Traction et frais. . . . . . . . . . . 0ᶠ.0202
Droits de navigation. . . . . . . . . 0 .0394
0 .0596

Par le service accéléré, les transports s'effectuent à raison de 6 fr. 50 c. la tonne rendue à destination ; soit par tonne et kilomètre :

Prix du transport. . . . . . . . . . . 0ᶠ.03
Droits de navigation. . . . . . . . . . 0 .03
0ᶠ.06

7° *Lignes du Havre* (152 kil.) *et de Rouen à Paris.*

1° *Du Havre à Rouen.* La navigation est maritime ; le fret y varie de 7 à 10 fr. par tonne de marchandise lourde, pour la distance entière. Il s'élève de 17 à 20 fr. pour les cotons, les laines, etc.

2o *De Rouen à Paris*; le prix de la remonte s'élève, terme moyen, à 0ᶠ.0504 par tonne et kil., se décomposant ainsi :

Droits de navigation. . . . . . . . . 0ᶠ.0029
Transport. . . . . . . . . . . . . . 0 .0475
                                      _____
                                      0ᶠ.0504

Ces données se résument ainsi :

| LIGNES. | Fret total par tonnes et kil. | DÉCOMPOSITION du fret : | | OBSERVATIONS. |
|---|---|---|---|---|
| | | Droits de navigation. | Transport. | |
| *Ligne du Nord.* De la frontière belge au bassin de La Villette. | 0.0399 | 0.0175 | 0.0224 | houille. |
| *Ligne du Nord.* De Dunkerque à Paris. | 0.0438 | 0.0175 | 0.0263 | bois de construction. |
| *Lignes de Lyon à Paris* : | | | | |
| 1o Par le canal de Bourgogne. . . . . | 0.0544 | 0.0194 | 0.0350 | vin. |
| 2o Par le canal du Centre. . . . . . | 0.0826 | 0.0526 | 0.0300 | |
| *Ligne de Roanne à Paris.* . . . . . . . | 0.0631 | 0.0308 | 0.0323 | vin. |
| Canal de l'Ourcq. . . . | 0.0631 | 0.0394 | 0.0237 | bois. |
| | 0.0311 | 0.0125 | 0.0186 | pavés. |
| Seine à la remonte. . . | 0.0504 | 0.0029 | 0.0475 | march. génér. |

### FRET MARITIME ET TERRESTRE.

Fret de Bordeaux à Nantes. . . de 0 à 15 fr. la tonne.
— — au Havre. . . 15 à 25
— — à Marseille. . 28 à 30
Fret du Havre à Marseille. . 20 à 25
— — à Bordeaux. . . 8
Fret de Marseille au Havre. . . . . de 35 à 40 fr. la t.
— à Lyon par bateau à vapeur. 60
— à Lyon par bateau ordinaire. 45
— à Lyon par roulage. . . . . . 95
— à Paris par roulage. . . . . . 160 à 170
Fret de Lyon à Paris par le roulage. . 100 à 120
— de Bordeaux à Paris par le roulage. 90 à 110

IX.

*Statistique, d'après MM. Peuchet, Montalivet, Chaptal et Dupin, du transport des produits agricoles et industrie*

| | Poids en tonneau. | Consommé sur place par les agents de l'agriculture. | Quantité en circulation. | MOYENS ACTUELS DE TRANSPORT. | | |
|---|---|---|---|---|---|---|
| | | | | Rivières et canaux. | Petit roulage. | Grand roulage. |
| Produits agricoles. . . . . | 172,041,741 | 126,666,206 fabriqués ou consommés par les agents de l'agriculture. | 45,375,535 | 4,747,711 | 30,471,765 | 10,156,059 |
| Produits manufacturés. . | 629,416 | 73,000 | 556,416 | 48,740 | 335,468 | 172,208 |
| Importations. . | 157,400 | » » | 157,400 | 15,740 | 52,220 | 89,440 |
| Totaux. . . | 172,828,557 | 126,739,206 | 46,089,351 | 4,812,191 | 30,859,453 | 10,417,707 |

X. — *Transit de 1832 à 1843, en France.*

| | | | | | |
|---|---|---|---|---|---|
| 1832 | 14,443 tonnes de march. | 1836 | 34,025 tonnes de march. | 1840 | 35,538 tonnes de march. |
| 1833 | 17,353 — | 1837 | 30,220 — | 1841 | 33,474 — |
| 1834 | 23,244 — | 1838 | 31,073 — | 1842 | 33,321 — |
| 1835 | 24,876 — | 1839 | 30,059 — | 1843 | 38,551 — |

## XI.

*Situation passée, actuelle et à venir, des chemins de fer anglais, français, belges, allemands et américains.*

1° *Angleterre.* La première concession de chemin de fer eut lieu, dans ce pays, en 1801. Il s'agissait de la construction du rail-way de Surrey, destiné à être construit entre Wandsworth et Croydon. De cette époque jusqu'à la fin de 1825, vingt-huit concessions nouvelles furent faites ; mais un petit nombre seulement des chemins projetés, et tous destinés à une exploitation particulière (à l'exception de celui de Stockton à Darlington, autorisé en 1823), se construisit.

L'établissement des chemins de fer, en Angleterre, a eu trois phases bien distinctes : 1° la période 1801-1826, pendant laquelle ces voies de communication restèrent à peu près à l'état de projet ; 2° la période 1826-1843, que l'on peut appeler période d'exécution ; 3° la période 1844-1845, pendant laquelle le système des rail-ways a reçu l'application la plus générale et la plus étendue. Voici des chiffres officiels pour chacune de ces périodes.

| Périodes. | Nombre des rail-ways. | Capital. | Emprunts | Total. |
|---|---|---|---|---|
| | | f. | f. | f. |
| 1801-1826 | 29 | 31,577,500 | » | 31,577,500 |
| 1826-1843 | 119 | 1,434,693,385 | 541,464,550 | 1,976,157,935 |
| 1844-1845 | 130 | 1,396,555,000 | 463,633,000 | 1,860,188,000 |
| | 278 | 2,862,825,885 | 1,005,097,550 | 3,867,923,435 |

Au 7 octobre 1845, les nouveaux projets de chemins de fer destinés à être soumis au parlement, en 1846, s'élevaient, pour le Royaume-Uni, à 399 Les compagnies avaient réuni un capital de 8,232,250,000 fr. ; et sur ce capital, un versement de 823 millions de francs était déjà effectué. Dans ces chiffres ne sont pas comprises les souscriptions anglaises à 70 projets de chemins étrangers, s'élevant à près de *cinq milliards de francs,* sur lesquels un versement de 450 *millions* est effectué.

Les rail-ways terminés de 1823 (année de l'ouverture du chemin de Stockton à Darlington) au commencement de 1845, comprenant en tout 77 lignes, ont une longueur totale de 3,329 kilom. 804, et ont coûté 1,604,965,000 francs, ou environ 482,417 fr. par kilom., ainsi qu'il résulte du tableau ci-après qui est officiel.

| Dates de l'achèvement. | Nombre des rail-ways. | Longueur en milles. | Coût en livres sterling. |
|---|---|---|---|
| 1823 | 7 | 38 | 256,000 |
| 1830 | 3 | 47 3/4 | 1,780,000 |
| 1831 | 2 | 14 1/4 | 185,000 |
| 1832 | 1 | 16 | 175,000 |
| 1834 | 2 | 35 | 375,000 |
| 1837 | 3 | 33 | 196,400 |
| 1839 | 16 | 435 1/2 | 14,163,800 |
| 1841 | 19 | 642 | 25,858,600 |
| 1842 | 8 | 355 1/2 | 10,472,600 |
| 1843 | 2 | 66 1/2 | 3,052,800 |
| 1845 | 14 | 386 | 7,723,000 |
| | 77 | 2,069 1/2 | 64,238,200 |

La situation des chemins de fer anglais peut être résumée ainsi qu'il suit :

| | Nombre. | Longueur. | Coût définitif et probable. |
|---|---|---|---|
| | | k. | f. |
| Chemins terminés en 1844. | 77 | 3,329. 804 | 1,605,965,000 |
| En construction. . . . . | 130 | 5,718. | 1,860,188,000 |

2° *Allemagne.* Au commencement de 1844, on comptait 2327 kilomètres de chemin de fer dans les divers États de l'Allemagne, et 2,429 kil. à la fin de la même année ; 1,773 kil. étaient, à cette dernière époque, en voie de construction, et 2,790 kil. projetés. Total du réseau, 6992 kilom. Comme nous l'avons dit ailleurs, le coût du kilomètre a beaucoup varié en Allemagne ; en l'estimant à 170,000 francs en moyenne, le capital engagé dans la portion du réseau achevée peut être évalué à 412,930,000 francs ; et le capital à dépenser pour la confection du réseau tel qu'il a été arrêté en 1844, et non compris les projets de 1845, à 1,188,640,000 francs.

3° *États-Unis.* En 1842, les États-Unis comptaient 6,814 kilomètres en exploitation, ayant coûté, au prix moyen, de 153,242 francs (75) à 1,044,190,988 francs. Si ce prix ne variait pas, les 7,795 kilomètres à construire pour achever le réseau arrêté à cette époque, coûteraient 1,194,521,390 fr., et le réseau total aurait ainsi employé un capital de 2,238,712,378 fr.

D'après ces diverses données que nous complétons, en ce qui concerne la France et la Belgique, le capital actuellement placé ou destiné à être placé dans les chemins de fer français, belges, allemands et américains seulement, se répartit ainsi qu'il suit :

| | Coût des kil. en exploitation. | Coût des kil. votés. |
|---|---|---|
| | f. | f. |
| Angleterre. . . | 1,605,965,965 | 1,860,188,000 |
| France. . . | 272,755,820 | 1,194,200,000 |
| Belgique. . . | 144,746,774 | 165,000,000 |
| Allemagne. . | 412,930,000 | 1,188,640,000 |
| États-Unis. . | 1,044,190,988 | 1,194,521,390 |
| | 3,480,589,047 | 5,602,549,390 |

(73) D'après un document récemment publié et qui paraît digne de foi, les États-Unis n'auraient possédé, à la fin de 1844, que 5,335 kilomètres achevés. Le chiffre de 6,814, que nous avons donné (voir Allemagne), est extrait de l'ouvrage de M. Michel Chevalier : les *Voies de communication aux États-Unis.* Ce même document porte le coût moyen du kilomètre à 83,000 fr. Nous l'avons évalué, d'après un nombre de chemins limité, il est vrai, à 153,42 fr.

# TABLE DES MATIÈRES.

FIN.

www.ingramcontent.com/pod-product-compliance
Lightning Source LLC
Chambersburg PA
CBHW070737270326
41927CB00010B/2025